国家自然科学基金旅游研究项目文库

山地景区旅游转型与高质量发展驱动机制研究

明庆忠 谈思 郑伯铭 史鹏飞 等 / 著

中国旅游出版社

前 言

中国经济已经步入由高速发展向高质量发展的关键时期，旅游作为国民经济战略支柱性产业，也处在由粗放式发展向休闲化、高质量转型的攻关期。随着旅游者消费方式发生转变，高质量、多样化旅游体验形式不断被开发，山地旅游成为市场热点。我国属于多山国家，山地由于其独特的自然环境和原生态的人文环境，成为旅游景区重要的建设场地，吸引了大量的游客前往。但是随着旅游市场消费结构优化、旅游产业转型升级政策推动以及山地景区发展存在资源开发利用不足、门票经济依赖、基础设施落后、整合营销能力不足、国际竞争优势不明显、多数山地景区发展质量不高等现实问题，山地景区旅游转型发展迫在眉睫，如何推动山地景区旅游高质量发展成为需要关注的一个重要问题。要实现山地景区旅游的高质量发展，就应当追本溯源，明晰山地景区旅游高质量发展的驱动因素以及这些因素之间的互动机理，只有深刻把握动力源头，才能因地制宜、对症下药，采取针对性的措施来刺激和强化驱动力，从高质量发展的视角构建山地旅游驱动机制。因此，加强对山地景区的旅游转型发展研究，一方面可以丰富旅游发展评价、山地旅游案例研究内容，深化旅游转型发展研究；另一方面通过实证研究，可以为其他山地景区旅游转型发展提供评价依据及案例借鉴。本书尝试构建山地景区旅游高质量发展的驱动机制及其评价模型，一定程度上填补了此方面研究的空白，有助于量化识别山地景区旅游高质量发展驱动机制。

本书应用系统协同论、旅游地生命周期理论及旅游竞争优势论等相关理论，使用文献研究法、案例研究法、实地调查法、德尔菲法、半定量研究方法及变异系数法等相关研究方法，构建山地景区旅游转型发展水平评价指标体系，选取玉龙雪山景区为实证点进行山地景区旅游转型发展水平评价；以利益相关者理论、全面质量管理理论、系统动力学理论等为指导，应用扎根理论研究方法范式从147篇相关研究论文及期刊文章中抓取识别影响山地景区旅游高质量发展的驱动因子，构建山地景区旅游高质量发展驱动机制的概念框架，分析各驱动力系统的作用机理，最终运用层次分析法、模糊综合评价法架构完整的山地景区旅游高质量发展驱动机制综合评价模型，并以玉龙雪山景区为实证案例开展实证研究。基于前文的系统分析，构建山地景区旅游转型发展系统，提出山地景区旅游转型发展、山地景区旅游高质量发展的策略与对策。

本书是以云南财经大学为主承担的国家自然科学基金项目“山地旅游目的地人地关系地域系统变化及其机制研究”（41961021）的研究成果之一。本书由明庆忠、谈思、郑伯铭、史鹏飞、刘安乐、田瑾、刘宏芳等合作完成。在后期资料整理、成书过程中，刘溧湛、邓杨夏、李坤、徐潇、席晓敏、王晓莹、郭路遥等做了一些完善工作。在资料收集与整合、实地考察、研究等工作中，得到了玉龙雪山旅游管委会、丽江股份、玉龙县文旅局、丽江市文旅局及相关部门以及云南省相关旅游专家的帮助和支持，在此一并表示由衷的感谢！

作者

2022年9月

目 录

第一章
绪 论

第一节 研究背景

一、旅游转型成为发展的必然趋势

随着经济发展，人均国民收入突破8000美元，旅游发展进入休闲度假时代，旅游发展模式和内部结构发生改变。旅游者需求由景区观光旅游为主向休闲旅游、度假旅游、专项旅游等多元需求转变；旅游景区突破“门票经济”禁锢，向开放式景区转变；旅游业态由单一观光旅游向休闲度假旅游、创意旅游、户外探险旅游、遗址旅游、文化旅游、科技旅游、绿色低碳旅游转型。一系列的转变使得传统旅游产品、业态、发展方式不能完全满足时代发展的要求，同时，十九大对国民经济提出了由高速度发展向高质量发展转型的要求，旅游作为国民经济战略支柱产业，对推动中国经济发展具有一定的贡献，促进旅游转型发展、提高旅游发展质量成为时代发展的必然趋势。

二、宏观经济开始转向，山地景区旅游高质量发展势在必行

2017年第十九届全国人民代表大会提出，我国经济社会正处于转变发展方式、优化经济结构和转换经济增长动力的攻关期，已经由高速发展阶段转向高质量发展阶段。在我国宏观经济发生转向的大背景下，旅游产业作为我国的战略性、支柱性产业，高质量发展既是其产业责任，也是其必由之路。旅游产业的高质量发展必然是系统的、全面的提升，要涉及旅游产业的所有要素、所有业态、所有产品和项目，山地旅游作为旅游业的重要组成部分，山地景区又作为山地旅游的核心产品与关键要素，山地景区旅游的高质量发展也是势在必行。

三、高质量旅游体验需求增长迅速，山地旅游逐渐成为热点

早期的旅游大部分是简单的观光旅游，旅游者们欣赏好山好水好风光，获得感官上最直接的体验与冲击，但如今旅游者的需求已发生转变，旅游市场需求不断更新。随着工作、生活压力的不断加重，人们渴望在为数不多的节假期旅行中能适当地宣泄压力，因此传统的“走马观花”“到此一游”的观光旅游已经无法使旅游者得到满足，诸如“体验式”“沉浸式”等高质量、多样化的旅游形式成为新热点，除文化旅游、滨海旅游、温泉度假等旅游形式外，以勇敢挑战、大胆冒险、亲近自然为特质的山地体验旅游更是火热。根据《世界山地旅游发展趋势报告 2019》数据显示，中国约 13% 的游客会选择山地旅游目的地，因此，中国山地旅游市场未来可期，会逐渐成为热点。我国山地面积辽阔，在丰富的山地资源基础上，结合现代山地旅游市场需求的紧俏性，大量的山地景区不断被开发，独特多样的山地景观及文化，吸引了诸多山地游客，峡谷漂流、攀岩、徒步、滑雪、露营和马拉松等山地旅游产品和项目为山地游客带来了别样的休闲、娱乐体验，山地旅游逐渐发展成为体验旅游的一种重要形式，得到了一大批消费者的青睐。

四、高质量发展是进入优质旅游新阶段的核心内容

优质旅游即将成为我国旅游发展的新阶段（葛磊，2018），而要实现优质旅游最重要的就是要促进旅游的高质量发展，深入剖析旅游各要素在旅游中所扮演的角色、存在的问题以及未来的高质量发展要求，从主体到客体、从出发地到目的地、从基础设施到服务品质、从环境保护到安全管理、从产品设计到线路规划等方面实现全方位的高质量提升，如此才能保证游客得到优质的旅游体验，才能满足优质旅游的内涵需求。因此，研究如何促进旅游高质量发展是实现优质旅游的核心内容。

五、厘清和优化驱动机制是促进山地景区旅游高质量发展的基石

山地景区旅游高质量发展是当地政府和企业在进行山地景区开发与管理时所要考虑的重要问题，山地景区旅游高质量发展驱动机制对于山地景区旅游的优质开发具有重要影响。为了高效率地促进山地景区旅游高质量发展从而实现优质旅游，就应当追本溯源，深入了解和优化山地景区旅游高质量发展驱动机制。哪些因素驱动了山地景区旅游的高质量发展？这些驱动因子如何驱动山地景区旅游的高质量发

展？这些驱动因子如何形成一个相互配合、联系紧密的驱动机制？这些问题都需要进行探索。只有深刻把握动力源头，政府和企业才能够因地制宜、对症下药，采取针对性的措施来刺激和加强驱动力，推动山地景区旅游高质量发展。

六、山地旅游典型代表性的玉龙雪山景区高质量发展有待优化

云南山地旅游资源丰富，2013 年云南省启动了第一次全国地理国情普查工作，运用遥感影像数据对云南省的地理要素开展调查。2017 年公布的普查数据显示，云南省 1000~3500 米中海拔区域面积占全省面积的 87.21%。此外，云南省山地旅游市场发展势头良好，玉龙雪山为云南省主要山地旅游景区之一，位于云南省丽江市境内，在丽江的旅游发展中占有重要地位，为丽江吸引了大量的国内外游客，在全国也有一定的典型代表性意义。但同时，根据对玉龙雪山景区的实地调研以及对景区管理人员的深度访谈，发现玉龙雪山景区旅游发展同样存在一些问题，如发展动力的疲软、基础设施的老化、客源市场的流失、品牌形象的弱化、产品特色化开发不足、旅游发展对生态环境的破坏等，这些都是影响玉龙雪山景区旅游高质量发展的因素，因此，玉龙雪山景区旅游高质量发展有待优化。

第二节　国内外相关研究综述

一、山地旅游研究

（一）国外研究

1. 山地旅游概念

国外学者对山地旅游相关概念的研究内容大多围绕山地旅游的基础概念界定以及山地旅游特征、性质、主要功能性目标等展开，如 Nepal（2002）认为山地旅游是在最大程度维持山地自然人文原真性的基础上，在满足游客山地旅游需求的同时也能为社区创造综合效益的旅游形式。除了对山地旅游进行概念界定外，也有国外学者从山地旅游者、山地旅游活动等角度进行了概念解析，如 Pomfret（2006）定义了山地旅游者中较为特殊的一类人群“山地探险旅游者”。Siti Hajar Mohamad Taher et al（2012）对山地旅游中重要的户外活动“登山健行”的概念进行了界定，

分析了哪些因素影响了登山健行者的出游决策，并依据这些影响因素提出了相应的营销举措。

2. 山地旅游开发与管理

山地旅游开发研究主要可以从宏观和微观两个层面来看。宏观层面主要集中于对空间布局及开发模式的研究，如 Strom E. et al（2015）探究了阿什维尔地区山地旅游的空间开发，并提出了旅游生活圈的概念；Jesus（2016）探究了岛国山地旅游的开发模式。微观层面，主要集中于如何开展宣传营销、如何吸引客源市场等，如 Andreas Hoy et al（2011）研究提出了冬季山地旅游的营销策略；还有针对山地旅游设施开发的相关研究，如 Pettebone D. et al（2011）研究了游客的交通模式选择意向，认为山地游客在进行山地旅游时更愿意选择自驾，应当加大对自驾服务设施的建设，如果无法自驾则更愿意乘坐巴士等快速交通工具；此外，还有部分研究聚焦于山地旅游开发中的旅游经营者的经营措施（Banki，et al，2016）。山地旅游管理研究主要集中于对山地旅游目的地发展模式、管理模式以及影响因素的构建与分析，研究角度涵盖了时空、游客、客源市场、矛盾冲突等方面（Vasil Marinov，2016）。

3. 山地旅游体验形式

山地旅游是一种具备多样化旅游体验业态的旅游形式，其中尤以山地文化、探险、乡村、体育等旅游业态最受山地旅游者青睐，国外也多就这几种旅游形式开展研究。在山地文化旅游方面，国外学者认为在山地旅游的开发建设中，应当将历史、人文、民族以及民俗等多元文化有机地融入其中，一方面可以强化山地旅游体验，另一方面也能对文化起到传承保护作用，如 Vicky Katsoni（2014）认为山地文化资源具有相当的价值，合理利用山地文化资源营造山地文化景观有利于实现山地旅游的可持续发展；Fuschi et al（2017）立足于对意大利山地文化资源的分析，认为山地文化旅游实际上就是倡导与自然和平、安宁的接触，以达到灵魂升华的目的。在山地探险旅游方面，研究多集中于如何规避风险、做好防护、实施保障。例如，Mu et al（2015）认为山地旅游探险者对山地旅游风险的认知会很大程度上影响山地旅游体验，并提出了风险防范措施。山地乡村旅游方面，市场预测以及对地区经济的带动作用是主要研究内容，如 Kortoci et al（2017）对阿尔卑斯山乡村旅游的未来需求进行了预测，并得出需求将会急剧增长的结论；Lun et al（2016）研究认为乡村旅游是外围山区农村发展的重要推动力，农旅融合对乡村经济起到了极大的带动作用。山地体育旅游方面，则更多地聚焦于山地运动、设施建设、管理制度等内容（Apollo，2017；Jones，et al，2016；Hagen，et al，2016）。

4. **山地旅游规划与管理研究**

山地旅游规划与管理研究是国外的研究热点内容，部分学者关注山地旅游资源规划与保护问题：Travis（2011）在 *Mountain Region Planning for Conservation and Tourism* 一书中介绍了山地旅游规划与自然旅游资源规划之间的关系、Deniz（2011）评估了塞浦路斯 Besparmak 山脉山地旅游资源，提出保护性开发建议；另一部分学者善于将 GIS 技术运用于山地旅游线路规划等实践性研究中：Dye et al（2007）将 GIS 技术运用于山地探险旅游线路规划管理中、Turgut et al（2021）构建了山地森林旅游徒步路线适宜性评价指标，并运用 GIS 技术规划出以不破坏环境为前提的适宜性的山地旅游徒步线路；还有学者关注影响山地旅游规划因素问题，关注的因素涉及供需两方面：Holden（1998）认为在苏格兰凯恩戈姆山地旅游的规划中应该考虑旅游者的需求与对旅游地环境的态度因素、Pyo（2005）从山地旅游的特点出发，认为山地旅游规划中应考虑山地可进入性、旅游产品特色性、旅游淡旺季等因素。

5. **山地旅游安全影响因素研究**

由于山地环境的复杂性及多变性，容易引发山地安全事故，因此山地旅游安全隐患因素成为研究热点：Paul et al（2003）分析了威胁山地探险旅游安全的因素；Amarowicz et al（2019）认为游客的年龄、性别等因素与山地旅游安全息息相关；Wang et al（2016）以落基山国家公园、红杉国家公园、国王峡谷国家公园为例，分析造成山地旅游交通事故的原因，认为司机的年龄、公路等级、交通容量、山地环境与之相关，最后提出减少山地旅游交通事故的措施；Meilani et al（2018）认为婆罗摩火山旅游中影响游客安全因素主要包括火山爆发、极端天气、地震、火灾等，并提出将早期预警系统运用于山地灾害管理中。对山地旅游安全影响因素的分析多集中在微观层面，对经济、政治及国际环境等宏观层面分析较少。

6. **山地旅游影响研究**

国外专家学者认为山地旅游的发展对山地地区的环境、经济、文化产生不同的影响。部分学者认为山地旅游的发展对环境、文化有消极影响：Herbert（1992）认为山地旅游的发展使得山区文化减弱：年轻人价值观改变、节庆活动仪式感减轻、居民之间关系削弱；Geneletti et al（2009）、Peksa et al（2015）认为山地旅游的发展给当地的环境带来了负面影响。一些学者则认为山地旅游的发展给当地经济带来了积极效应：Maldonado-Oré et al（2020）认为山地旅游者活动对秘鲁 Huaytapallana 保护区社会经济发展起到了积极作用；Tooman（1997）认为美国大雾山山地旅游对当地经济带来有利影响，但是在不同的时期对当地经济的发展带动的作用不同，在发展初期，当地居民是主要的旅游经济收入者，到发展成熟阶段，投资开发商为主要的旅游经济收入者；另外的学者认为山地旅游的发展同时影响山地地区的环境、经济（前者是消极影响，后者是积极影响）：Mutana et al（2018）认为由于山地环境的脆弱性，山地旅游的发展对山地地区的环境起到负面影响，但是对山地地区的经济产生积极的作用，如山地娱乐活动的开展为当地地区脱贫提供了途径，因此需要通过一定的方法减轻消极影响、扩大积极影响。

7. 山地旅游可持续发展研究

国外对山地旅游可持续发展的研究主要集中在可持续发展的必要性分析、影响因素以及与其他山地旅游要素之间的关系研究。一是从山地客观因素分析可持续发展的必要性：Jurigova et al（2015）认为由于山地自然条件的独特性以及其容易受到旅游发展的消极影响，因此需要一种可持续性的发展模式。二是对山地旅游可持续性的研究更加趋向于用科学的理论模型分析其影响因素：Kruk et al（2007）基于理论和实践的角度从规划、实施、管理和监测四个方面论述山地旅游可持续发展模式；Odermatt（2004）将 DPSIR 模型应用于山地旅游可持续发展研究中，发现“利益相关者参与、基本信息的获取与收集”是其中重要的两个变量因素；Paunovic et al（2017）以德国阿尔卑斯山脉为研究区域，发现山地旅游可持续发展主题包括构建可持续发展指标、跨境合作、利益相关者参与三个方面。三是关于山地旅游可持续发展与山地管理、旅游者活动之间的关系研究：Sgroi（2020）分析了山地管理与可持续旅游发展之间的关系，认为通过采用正确的山地资源管理方式可以创造可持续发展的机会；Hussain et al（2018）通过问卷调查研究发现旅游者意向与山地可持续发展之间呈正相关关系，当旅游者进行山地旅游活动时表现出强烈的参与意愿。对山地旅游可持续发展的研究更加注重山地旅游管理过程的科学性，同时注意到“人”的因素对其发挥的重要作用。

（二）国内研究

以“山地旅游、山岳旅游”为关键词，搜索中国知网数据库，共发现文献 464 篇，综合研究的内容和数量，大致可将山地旅游研究分为三个阶段：第一阶段为萌芽期（1990—2009 年），这一阶段研究的内容主要包括山地旅游概念、山地旅游环境影响等；第二阶段为成长期（2009—2015 年），这一阶段研究的内容主要集中在山地旅游开发、山地旅游可持续发展、山地旅游游客安全认知、山地景区旅游转型等方面；第三阶段为成熟期（2015—2020年），此阶段以山地旅游扶贫、山地旅游安全管理及山地旅游空间结构等研究为主（见图1–1）。

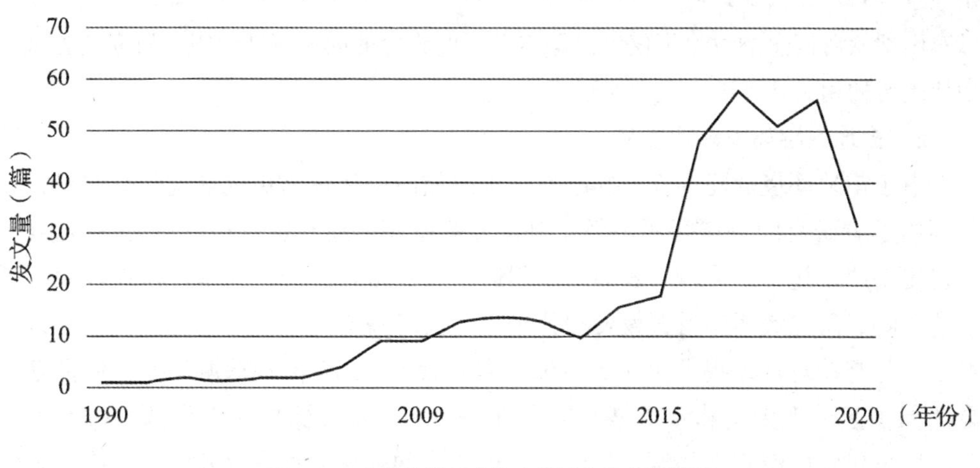

图1–1　山地旅游研究论文数量年度变化情况

国内对山地旅游的研究内容主要集中在山地旅游概念、山地旅游环境影响、山地旅游开发等方面。

1. **山地旅游概念研究**

国内学者对山地旅游及相关概念的研究较为丰富，不同的学者从不同的角度提出各自的观点：王瑞花（2005）、夏小江（2007）立足地理学视角指出山地旅游是以山地为主要的旅游环境载体，是依托山地特殊的水体、动植物、立体气候、区域气候等自然景观以及习俗、文化、节庆等社会人文资源，发展山地攀登、探险、考察、野外拓展等旅游项目，涉及山地观光、娱乐、探险、健身及运动等诸多业态的一种现代旅游形式；冯德显（2006）、许春霞（2007）分别从地理学和旅游学的角度提出了山地旅游资源的概念：前者认为山地旅游资源是以地文景观为载体，包括生物、水文天象、人文等各种旅游资源的旅游综合体，后者认为山地旅游资源是指山地自然环境中对旅游者具有吸引力并且能够为旅游所用的自然与人文资源的总和。陈兴（2013）认为山地旅游是旅游的一种重要形式，是依托山地特殊的地形地貌，基于自然文化等资源所开发的集自然观光、文化节庆、休闲娱乐、度假康养、宗教研学等活动与业态于一体的旅游形式。史鹏飞等（2020）从山地开发模式的角度提出了山地旅游开发的“慢山”模式。苏杭（2020）从山地旅游资源的角度提出山地旅游资源指的是以地文景观为主，辅以其他自然人文资源所形成的资源组合体。银元等（2012）从山地旅游业态的角度提出山地旅游业态本质上是山地景区结合对市场需求的分析及预测，基于山地景区的资源禀赋与发展现状，开发建设的集山地景区自然与人文特色于一体的山地旅游项目、产品以及服务。总的来说，国内针对山地旅游概念的讨论不仅仅只是定义山地旅游的内涵特征，很多研究还尝试对山地旅游的相关外延进行概念性解读。

2. 山地旅游环境影响研究

由于山地环境的脆弱性及复杂性，山地旅游的发展对山地环境的影响研究成为国内学者研究的热点问题。研究内容大多关注山地开发对环境造成不良影响，并提出解决措施：刘丽丽（2005）使用遥感数据解译，分析北京灵山地区旅游开发的影响，研究表明旅游开发使得该地区生态环境有所退化、水土流失问题日趋严重，并有针对性地提出了解决措施；李寒娥（1996）发现旅游的发展使鼎湖山自然保护区出现大气和水污染、生态资源破坏、水土保持能力降低等一系列问题，提出建立旅游管理体制、旅游环保机制、加强旅游教育、发展生态旅游等保护环境的措施；王群等（2007）等对山岳型旅游地的水环境进行管理研究，发现其受到道德、经济等外界驱动力影响，提出构建意识、政策、技术三位一体的管理模式；魏鸿雁（2005）从微观的角度提出山地旅游景区环境容量与保护的相应措施。

3. 山地旅游开发研究

山地旅游开发研究是国内山地旅游研究的热点内容，山地旅游产品的开发直接影响到山地景区未来的发展潜力，因此，山地旅游开发研究大多聚焦在产品的策划、设计以及开发等方面。卢冬梅等（2008）认为福建省山地旅游资源存在脆弱性、产品雷同、可进入性差等缺点，有针对性地提出山地旅游资源开发策略；王贝（2015）在通过实地考察分析通化市山地旅游存在的问题，从开发模式与空间选择、产品开发、市场营销及区域协调四个方面提出特色化开发策略；陈兴等（2012）基于川西山地旅游资源特色以及开发特殊性分析，从品牌打造、营销整合、市场开拓、基础设施建设及环境监测机制五个方面提出了川西山地旅游特色化开发策略；甘露（2017）通过分析贵州省山地旅游资源开发的优势、劣势，从山地旅游产品、山地旅游宣传、山地文化、山地社区、山地旅游规划、山地基础设施、人才队伍建设七个方面提出了贵州省山地旅游改进策略。丁勇（2019）认为山地体育产品和山地旅游之间存在较高的适配度从而应该受到关注。较为特别的是部分学者提出了依据山地资源特色进行灾后山地旅游开发的模式，为灾后山地旅游的发展提供了思路

（李晓琴，等，2010）。对于如何合理利用山地气候资源、如何实现山地旅游资源的整合以及如何针对山地旅游开发对山地旅游资源造成的影响做出生态补偿方面也有一些研究给出了对策与建议（龙亚萍，等，2018；周晓琴，等，2017；安喜芬，等，2017）。

4. 山地旅游开发模式

国内山地旅游开发模式的研究主要是基于以下几个角度展开。一是基于旅游业态提出山地旅游的开发模式，如马婷（2017）提出了基于生态观光、养生度假、山地休闲以及山地运动的四大山地旅游开发模式。李娴等（2011）在总结国外山地旅游发展案例的基础上，对西部山地生态旅游提出了时空三维立体开发模式；史鹏飞等（2020）在界定慢山内涵、分析慢山与山地旅游融合发展的逻辑基础上，为创建山地慢旅游发展模式提供了理论分析基础。二是基于山地旅游的发展现状以及存在的问题和障碍性因素进行研究，如闫丽丽（2013）通过总结大川河旅游区发展现状和问题，从时空关系维度探讨了山地旅游的开发应当如何强化对山地生态人文的保护，并总结出了山地旅游保护性开发模式。还有一些研究则是基于生态环境容量，如裘晓雯（2013）以武夷山为实证案例，基于对生态环境容量的分析，研究提出了山地旅游区的旅游发展模式。显然，不同角度、不同地点、不同发展现状和问题，其对应的开发模式不尽相同，因此在选择山地旅游的开发模式时要因地制宜，不可生搬硬套。

5. 山地旅游安全研究

国内对山地旅游安全的研究分为两个阶段，在2015年以前的研究内容主要集中于山地安全认知问题：岑乔等（2011）以四川省山地景区为例，基于游客认知角度，发现游客关注山地旅游安全问题，但是安全意识不高，并指出游客安全意识存在认知误区。与此同时，她还提出一些外部环境也是造成山地旅游事故的客观因素，如自然灾害、管理不当、欺诈偷盗、文化冲突等，并构建了集山地旅游安全救援、预警、控制、保险、政策法规等功能于一体的安全保障机制。秦礼敬（2013）通过对山地旅游游客进行安全问卷调查，分析了游客的旅游安全关注度，并从山地景区安全和市场游客安全两个方面提出相应的解决措施。在2015年以后，部分学者趋向于开展山地旅游安全管理研究，通过运用相关模型分析山地旅游安全存在的问题，提出针对性的策略：罗恒超（2017）基于山地旅游安全立法以及制度构建角度，提出目前我国山地旅游安全管理中存在的问题以及解决措施；王欣（2018）运用二元语义模糊分析法，构建山地旅游安全评价指标体系，以期为商洛市山地旅游的可持续发展提供借鉴依据；何进等（2019）基于层次分析法和模糊综合评价法，研究山地旅游景区安全事故问题，认为自然环境对游客的人身安全影响较大，应加强对危石、滚石的监测及治理；王德志（2016）构建了山地旅游安全评价体系，对山地旅游安全系数进行了全面评估；李琳（2017）认为要总结山地旅游安全事故的隐患及其来源，加强治安防控；陈敏（2016）建议将诸如北斗卫星导航等科学技术运用到应急救援机制当中。

6. 山地旅游可持续发展研究

国内学者注重如何实现山地旅游的可持续发展。郭彩玲（2006）从资金、交通、基础设施、管理等几个方面分析我国山地旅游开发存在的问题，认为山地旅游开发应与环境保护相结合，促进山地旅游的可持续性发展；粟竹玲（2010）提出山地旅游的可持续发展要遵循“天人合一”的哲学理念，以龙门山地区为例，认为山地旅游产品开发应坚持适宜性原则，以促进当地地区旅游的可持续性发展；陈兴（2013）从产品、文化、安全三个方面提出中国西部山地旅游可持续发展战略；李晓琴等（2011）从景观、经济社会、旅游安全、绿色服务设施、新产品、新业态、顶峰体验几个方面为高山、极高山山地旅游可持续发展提供了思路。对山地旅游可持续发展的研究注重从不同角度出发，考虑多方因素影响，这与国外研究的重点内容是一致的，但是国外研究更加侧重于山地可持续发展指标的构建。

7. 山地景区旅游转型发展研究

在山地旅游转型发展方面，宏观层面主要聚焦于山地旅游市场的转型研究，微观层面则相对分散，针对山地旅游企业、产品以及服务等研究均有。如杨周等（2020）研究认为山地旅游小镇是新时代山地旅游发展的重要因素之一，伴随着山地旅游的转型发展，山地旅游小镇也需要适时转型，而山地旅游小镇转型最重要的就是要实现功能的重构与转型；李军等（2019）从符号消费的角度，提出了“山地旅游＋文化”“山地旅游＋农业”“山地旅游＋研学”“山地旅游＋养老”“山地旅游＋宿营”五条贵州省山地旅游转型升级的路径。很多相关研究都是基于案例地的实证研究，案例地涉及省、市、景区、世界自然和文化遗产地等多个层面，研究视角方面也较为丰富，如资源开发视角、休闲视角、客源市场视角等。周林（2013）基于产业链视角，分析了我国传统山岳景区发展存在的问题，针对不同品级的山岳景区提出不同的转型策略；陈君奇（2011）以湖北九宫山为例，发现传统的山地旅游存在经营困难、产品老化等问题，通过总结前人研究经验，提出山地旅游产品开发适宜性原则，并从构建度假产品体系、优化空间布局、开拓度假市场等方面提出转型策略；朱倩（2014）发现始祖山景区旅游发展存在基础设施建设不足、景点建设稀少、市场营销不到位等问题，提出资源整合、项目提升、品牌再塑等转型升级策略；李海燕等（2014）认为泰山景区通过“外因内生”的方式，构建大泰山旅游发展格局，实现了单点景区向多点联动、观光旅游向观光度假旅游、单一旅游融合发展向文化旅游融合三个方面转变；刘金英（2014）指出依托长白山景区核心项目，将长白山打造为集休闲度假、会议娱乐、冰雪论坛三位一体的国际度假区，推进旅游转型。转型发展的内容主要集中在旅游产品、景区空间、旅游市场、旅游资源、旅游项目、景区品牌、文化空间及旅游业态多个方面。

8. 山地旅游空间结构研究

近几年学者对山地旅游空间结构的研究内容逐渐增多，一些学者善于运用地理信息科学技术方法分析山地旅游空间结构特征与内在机理：杨周等（2020）运用 GIS 空间分析方法与高空遥感影像分析方法，从城镇功能、旅居混合质、山地城镇空间结构三个方面分析黄山汤口镇功能重构与时空结构特征，研究结果发现，汤口镇空间结构发生了引入、生成、重构与更新四个阶段。另外部分学者倾向于用理论基础作支撑，提出山地空间结构优化的路径和方案：孙兴湄（2013）基于生态足迹理论，在解构德清县山地旅游空间结构、计算生态足迹的基础上，提出德清县山地旅游空间结构优化路径；袁茏（2017）等以六盘水市为研究案例点，在“点轴理论”的框架背景下，提出构建“一轴、三城、四带、四区”的山地旅游空间结构。对山地空间结构的研究内容更加注重地理学与旅游学的理论交叉融合。

（三）研究评述

1. 国外研究评述

国外对山地旅游的研究相对于国内较早，研究内容主要集中在山地旅游概念、山地旅游开发与管理、山地旅游体验等方面，研究内容多注重对影响因素、相关关系、影响结果等微观层面的分析，注重居民、游客等“人”的因素在山地旅游发展中的作用；研究方法上以实证研究为主，通过地理信息科学系统、理论模型分析及问卷调查等多种科学的方法，分析山地旅游发展实际情况，构建评价模型及规划旅游线路等具有实操意义的理论研究体系，针对具体案例的定量研究较多；学科理论上注重管理学、社会学、现象学及旅游学等多学科理论交叉融合。除此之外，国外学者还倾向于研究山地旅游目的地管理等内容，但鲜见对山地旅游高质量发展或山地旅游驱动机制的研究，更缺乏将两者相结合的综合性、系统性研究。

2. **国内研究评述**

国内山地旅游实践发展的时间相较于山地旅游学术研究开始的时间更早，由于针对山地旅游的学术研究起步较晚，因此相较于国外来说，理论体系的系统性还有待完善。国内对山地旅游研究比较多元，研究内容发展趋势主要表现在：早期，学者对山地旅游及其相关概念研究给予了大量的关注，概念解释多集中于山地旅游形式与内容等表征现象，同时由于早期山地旅游的不规范开发对山地环境造成一定程度的消极影响，受到学者重视，研究内容主要是对现存的环境问题进行分析并提出解决策略，而在研究方法上，早期的研究方法多为单一定量或定性的研究。当山地旅游发展到一定阶段，学者将研究方向转向山地旅游开发、山地游客安全认知、山地旅游可持续发展、山地景区旅游转型等方面，研究内容更加多元，研究方法以案例研究、实证研究为主，多为定性研究。随着研究的进展，混合研究方法逐渐占据了主导地位。近几年，对山地旅游的研究更加倾向于空间结构、旅游安全管理研究，研究内容更加深入科学，研究方法上定量研究逐渐增多，研究视角以旅游学为主，同时引入社会学、地理学、哲学、管理学等多门学科内容。

二、山地旅游高质量发展研究

（一）国外研究

国外针对山地旅游高质量发展的研究主要集中在山地旅游开发的影响性研究，更多地关注对生态、经济等方面的影响。如 Varley et al（2011）就提出了一种生态智慧的山地旅游方式，旨在降低山地旅游发展对生态环境的破坏；Bayliss et al（2014）研究认为尽管开发山地生态旅游的经济收益不高，但山地生态旅游能够创造其他附加价值以弥补经济效益上的损失；Ram Babu Singh et al（2009）以及 Hayriye Esbah Tuncay（2011）分别以印度和塞浦路斯山地旅游开发为例，对山地旅游开发可能造成的资源环境破坏进行了研究，并提出相应的应对策略。可见，相关研究普遍认为山地旅游开发一定程度上会对山地的生态环境造成消极的影响，并对于如何消除和减弱负面影响提出了应对策略。在对经济的影响方面，如 Segota T. et al（2015）研究发现社区居民对山地旅游影响的认知与其参与山地旅游的程度呈正比的关系。

（二）国内研究

国内针对山地旅游高质量发展的研究主要表现在两方面：一是山地旅游开发的影响，二是山地旅游的可持续发展。

1. 山地旅游开发的影响研究

山地旅游的发展会使得大量的外来游客涌入山地系统当中，那么势必会对相对封闭的生态、社会及经济等环境造成影响。因此，国内有关山地旅游高质量发展的研究多集中于山地旅游开发对山地系统的影响，如武克军等（2019）指出随着山地旅游的快速发展，很多山地景区的生态环境都出现了不同程度的问题；刘敏等（2013）认为山地旅游发展对于生态环境有着较大的依赖性，山地旅游的开发一定程度上会对山地的生态环境系统造成消极影响，因此尝试构建了山地旅游的生态补偿机制，期望能够对山地生态环境有所回馈；文晓国等（2018）研究认为山区的贫困发生率较高，我国很大一部分贫困人口聚集于山区，因此山地旅游是精准脱贫的重要手段之一。

2. 山地旅游可持续发展研究

山地旅游可持续发展研究经历了研究视角不断丰富的过程，早期的相关研究视角较为单一，主要是基于对山地旅游目的地环境承载量方面的分析（吴承照，1993）。随后，研究角度逐渐转向运用旅游目的地的生命周期理论研究山地旅游的可持续发展，相关研究有：王金超等（2012）基于对长白山旅游收入与接待人数的历时性分析，总结出了其目前的旅游发展阶段，并提出了相关措施以延长长白山的旅游生命周期。当然，也有研究将二者进行了结合（张满生，等，2013）。研究发展到现代，学者们针对山地旅游可持续发展的研究角度开始丰富，如对山地旅游发展潜力的评价（王娟，等，2019）、社区参与（闻扬，等，2009）以及山地生态方面的可持续发展评价（朱国兴，等，2013；朱东国，等，2015）等。

（三）研究述评

国外主要通过讨论山地旅游开发可能对生态环境、经济社会所产生的种种影响，从而提出相应的对策措施，来提高山地旅游发展的质量。国外研究大多认为山地旅游带来了负面的环境效应，并且如果开发经营不当，对经济效益的获得同样将不太理想。国内针对山地旅游高质量发展的研究同样涵盖了山地旅游开发影响的研究，除此之外还开展了山地旅游可持续发展的研究。针对山地旅游可持续发展的研究，早期主要是从山地旅游目的地的环境承载量方面入手，随后，研究角度逐渐转向运用旅游目的地生命周期理论研究山地旅游的可持续发展，发展到现代，学者们针对山地旅游可持续发展的研究角度开始丰富，如山地旅游发展潜力角度、旅游业态角度、社区参与角度以及山地生态角度等。依据上述对国内外山地旅游高质量发展研究文献的梳理，可以发现国内外针对山地旅游高质量发展的研究往往是旁敲侧击，鲜有直奔主题讨论“如何实现山地旅游高质量发展”的相关研究。

三、旅游驱动机制研究

（一）国外研究

国外早期研究大都致力于探讨诸如资源、业态、产品、要素、设施、形象以及市场等单一驱动因子对旅游发展的驱动作用，如 Denicolai et al（2010）等研究认为区域旅游发展最主要的驱动力是由区域中多样的旅游资源组合形成的旅游资源网；Bel et al（2014）探讨了如何从需求侧入手促进旅游发展。随着研究的深入，国外学者已经开始注意到旅游发展驱动因素的综合性和系统性，研究者们意识到旅游产业作为一项产业范围较大、涉及面较广的综合性产业，单一的驱动因子对旅游产业整体的驱动作用有限，因此逐渐开始将研究的关注点聚焦于多个因子的联合驱动机制。并且随着系统论思想和方法的不断成熟，系统动力学理论逐渐被大规模地引入旅游驱动机制的研究当中（Gunn，et al，2002；Tae Gyou Ko，2005）。

（二）国内研究

1. 旅游业发展的驱动机制

国内从宏观层面对旅游业发展的驱动机制开展的研究相对来说较为丰富，其中有一个普遍认可的观点就是创新驱动是驱动旅游业发展的重要因素（郭文礼，2019），而现代创新驱动最明显的体现就是“互联网 + 旅游”的蓬勃发展。例如，周小勇（2019）以及刘丽君等（2019）研究认为互联网技术的高速发展，会使得智慧旅游成为助推旅游业提质增效、转型升级的重要驱动因子。除了“互联网 +”对旅游发展的驱动研究外，学者们还研究了“文化 + 旅游”“交通 + 旅游”“体育 + 旅游”等产业融合对旅游业的驱动功能，如陈炜等（2019）构建了跨境民族文化旅游合作的驱动机制；叶茂等（2019）探讨了高速公路对旅游空间合作格局的驱动机制；王世军（2019）认为科学地开发体育旅游资源，能够推动地区社会、经济、生态效益的提升，具有积极的现实意义。在研究方法方面，系统动力学理论应用较多，如景秀丽等（2020）以深圳市为例，基于系统动力学的视角，探究了旅游与经济之间的相互作用机理；郭伟等（2018）构建了全域旅游发展的系统动力学模型。

2. 旅游景区发展的驱动机制

旅游景区在旅游产品体系中有着举足轻重的地位，关于旅游景区发展的驱动机制研究也是学界研究的重点。研究内容聚焦于：第一，空间演化的驱动机制研究，如陆保一等（2019）探究了哪些因子以及这些因子是如何形成合力驱动景区的空间演化的。第二，旅游转型升级的驱动机制研究，如史鹏飞等（2020）筛选出了驱动云南省旅游转型升级的关键性影响因子。第三，景区旅游小企业发展的驱动研究，如尹寿兵等（2013）研究发现企业文化是驱动旅游企业发展的内在因素，市场需求则是驱动旅游企业发展的外部因素。第四，针对利益相关者满意度的驱动机制研究，如黄大勇等（2015）深入探究了哪些因子对少数民族旅游景区居民的满意度会产生较大的影响。第五，对景区生态旅游发展的驱动机制研究，如王凯等（2019）研究了旅游景区低碳行为的驱动机制。

（三）研究述评

1. 国外研究述评

国外关于旅游驱动机制的研究经历了一个变化的过程，从早期的针对单一驱动因素的研究，如资源、活动、需求、市场、产品、形象等，转向了多因素综合的系统研究，这个转折点就是20世纪90年代系统论思想和方法的不断成熟。在研究内容方面较为广泛，包含了生态、人文、政策、营销、区域交通以及经济等对旅游发展的驱动效应。

2. 国内研究述评

综合上述文献资料不难发现，旅游驱动机制的研究数量相对来说并不多。从研究内容来看，国内针对旅游驱动机制的研究宏微观层面均有，宏观层面主要包含对旅游行业驱动机制的研究以及对区域旅游协同发展驱动机制的研究。微观方面的研究视角较为丰富，涉及乡村、城市、旅游景区等发展的驱动机制的研究。但是，纵观过往文献，针对红色旅游、体育旅游、工业旅游、高校旅游的驱动机制研究成果较多，针对山地旅游乃至山地旅游高质量发展的驱动机制研究却并不多见。

四、玉龙雪山旅游发展研究

对玉龙雪山旅游发展的研究内容较少，不同的学者关注点不同。主要研究内容集中在旅游开发、旅游空间与旅游生态补偿机制研究三个方面。一是在对玉龙雪山旅游现状分析的基础上，提出适合玉龙雪山的旅游发展策略与路径：孙鸿雁等（2010）基于可持续旅游发展的角度提出玉龙雪山景区旅游发展定位与策略；杨少华等（2008）分析了玉龙雪山生物多样性遭受破坏的原因，包括生物特性、资源开发、旅游以及科考四个方面，并从协调旅游开发与自然保护之间关系提出资源保护策略；吴小同（2020）在对玉龙雪山旅游发展资源、市场、环境、开发条件评价分析的基础上，提出适宜的山地旅游产品与发展路径。二是集中在旅游空间结构优化与规划研究：田瑾等（2021）运用空间相互作用引力模型、耦合协调分析方法，构建玉龙雪山—丽江古城“山—镇”双核空间结构模型，并分析空间关系内在耦合机理；宋巍（2018）运用ArcGIS技术，从规划期限、规划目标、保护分区以及规划范围四个方面分析玉龙雪山景区空间规划冲突表现。三是通过研究旅游补偿对当地社区发展的贡献度，提出科学的旅游补偿方式：陈海鹰等（2015）基于社区居民视角，研究玉龙雪山景区旅游不同补偿方式对当地社区发展影响程度，最终提出“参与旅游企业经营管理”与“特许经营项目”可持续性的旅游补偿机制。

通过研究发现，近年来对玉龙雪山景区旅游的研究逐渐增多，研究内容从旅游开发到旅游空间结构以及运行机理不断深化，但是从总体上看，对玉龙雪山旅游发展研究数量较少，关注点比较分散，没有形成系统研究体系；研究方法由定性研究向定量研究转变；研究视角多从地理学、管理学等学科视角出发，融合多学科理论研究成果。

纵观国内外对山地景区旅游、旅游转型发展的研究可以发现，近年来关于山地景区旅游、旅游转型发展的研究领域和范围在不断扩大，但是对于山地景区旅游转型的研究则需要进一步加强。值得注意的是，目前国外对于山地景区旅游转型研究几乎没有涉及。国内研究成果较少，研究内容有待深入，存在一定的拓展空间。国内对山地景区旅游转型的研究内容主要集中在为什么要转型以及如何转型的问题上，对于山地景区旅游转型水平、方向与转型内容的问题研究较少；研究方法多为定性分析，以案例分析和规范性分析为主，定量研究较为薄弱。因而加强对山地景区旅游转型发展水平评价及系统构建的研究，在一定程度上能够加深山地旅游的研究深度，为山地景区旅游科学可持续发展提供一定的科学依据。此外，通过玉龙雪山旅游研究综述发现，目前并没有系统专门针对玉龙雪山旅游转型发展的研究，从玉龙雪山转型发展水平、发展战略以及发展系统三方面探讨玉龙雪山景区旅游转型发展研究具有一定的理论价值。

基于此，本研究运用系统协同论、旅游地生命周期理论、旅游竞争优势论等，以玉龙雪山景区为例，在对玉龙雪山景区旅游发展现状进行转型发展水平评价以及转型 SWOT 分析基础上，探讨玉龙雪山景区旅游转型发展战略，构建玉龙雪山景区旅游转型发展系统，为玉龙雪山及其他山地景区旅游转型发展提供新思路。

第二章

概念阐释、研究动态与理论基础

第一节　相关概念阐释

一、山地旅游

山地是世界五大地形之一，一般指起伏较大且海拔高于500米的地貌，按照海拔高度可将其分为三种类型：高山（海拔>3500米）、中山（1000~3500米）、低山（海拔<1000米）。1982年，由南京大学等单位主编的《地理学辞典》中认为山地是指"由山脉和峡谷组合而成的地理单元，其特点是绝对高度和相对高度大，切割深度较大，其所处位置多为构造运动活动地带，比如我国西部的一些山区"（甘枝茂，等，2007）。

中国是一个山地大国，山地面积辽阔，自古以来中国人对于山地都有着崇拜敬畏之心，多位皇帝在泰山之巅向天祭祀，祈求国泰民安，古今文人墨客更是在崇山峻岭之间留下一篇篇脍炙人口的佳作。山地孕育了数之不尽的自然资源，大江大河从中发源、奔腾而出，养育了无数的中华儿女，更有诸多民族聚居其中。这些自然资源、人文情怀成为国内山地旅游发展的基础。综合国内外学者对山地旅游的定义，山地旅游是一项以山地原生环境为主要依托，以纷繁复杂的自然景观与人文民俗为资源基础（王瑞花，2005），在自然与人文综合地域生态系统内（陈建波，等，2017），在保护山地生态人文环境的前提下，既能够为山地社区居民带来经济、社会、文化以及生态等效益，也能为外来山地旅游者提供休闲、观光、康养、度假、研学、运动等高品质旅游体验的旅游形式（Nepal，2002；甘露，2017）。多元化的业态使得山地旅游适宜人群广泛，青少年、中年、老年、男性、女性等均是山地旅游的客源人群。

二、山地旅游景区

根据1999年发布的《旅游区（点）质量等级的划分与评定》中对旅游景区的定义，旅游景区是指经过县级及以上政府批准，具有统一管理机构和明确范围的，能够为游客提供多样化旅游产品与服务，具备完善的基础、公共、安全、卫生等设施，满足游客旅游需求的场所。但目前国内对山地景区的概念界定并没有形成一致性观点：王宗宝（2017）提出只要是依托山体而建的旅游景区，都可以称之为山地旅游景区；周丽君（2012）认为山地景区是“以山体景观为主要吸引物或主要吸引物之一，依托自然山体及必要的人为设施开展旅游活动的具有明确范围的空间场所”；杨洋（2019）、赵可极（2019）认为所谓的山地旅游景区就是指依托自然界中高山、峡谷等特殊地形，综合利用山地生物、天象、水文、地质、人文等自然与人文资源，开发形成的综合性旅游地；郭月（2014）认为山地景区是综合性非常强的旅游景区。本研究所指的山地景区更加倾向于综合体的概念，是指在特定的空间范围内，依托山体环境，以山地特色资源开发为吸引力，形成集基础设施建设、景区服务、景区营销、景区品牌打造、景区宣传、景区合作等多功能于一体的综合性旅游集聚地。并且山地旅游景区相比于其他景区来说还具备以下几点特征：

第一，海拔相对较高。山地旅游景区是依托山体开发而成，一般来说，山地的绝对高度大于500米以上，因此山地旅游景区的海拔高度相较于其他类型景区来说更高。

第二，资源景观类型多样，以自然为主、人文为辅。与平原、湖泊等区域的景区旅游资源特色不同，山地景区大多处在位置偏远的山区，山区内部封闭闭塞，受到城市工业化影响以及人为破坏因素程度小，大多旅游资源被完好地保存下来。山地景区旅游景观类型多样，除森林密布、流泉瀑布、峭壁悬崖、奇珍异草、云海环绕等自然景观资源外，还包括山区人们古朴的生活方式、民风习俗、建筑风貌、民族宗教信仰与文人雅客在山地留下的古韵风骚等人文旅游资源。此外，山地景区中医药旅游资源丰富，明朝医学家李时珍，遍访庐山、茅山等地，编制了医学著作《本草纲目》。凭借资源禀赋优势，我国四处山地景区入选为世界自然与文化双遗产，分别是安徽黄山、山东泰山、福建武夷山、四川峨眉山。丰富的自然资源点缀以千百年来文化传承留下的丰富人文景观，形成了山地旅游资源自然为主、人文为辅的基本格局。

第三，地形复杂，风险较高。山地旅游景区多地形复杂、面积广大、植被茂密、气候多变、交通通行条件差、自然灾害多发，这些因素导致了在山地旅游景区开展山地旅游活动的风险性要远高于其他类型景区。

第四，可进入性较差。由于历史、地理条件限制的原因，人们趋向于聚居于湖滨、平原地区，山地地区长期被边缘化，山地景区多建于郊区或者位置偏远的地区，到达景区的交通方式单一，加上山地景区地形险峻崎岖，内部交通基础设施建设落后，与其他类型景区比较，进入山地景区耗时长。如福建白冰洋景区与福州市的距离达 200 公里，耗费时间却长达 5 小时（卢冬梅，等，2008）、雪峰山风景区外部进入时间长达 3~4 小时，景区到内部核心项目体验时间距离长达一天（李荣贵，等，2013）。

第五，景观时空分异特征明显。由于山地景区所处的地理位置、海拔高度以及降水不同，山地景区景观往往在时空维度表现出明显的分异特征：一方面表现在空间差异上，在纬度低、海拔高、降水充足的山地景区，其景观自然带谱相对完整，反之，山地景区垂直差异不明显。在同一山地景区中，其景观在不同的空间中大有不同，“一山有四季，十里不同天”是空间差异最显著的特征；另一方面表现在时间差异特征上，同一山地景区在不同的季节所展现的景观各具特色。不同的山地景区最佳观赏季节不同，如长白山景区的最佳游览季节在冬季且是观赏雾凇最佳时间段、岳麓山最佳观赏季节在秋季且可体会“停车坐爱枫林晚、霜月红于二月花”的诗意、黄山景区的最佳观赏季节在夏季（夏季雨水多，容易形成云雾）。

第六，景区生态旅游环境脆弱。生态环境脆弱性是指受到外力压力作用下生态环境系统发生的不可逆、不稳定的变化，通常情况下这种压力主要来自外界，一旦受到影响，自我恢复的能力较差。山地景区环境一般是自然灾害频发区（如泥石流、洪涝、滑坡等自然灾害），具有脆弱性与不稳定性的特征，加上不可持续开发、不合理的旅游行为等外力，加剧了山地景区生态环境的脆弱性，破坏了山地生态系统良性发展。如黄山游客的增多，产生大量生活垃圾，对黄山景区生态环境造成了一定程度的破坏（王友成，2013）。

三、旅游转型发展

学界对旅游转型发展的概念并没有形成统一的定义，不同学者提出不同的看法，李太光（2009）提出旅游产业转型是指“彻底改变原有的发展方式与模式，另辟蹊径”；龚洋（2015）认为旅游转型是发展必然的结果，涉及旅游发展模式的转变（粗放型的发展模式向高效益、多功能模式转变）与基础设施的整合和优化，从而产生一种新的形态，使旅游达到更加健康的一种状态。

四、山地景区旅游转型发展

本书根据以上研究观点，结合山地景区相关概念，提出山地景区旅游转型发展内涵：在具有明确以山地旅游活动为主空间范围内的主体，以旅游市场需求为导向、以政府政策为推力、以机制运行为保障，驱使景区内部要素结构发生转变、外部空间融合发展，促进山地景区最终重新达到稳定状态。

五、山地景区旅游高质量发展

我国社会主要矛盾已经发生转变，与此同时，我国的经济也从高速增长阶段转入高质量发展阶段。伴随着社会的进步，结合我国目前所处的发展阶段，势必要将满足人民对美好生活的需要融入我国经济体系高质量发展的目标当中。高质量发展是一个长期的发展过程，在这个过程中，要素产品、产业质量、增长动能、供需体制、驱动机制等都应当呈现系统的、稳定的提质与增效。综上，高质量发展的根本目标是为了满足人民日益增长的美好生活需要，是顺应我国发展阶段与未来发展趋势的新理念的体现，也是实现我国经济体系创新、协调、绿色、开放与共享的必由之路（任保平，2018）。基于高质量发展的根本目标以及基本内涵，旅游产业作为一个“幸福”产业，有着一定的产业责任和义务，顺应整体经济格局的演变和新时代的要求，旅游产业同样必须朝着高质量发展方向前进。因此，山地景区旅游高质量发展是遵循我国经济发展阶段转变的必然选择，是我国旅游市场高端化和品质化的客观需求，是提升我国山地旅游国际竞争力的必然路径。对于山地景区来说，其旅游的高质量发展需要以全局的视角去谋划和实现从主体到客体、从基础设施到服务品质、从环境保护到安全管理、从产品设计到线路规划等全要素、全过程和全方面的系统升级。在全面质量把控和提升的过程中，离不开山地景区当地政府、企业、居民、游客等利益相关者参与到山地旅游的调控、经营、管理以及创造良好环境当中，从利益相关者理论的视角来看，必须保证山地旅游发展所产生的各种效益在利益相关者当中的合理分配和普遍受惠，否则极易产生利益冲突，打击利益相关者的旅游参与积极性，从而对山地景区旅游高质量发展造成一定制约。最终，山地景区旅游的高质量发展所要达成的目标是形成一种动态的平衡，这种动态平衡不仅是产品供给与市场需求的供需平衡，更是经济效益与社会效益、开发建设与生态环境、社区居民与外来游客等各方面的和谐与统一。因此，本书认为山地景区旅游的高质量发展应当要以国内旅游循环为基础、国外旅游循环为延伸，充分立足于“以人为本”和“绿色发展”，贯通山地景区旅游生产、分配、流通、消费等各环节，通过转变发展方式、提供物质保障、创新应用技术、培育新动能等途径，促进山地景区旅游业态、产品、服务、管理、保障等的全面质量、效率和动力变革，形成需求牵引供给、供给创造需求的更高水平动态平衡，最终实现提高山地景区旅游者旅游体验感和满意度、提高山地景区运营管理效率、提高山地景区社区居民生活质量水平、带动区域社会和谐与经济发展的目标。

六、旅游驱动机制

驱动因子是推动事物发展的单一的影响因素，驱动机制不同于驱动因子，驱动机制是一个多因子、综合性、系统性的程序，是推动事物发展的诸多驱动力以及因子彼此联系所形成的一个系统的、整体的、共同作用的动力系统，也是对这些协同作用的驱动系统、驱动力以及因子内在运行机理、动态过程的框架构建与具象表征（王建廷，2007）。因此，旅游驱动机制的内涵本质上就是推动旅游产业发展的许多驱动力以及驱动因子共同作用、彼此联系的系统作用过程（王浪，2008）。

第二节　研究的理论基础

一、系统协同论

德国物理学家哈肯是协同理论（协同学）的开山鼻祖，1971 年提出“协同”学的基本思想与概念，指出人类世界和自然世界普遍存在有序和无序状态，其中无序是指混乱，有序是指协同，在一定条件下，无序与有序会相互转化。“协同理论”是一门跨自然与社会学科的横断学科，是系统科学重要的分支理论（马骏，2016），对生物、电商、教育、物理、旅游等领域的研究起到了一定程度的推动作用。“协同理论”主要是研究远离平衡状态的开放系统与外部能量与物质交换时，系统内部要素与子系统通过一种非线性作用，相互协调、相互合作，最终自发的形成有序结构（张哲，2008）。

协同理论对山地景区旅游转型发展的主要指导意义在于：山地景区是一个复杂的系统，由于其旅游发展到一定阶段，山地景区内部各个要素以及外部空间发展受到内外部环境的影响，原先平衡状态被打破，内部要素以及外部空间发展需要通过协同作用，推进山地景区系统由无序状态向有序状态转型。

二、旅游地生命周期理论

旅游地生命周期理论是描述旅游地演进过程的重要理论，该理论最早是由德国学者 Christaller（1963）以英国旅游地为研究区域，将旅游地的发展过程分为发现、成长和衰落三个阶段。目前，国际对旅游生命周期理论的应用广泛采用的是 Butler（1980）在《旅游地生命周期理论》中的论述，他把旅游产品的发展过程引入旅游地生命周期中，将旅游地发展演变过程分为探索、参与、发展、稳固、停滞、复兴或者衰落等几个阶段，并据此绘制了旅游地生命周期“S”曲线（见图 2–1）。随着旅游地生命周期理论的深入研究，国内学者将其运用于旅游转型发展研究中：朱松节（2017）、左小雪（2020）将旅游地生命周期理论运用于江南水乡古镇、漫川关古镇旅游转型升级研究，科学预判案例地旅游发展阶段，提出针对性的转型发展对策，这些对旅游转型发展研究具有一定的理论指导价值。

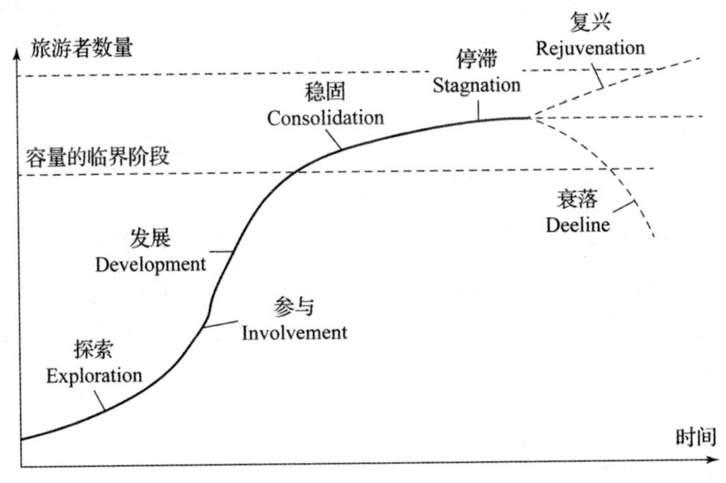

图 2–1　旅游地生命周期“S”曲线

资料来源：引自高林安（2014）。

本研究运用旅游地生命周期理论的主要意义在于科学分析山地景区旅游发展阶段，作为本研究的宏观研究背景，在此基础上，分析山地景区旅游发展存在的问题，厘清山地景区旅游转型发展总体思路。此外，根据实证研究，分析玉龙雪山景区旅游转型发展阶段，提出针对性转型方式与策略，提升山地景区旅游转型研究的科学性与理论价值意义。

三、旅游竞争优势论

竞争优势理论是基于资源优势理论发展而来的，提出者是美国哈佛大学教授迈克尔·波特。该理论最初是研究国家的竞争力，认为国家的竞争力主要是由该国主导产业的竞争优势决定的，包括产业的要素、需求条件、公司战略、相关与辅助产业、政府行为及机遇六个要素，构成著名的“波特钻石模型”（徐淑梅，2006）。

基于波特竞争优势论的观点，旅游的竞争优势主要来源于旅游生产要素、旅游市场、旅游企业战略、旅游相关与辅助产业、旅游政策与环境及旅游机遇六个因素（徐淑梅，2006）。一是旅游竞争优势强调旅游摆脱传统的以资源驱动的开发方式与初级要素为主的竞争方式，通过完善基础设施建设、加强人才培养、引进高科技技术等方式培育高级要素形成旅游发展后发优势；二是由于旅游开放性的特点，容易受到来自国内外的竞争压力，当国内旅游市场需求扩大升级，领先于他国市场，形成国内旅游市场竞争优势，而相对于本身经济发展水平高、旅游市场成熟的发达国家而言，其国际旅游市场竞争力强；三是旅游企业如旅游饭店、旅行社、旅游景区等主体根据市场需求变化调整发展目标、结构与战略，扩大市场份额，对提高旅游竞争力产生积极作用；四是旅游产业具有高度综合性的特征，拥有众多相关与辅助行业，其中具有优势的产业能够为旅游发展提供信息、技术、人才等多方面的支持，同时旅游的繁荣发展也会在一定程度上带动相关产业的发展；五是政府为旅游发展提供相关政策支持与良好的发展环境，为旅游的发展提供保障；六是旅游机遇，如技术变革、重大旅游事件、外汇汇率变化等因素会为旅游发展带来新的竞争活力。

本研究运用旅游竞争优势理论的意义在于推进我国山地景区旅游转变传统的发展模式，通过完善山地景区基础设施、优化生态环境、引进高科技技术等措施形成山地景区旅游发展后发优势，优化山地景区旅游发展目标、战略与结构，利用外部发展机遇，提高山地景区旅游发展国际竞争力。

四、全面质量管理理论

全面质量管理理论早在1961年就被提出，其核心主要在于把握三个要素，分别为“以质量为中心”“全员参与”以及“普遍受益”。

一是以质量为中心。以质量为中心就是要把“质量把控”贯彻于山地景区的整个生产和管理过程，从全面质量管理的角度来看，质量就是满足山地旅游市场所有显在标准、潜在规则以及现实需求的特性的总和。这个定义中的“需求”来自山地景区旅游者对产品和服务的要求，因此以质量为中心从另外一个角度也可以定义为“以山地景区旅游者的需求为中心”。

二是全员参与。山地景区产品的质量与山地景区的经营管理企业、组织内部的所有部门及工作人员有关，要想保证山地景区旅游产品的质量，就必须要让所有部门和工作人员全身心地投入到山地旅游产品的生产和管理当中去。

三是普遍受益。全面质量管理要求山地景区旅游产品质量的提升最终应该要让所有利益相关者均得到一定的受益，不仅要让游客对产品的质量感到满意，更要让企业、员工、社区居民乃至是社会受益。

参考上述定义，山地景区的全面质量管理应当要把“质量把控”贯彻于所有山地景区旅游产品、服务、业态、要素等的生产管理当中，全面质量提升离不开山地景区所在地区政府、企业、当地居民等各方面参与到山地旅游的调控、经营、管理以及创造良好环境当中，最终不仅要提高山地游客满意度，更要为所有参与到山地旅游的利益相关者创造效益。

五、系统动力学理论

瑞斯特于1956年最早提出系统动力学理论，并在之后的发展中逐渐成为一门独立完整的科学（钟永光，等，2010）。该理论有机地融合了计算机仿真方法与系统理论，在社会科学领域的运用当中，基于反馈控制，该理论能够全面、系统、动态地解决繁杂的社会科学领域问题（王其藩，2009），是一门可以对非线性、多层次、多维度、多变量的复杂系统进行综合研究的理论科学（杨亚萍，2018），是一个动态的结构与反馈机制（李志雄，2009）。其适用范围广，经济学、社会学、生态学等领域均可运用。瑞斯特教授认为任何系统都是有结构的，系统内部的各组成部分相互影响，或彼此制约、或彼此促进，强调联系、发展与运动的观点，要想根本性解决系统出现的问题，就要从系统的整体结构入手。山地景区旅游高质量发展的驱动机制是一个复杂的系统，由多个驱动力系统、驱动子系统及因子组成，各驱动系统、驱动力以及因子之间紧密联系、相互作用，因此需要结合系统动力学理论，对山地景区旅游高质量发展的驱动机制内部的相互关系与反馈机制开展深入、系统和全面的探究。

六、利益相关者理论

在企业以及组织的发展进程中，许多个人和群体会与企业和组织产生直接或间接的利益纠葛，不仅包括企业和组织内部的个人和群体，也有可能涉及外部的个人和群体，这些个人和群体就可以被统称为利益相关者。利益相关者理论认为，企业和组织在发展的过程中应当要重视利益相关者的利益需求，并保证既得利益得到公平公正的分配。该理论于 1998 年被引用至旅游学科的研究当中（王秋生，2020）。山地景区的利益相关者较多，政府、企业、游客、居民、从业人员等均是山地景区的主要利益相关者，山地景区的高质量发展必须保证产生的经济效益在利益相关者当中的合理分配。若无法保证某一方的利益，从而产生利益冲突，很大可能会打击其旅游参与积极性，从而对山地景区的高质量发展造成一定制约。

第三章

山地景区旅游转型发展的主要思路

厘清山地景区旅游转型发展的主要思路对山地景区旅游转型发展具有重要的指导意义。本章在分析山地景区旅游转型发展条件的基础上，分析山地景区旅游转型的必要性，同时通过对国内外转型成功的山地景区案例分析，总结山地景区旅游转型的主要方向与内容。

第一节　山地景区旅游转型发展条件

从山地资源价值、山地景区市场、旅游消费需求、旅游转型政策以及科技发展五个方面分析山地景区转型发展条件。

一、山地旅游资源丰富

山地景区旅游资源优势明显，除海洋景观外，几乎涵盖了所有类型的旅游景观资源：除冰川、高山动物、原始森林等自然景观资源之外，还包括了55个少数民族长期生活中形成的特色民族风情和文化旅游资源（明庆忠，2011）。由于山地受到城市“工业革命”的负面影响冲击较小，大部分资源被较好地保存下来，其资源规模和丰度体量较大，自然与文化内涵底蕴深厚，为山地景区转型发展、开发多元化旅游产品体系奠定了基础，满足了体验经济时代背景下游客户外探险、运动、康养、科考等多元需求。如四姑娘山景区充分利用自然资源与藏族文化资源，将其转换为登山、宿营、观光栈道、攀岩、攀冰等山地户外运动产品体系与藏族特色民俗舞蹈等文化旅游产品。

二、山地旅游市场发展前景广阔

山地景区旅游已经步入全面发展时期，在全球旅游产业链中的影响作用越来越大，2019年国际山地旅游人数增长速度超过总体旅游人数增长速度，成为受欢迎的旅游方式之一。山地旅游市场的“高人气”最初源自其独具特色的旅游资源与静谧的环境氛围，为了摆脱工作的压力与城市的喧嚣，大量的城市居民涌入山地，以寻求心灵暂时的宁静与愉悦。随着部分山地景区不断发展成熟，开发了一批多样化的山地旅游项目，如登山、溜索、蹦极、攀岩、漂流等，受到众多户外运动者的青睐与追捧，吸引了大量的游客前往。山地景区游客年均接待量大，部分山地景区年接待量均超过 300 万人次，如玉龙雪山景区、黄山景区、泰山景区自 2012—2019 年游客年接待量均超过 300 万人次（ 2019 年，泰山景区旅游人数高达 567.9 万人次），成为“一线热门景区”。此外，新冠肺炎疫情的暴发，提高了人们对身体健康、户外运动的关注度，山地户外运动旅游、体育旅游、康养旅游等旅游产品业态正好激发了这一市场消费需求，进一步扩大了山地景区旅游市场。

三、旅游消费主体与结构发生改变

旅游消费主体与结构变化成为山地景区旅游转型发展的契机。一方面，随着旅游发展，旅游消费主体已由“70 后”“80 后”转向“90 后”乃至“00 后”，这部分游客以喜好探险、运动、体验为特征，不喜欢常规“观山看水”的旅游模式，乐于创新、标新立异，追求个人价值，更加注重精神享受，传统山地观光旅游模式无法满足新群体游客需求。另一方面，消费主体变化带来传统消费结构升级，据相关数据统计，2019 年我国人均休闲消费超过 5000 元、户外运动爱好者达到 1.3 亿，消费结构由浅层次观光逐步向休闲度假、户外运动与深度体验游过渡。山地景区是发展户外运动、休闲度假、沉浸式旅游的最佳场所，创新山地景区旅游发展业态能有效防止国内度假休闲市场外溢，增强国内景区旅游吸引力，山地景区将成为国内旅游市场发展热点。

四、政府大力支持提供政策保障

为了加快促进旅游产业转型发展，政府出台一系列政策，适应旅游转型发展需求，为山地景区旅游转型提供了强有力的政策保障。一是国家政府层面：2009 年，国务院出台《关于加快发展旅游业的意见》，将旅游确定为国家战略性支柱产业，对加快旅游基础设施建设、旅游产品多元化、旅游业态融合、旅游服务提升以及加深旅游文化内涵等发展做出了一定要求；2018 年国家发展改革委出台关于印发《关于完善国有景区门票价格形成机制降低重点国有景区门票价格的指导意见》，对推进景区由门票经济向产业经济转型发展具有重要的意义。二是地方政府层面：2017 年云南省人民政府出台《云南省人民政府关于加快推进旅游转型升级的若干意见》，对打造高品质旅游景区做出了重要指示；2020 年丽江市人民政府印发《丽江市政府工作报告》，提出紧紧围绕习近平总书记在云南的重要讲话精神，提出促进丽江市高质量转型、打造世界一流旅游目的地的工作目标。三是景区管委会层面：2018 年，玉龙雪山景区管委会传达全面推进丽江旅游转型升级动员大会精神，提出将玉龙雪山打造成四个"一流"景区，推进玉龙雪山高质量转型发展。

五、科技创新提供技术保障

经济的发展与高新技术的成熟应用，成为推动山地旅游产业转型发展的重要手段之一（刘向英，2016）：一是促进山地景区旅游产品与绿色科技的有效融合，运用低能耗结构和材料、固液垃圾等绿色技术，开发创新型山地旅游产品，突破产品开发环境限制，减少对山地景区环境破坏；二是对 VR 等数字媒体的应用，打破山地产品开发季节以及游客身体状况限制，通过声、光以及影像对身体感官的刺激，为游客创造深入体验"一天观四季""身不在顶峰亦能一览众山小"的高山情怀情境；三是通过 GIS、GPS、云计算智能监控系统的运用，为山地景区车辆预控、人流量预测、生物环境变化监控提供大数据支撑，为科学有效规范管理山地景区提供技术保障；四是借助新兴媒体的发展力量，通过抖音、快手、微博等平台，将山地旅游产品以短视频、图片、VR 视图、直播等形式展现，改革了传统山地旅游产品营销形式、拓宽了营销渠道，使其营销更具真实性和渲染性。目前武夷山、黄山、莽山等山地景区积极利用科技创新发展成果，成为智慧旅游景区典范。

第二节 山地景区旅游转型的必要性

根据旅游政策以及山地旅游活动发展事件与活动等节点，分析山地景区旅游发展历程，结合山地景区旅游发展不同阶段的具体分析，总结山地景区旅游发展态势。此外，从资源利用、门票经济依赖、生态环境、基础设施建设与景区营销五方面分析山地景区旅游发展存在的问题。

一、山地景区旅游发展历程

（一）山地景区旅游发展阶段

以旅游政策、山地旅游发展活动与事件为划分依据，将山地景区旅游发展阶段划分为萌芽期、初步形成期、正式形成期、成长期以及成熟发展期五个阶段。

1. 萌芽期（1949年以前）

在中华人民共和国成立以前，山地旅游的发展集中在小群体、小范围的登山观光、祭祀、避暑等旅游活动，这是山地旅游的最初形态。根据旅游发展的活动可以将山地景区旅游萌芽阶段划分为古代山地旅游与民国山地旅游两个时期，其中古代社会以登山、祭祀活动为主，民国时期以避暑度假为主。此阶段没有建立山地风景名胜区，故被划分为萌芽期。

（1）古代山地旅游。中国自古代以来，就有“仁者乐山、智者乐水”之说，足以可见“山地”在古代社会发展中的重要作用。在古代社会就已经出现了五大名山（嵩山、泰山、衡山、华山、恒山）、道教名山（武当山、茅山）以及佛教名山（峨眉山、普陀山）等。古代山地活动丰富，以帝王封禅、祭祀、捕猎，文人志士游山玩水，诗人登高作诗，僧人登山修行等为主，如秦始皇登泰山祭天、徐霞客游黄山等旅游活动提高了泰山、黄山的知名度。

（2）民国山地旅游。民国时期，旅游经历了短暂的繁荣时期，同时受到西方自由、享乐、休闲文化的影响以及基于山地本身独特的自然、气候地理条件优势，此阶段山地旅游活动以避暑度假为主，但是旅游活动的主体仍然集中在以统治阶级为主的少部分群体。如在莫干山建立度假别墅、在庐山进行避暑地商业化开发等，为避暑度假活动开展提供了基础设施条件（任唤麟，等，2020）。

2. 初步形成期（1949—1981年）

山地旅游发展起步于20世纪50年代，到80年代才建立起山地旅游景区。尽管在这中间阶段并未建立专门的景区管理行政单位，但是部分名山已经初步具备山地景区旅游规模形态与功能，成为康养、疗养以及干部退休休憩的最佳场所，建立了干休所、疗养院等服务设施，具有促进身体健康、加强身体检查等多项功能，是山地康养旅游业态的初步形态。如1953年在江西庐山核心景区内建立的庐山疗养院，充分利用庐山优美的自然环境与安静祥和的山地环境，成为一家集医疗、保健、康养、旅游、度假于一体的疗养院综合体，初步发挥了山地景区的康养、疗养功能。

3. **正式形成期（1982—1993年）**

1982年国务院公布第一批国家级旅游风景名胜景区，成为山地景区旅游发展的正式阶段的开端。在公布的风景名胜区名单中有26处山地风景区，比例达到风景区数量一半以上，山西五台山、江西井冈山以及湖北武当山等山地景区位列其中。此阶段山地景区旅游开发形式以名山观光为主，借助山地知名度，通过简单的基础设施建设与旅游资源的初步开发吸引游客。如黄山景区开发奇松、怪石与云海等旅游资源，形成景区核心产品。

4. **成长期（1994—2008年）**

1994年3月1日，双休假期制度出台后，黄金周旅游假期制度也在1999年相应出台，节假日制度的改革，使得人们工作时间减少、休闲娱乐时间增多。山地景区一般处在城市的边缘地带，完成一次山地之旅需要耗费较长的时间，假期的延长使得更多的游客前往山地景区成为可能。此阶段山地景区一方面内外部交通进入性不断提高，如黄山2006年建设了第一条索道——云谷索道，提高了内部可进入性。但是此阶段由于山地景区对资源开发以及基础设施建设力度加大，对景区生态环境造成了一定程度的破坏。如泰山、华山景区加强景区工程建设对区域内的资源、环境造成一定程度破坏，增加了泥石流、水土流失等自然灾害发生频率（张红雨，2008）。

5. **成熟发展期（2009年至今）**

以2009年国务院出台《关于加快发展旅游业的意见》与2017年成立国际山地旅游联盟为节点，将山地景区旅游发展成熟发展时期分为旅游业态过渡发展时期、转型提质发展时期。此阶段国家山地风景名胜区数量增长速度放缓，但是山地景区旅游发展质量不断提升。

（1）旅游业态过渡发展时期（2009—2015年）。2009年，国务院出台《关于加快发展旅游业的意见》，提出要大力激发旅游新的增长点，发展生态旅游、森林旅游、体育旅游以及医疗健康旅游等新颖业态，发展“具有知识产权的休闲、登山、滑雪、潜水、露营、探险、高尔夫等各类户外活动用品及宾馆饭店专用产品”，推动山地景区旅游发展由山地景区单一观光业态向文化旅游、乡村旅游、山地户外、休闲度假等多元业态转型，提高了山地旅游供给层次与质量，如长白山、莫干山发展高端民宿旅游，成为度假旅游典范地。

（2）转型提质发展时期（2016年至今）。2016年国民人均收入突破8000美元大关，预示着我国向休闲度假时代过渡，为山地景区旅游发展带来了良好的市场发展环境。2017年，国际山地旅游联盟的建立为国内外山地旅游发展提供了交流与合作的平台，对山地旅游发展提出了更高的要求，同时新冠肺炎疫情对山地景区旅游业带来了机遇与挑战，山地景区迎来转型发展时期，部分山地景区实施转型发展工作，并取得了一定成效，突出表现在景区建设智慧化、景区功能完善、山地景区发展统计科学化三个方面。一是在山地景区建设过程中多使用科学技术手段，促进山地景区智慧化建设，以突破山地生态敏感、山地环境复杂等旅游发展瓶颈，如黄山景区通过建立保护与指挥调度系统、小型气象观测站以及红外线管理系统加强对景区资源的保护，同时建设VR体验馆，让游客深入体验黄山景区的优美风光与文化内涵。二是山地景区功能不再局限于观光游览，为传播山地文化、带领当地地区脱贫、保护生物多样性等发挥了重要的作用，如玉龙雪山景区通过景区发展、反哺农业的形式，提高了当地居民的生活水平。三是国际山地旅游联盟成立后，对山地旅游发展概况进行了科学系统的分析，通过旅游案例解读，为中国山地景区旅游发展提供了良好的经验借鉴。

（二）山地景区旅游发展态势

1. 可进入性提高

可进入性差是阻碍山地景区旅游发展的主要因素之一，近年来，随着经济发展、道路硬化技术提高以及交通基础设施的完善，大部分山地景区充分利用资金、技术、设施等相关支持，不断提高景区内外部交通可进入性。如黄山景区为了改善“进山难”的状况，在景区内修建了云谷、玉屏、太平三条索道以及大峡谷观光缆车，降低了游客登山的难度，大大提高了黄山景区的可进入性。此外，随着无障碍旅游理念的兴起，莽山五指峰景区、沂蒙山景区逐步完善无障碍登山步道、电梯、索道、公厕以及餐饮等设施建设，满足残障人士、老龄游客等特殊群众登山需求，山地景区可进入性程度进一步提高。

2. 生态环境改善

为贯彻习近平总书记所提出的“绿水青山就是金山银山”理念，山地景区重视对生态环境的保护，以山地生态旅游、绿色旅游以及低碳旅游为发展方式，建立景区生态环境监控机制、完善景区生态基础设施建设、规范旅游行为，减轻旅游活动对景区生态环境影响，山地景区旅游生态环境逐步得到改善：景区森林覆盖率面积提高、生物物种多样性提升以及景区水质、空气质量提升。如黄山景区建立全球环境基金GEF生物多样性保护项目，为保护山地生物多样性、促进山地生态环境良性发展做出了一定的贡献。

3. **智慧化程度提高**

在外部云计算、大数据、物联网、AR、VR 等科学技术成熟发展以及新兴媒体全面发展的宏观背景下，山地景区积极利用科技发展成果，建立了景区人流量预警机制、环境监测机制、景区大数据信息系统平台，并积极利用抖音、微信、微博加大对景区的宣传，实现了打造环境智慧化管理、服务智慧化以及营销方式智慧化等多功能旅游景区，山地景区旅游发展智慧化程度不断提升。如黄山、玉龙雪山景区将 AI 技术运用于景区安全、游客管理、景区门票、景区基础设施建设以及景区环境管理各个环节，在一定程度上提升了景区管理的效率，促进了黄山、玉龙雪山景区智慧化程度的提高。

4. **综合带动效应增强**

凭借多类型的旅游资源，山地景区吸引了大量的游客，为山地景区旅游长足发展提供了可能。山地景区旅游发展带动了当地经济、文化与社会综合效益：一是山地景区旅游的发展直接带动了当地经济收入增长，提高了当地人们生活水平，部分旅游收入用于完善公共医疗服务设施与教育设施建设；二是山地景区文化资源价值在于其原生态性与朴素性，通过旅游发展，将这一特性展示给游客，在一定程度上加强了山地景区文化资源的原真性保护，促进了山地文化的传承；三是山地景区旅游发展带动当地就业，提高居民生计生活能力，有效缓解了山区“年轻人外流”导致的山地空心化等问题，带动了当地社会效益发展。如玉龙雪山景区将旅游发展的部分收入反哺农业，让甲子村居民管理景区婚纱摄影活动，走出了一条旅游带动畜牧业发展、居民生计能力提升的可持续发展道路。

二、山地景区旅游发展存在的问题及必要性

（一）山地景区旅游发展存在的问题

1. **山地景区旅游资源利用不足**

我国山地景区旅游资源丰富，但是对资源的利用开发程度不高。目前我国山地景区旅游的发展方式以观光为主，辅以度假、休闲等高端业态，多数景区丰富的旅游资源并未有效转换成多元化的旅游产品体系，旅游产品活动方式单一。尽管观光旅游产品在旅游发展初期吸引了一大部分游客前往山地景区旅游，但是随着人们生活水平的提高、旅游需求向多元化转型，单一观光旅游产品弊端显现，无法适应多

元旅游需求的变化，对旅游者的吸引力下降。如玉龙雪山景区仍然以观光旅游产品为主，造成游客“一次看新鲜、二次看疲倦”等问题，大大降低了景区二次消费吸引力。

2. 景区门票依赖严重

山地景区主要收入来源于“门票+交通”，其中门票收入占据了景区收入的一大半，山地景区门票依赖严重。2018年，受到国家发展改革委出台的《关于完善国有景区门票价格形成机制　降低重点国有景区门票价格的指导意见》政策的影响，以“旱涝保收”“坐门迎客”为主要特征的门票经济盈利模式的景区面临着挑战，二次消费不明显、综合效益不突出等问题凸显，门票收入额下降，山地景区旅游发展受到一定的冲击。例如，黄山、峨眉山、玉龙雪山景区积极响应政策，2019年国庆假期前纷纷降低门票价格，降幅分别为17.39%、13.5%、30%，2019年三个景区游客接待量分别达到162.4万人次、160.11万人次和147.87万人次，涨幅为9.6%、0.1%和11.44%，游客接待量涨幅远远小于景区门票下降的幅度。

3. 基础设施建设落后

山地景区基础设施建设落后主要的原因有两方面：一方面，由于山区长期被边缘化，经济发展水平不高，景区内旅游发展所必需的“食、住、行、游、购、娱”等相关配套设施匮乏，造成山地景区过夜游客数量少，加上山地以高低起伏大、悬崖峭壁、沟谷幽深的地貌特征，加大了基础设施施工建设难度与成本。山地景区基础设施建设落后现状在一定程度上降低了游客游览体验满意度，如黔西南地区大部分山地旅游景区因为所处地区经济发展落后，许多建筑因年代久远缺乏经费维修而破败不堪，旅游接待设施与服务设施满足不了旅游发展需求，造成景区发展停滞不前（丹竹，2015）。另一方面，山地景区旅游服务人才稀缺，景区内服务人员主要由周围村庄的村民组成，专业化训练水平低，所提供的旅游服务质量水平偏低，无法为游客提供优质的服务。

4. 景区整合营销能力不足

尽管我国山地景区数量众多，但是山地景区旅游整体营销能力不足，主要体现在两个方面：一是在宣传方式上，山地景区旅游营销仍然停留在“单打独斗”“各扫门前雪”的状态，未能有效建立联合合作机制体系，且山地景区宣传的区域范围集中在相邻省市等小规模范围内，对省外、国外的影响力较小。二是在旅游宣传内容上，山地景区旅游营销内容仍然集中在以传统旅游产品价值为核心的4P营销，这是一种典型的“卖方市场”营销模式。随着旅游市场过渡到“买方市场”模式，山地景区传统的营销模式忽略游客的核心需求变化，对游客吸引力下降，不利于山地景区长足发展。例如，天柱山景区在营销传播中只注重景区的单向传送，没有建立起游客反馈机制，忽略主体与受众群体之间的交流，无法及时根据游客需求变化更新营销战略，在一定程度上与旅游市场脱节。

5. 国际竞争优势不明显

国外山地旅游发展较早，已经形成一批著名的山地旅游地，如阿尔卑斯山、安第斯山脉、富士山、安娜普尔纳区等。中国作为山地大国，在世界山地旅游市场中的地位愈发重要，知名度不断提升。截至2020年年末，中国所获得猫途鹰“卓越奖”山地旅游目的地数量为32个，但是意大利获得此项殊荣的山地旅游目的地数量达到142个，是中国的4倍之多，且在最受欢迎的山地旅游区域中，欧洲排名第一，每年大约有55%的山地游客前往欧洲旅游，中国山地旅游供给与欧洲山地旅游供给相比仍然存在一定的差距，国际竞争优势不明显。

（二）山地景区旅游转型必要性

1. 顺应山地景区旅游发展趋势的必要要求

尽管山地景区旅游发展已经进入转型提质时期，部分山地景区已经实施转型发展工作，但是仍然还存在绝大部分山地景区处于传统旅游发展模式，在一定程度上阻滞了山地景区旅游转型发展的总体进程，降低了山地景区旅游发展总体质量，因此加快山地景区旅游转型发展是顺应山地景区旅游发展趋势的必然要求，具有深远的意义：一是能够在一定程度上适应年轻一代消费主体与休闲度假时代消费需求变化，提高市场占有率，不被市场淘汰；二是能够以更为科学的方法去应对新冠肺炎疫情、地震自然灾害等给山地景区旅游发展带来的机遇与挑战；三是能够积极响应中国经济高质量发展的要求，山地旅游发展对于旅游业的发展具有重要的意义，促进山地景区旅游转型能够在一定程度上提高旅游业发展质量，最终提升中国经济发展质量。

2. 提高山地景区旅游发展质量的必然要求

山地景区目前仍然存在旅游资源利用不足、旅游产品单一、景区门票依赖严重、受景区门票“降价”冲击大、基础设施建设落后、旅游服务质量亟须提升、景区整合营销能力不足等问题，对山地景区旅游发展总体质量提升造成了不利影响。因此，加快山地景区旅游转型发展，积极利用外部政策、科技、消费需求升级条件，发挥山地景区资源、市场优势，提升资源利用率，引进山地科考、探险、户外等新产品业态，提高山地景区旅游基础设施建设与服务质量以及创新山地景区营销方式，最终摆脱门票经济依赖，对提升山地景区旅游发展质量具有重要的意义。

3. **提高山地景区旅游国际竞争力的必然要求**

中国山地景区旅游发展相较于国外仍然存在国际知名度较低、竞争优势不明显的问题，在一定程度上影响了我国山地景区在国际山地旅游市场的地位。积极推进山地景区转型发展、拓展国际营销渠道、加强国际合作和国际产品开发、提供国际服务对提升山地景区国际竞争力具有重要的意义，能够在一定程度上加速我国山地景区打造世界级山地旅游目的地目标的实现，提升山地景区国际知名度，提高国际旅游市场占有率，增加旅游外汇收入。

第三节　山地景区旅游转型发展案例及启示

通过对国内转型成功的山地景区以及国外发展成熟的山地旅游目的地发展经验进行分析，提炼山地景区转型思路、主要方向以及主要内容。国内山地景区转型案例选择长白山、泰山、黄山三个景区，选择依据主要有三点：一是三个景区是中国著名的山地景区，发展历史悠久、品牌知名度高，影响力大；二是三个景区采取的转型方向与措施具有一定的差异性，分别以生态旅游、深度文化体验旅游以及智慧旅游为主要转型业态，具有典型性；三是三个景区转型时间较早，取得了一定成果，为提升中国山地景区国际影响竞争力做出了一定贡献。

一、国内山地景区旅游转型发展案例

（一）长白山景区

长白山位于吉林省东南部，是国家5A级旅游景区、国家级自然保护区，其旅游资源丰富，以“神山、圣水、奇林、仙果”闻名。2002年，长白山被评选为“中国十大名山”之一（李杨，2012），成为著名的游览胜地。但随着长白山旅游景区的深度开发，传统旅游发展模式与生态环境保护之间的矛盾日益突出，景区出现项目布局模式趋同、旅游产品单一、季节流量影响等突出问题（金云峰，等，2019）。在国家大力支持中国东北老工业基地振兴发展、吉林省深度实施东部绿色转型发展和向东向南开放的战略布局大背景下，为打造世界级生态旅游目的地，长

白山旅游景区将加快推进旅游转型升级工作提上日程。长白山景区旅游转型发展的主要措施如下：

1. 推进景区向国际化方向转型

长白山积极推进国际旅游合作、开展山地景区营销等相关活动，打造长白山国际知名品牌：一是加强国际生态旅游合作，通过举办“长白山国际生态论坛”会议、建立“国际自然保护区”联盟和“世界生物圈保护”基地，为生态环境保护提供平台保障与资金支持；二是积极参加或者举办国际营销活动，如参加2017年国际冬季运动博览会、冬季运动营销论坛，举办T20国际旅游名镇峰会等营销活动，同时连续十二年举办国际粉雪活动，提升长白山国际知名度。

2. 单一观光向生态休闲度假旅游转型

2012年，在长白山西麓建立长白山国际度假区，推动长白山景区旅游由观光旅游向度假休闲旅游转型：一是长白山景区依托旅游度假区，建设滑雪场、高端度假酒店、森林住宿业等设施，成为集运动教育、生活服务、亲子教育、主题游乐等多功能于一体的旅游小镇；二是大力开发温泉旅游资源，2014年建立长白山国际温泉度假区，发展冰雪温泉、会议温泉、医疗温泉、养生温泉等多类型温泉旅游产品，打造长白山特色温泉品牌，顺应了旅游市场消费休闲度假化的趋势，成为长白山景区转型发展打造国际冰雪旅游度假目的地的重要推动力量。

3. 积极利用山地垂直高差景观资源

长白山转变景区发展平面单一化、旅游淡旺季客流量差异明显的发展现状，大力促进景区内部空间发展向立体化转型：一是深度开发垂直地带景观差异资源。长白山纬度高，是世界最小范围内垂直景观带差异最明显、种类最多、生物资源最多的山地，长白山积极发挥这一资源差异特征优势，开发了观山、观水、观林、观地、观动植物等深度生态旅游产品，让游客尽享海拔高差所带来的视觉差异盛宴。此外，利用长白山坡度差异，开展长白山森林马拉松、森林自行车赛等活动。二是开展四季旅游，弱化旅游淡旺季界限，促进景区旅游全时化发展，延长长白山旅游发展时间轴。充分利用长白山气候、文化、康养、运动等旅游资源，开发四季旅游产品（见表3–1），增加景区吸引力，满足游客多样化需求。此外，长白山景区加强四季旅游的品牌形象营销，积极参加“四季旅游开发、四季旅游地”论坛活动，塑造长白山“365天天天开放，360度度度精彩”的旅游形象，改变游客对长白山冬季“寒冷、封山”的认知误区，缓解长白山“夏季万人、冬季百人”旅游窘境。

表 3–1 长白山景区四季旅游产品

旅游产品类型	发展内容
春、夏季旅游产品	引进森林养生谷、森林温泉中心等绿色体验项目
春、夏、秋季旅游产品	打造骑行游乐、户外休闲、房车宿营等特色旅游产品项目
春、冬季旅游产品	开发包括“赏雪、戏雪、听雪、滑雪、温泉”等在内的“白色经济”旅游产品业态，引进“冰雪小镇、温泉小镇、长松雪村”等旅游项目
四季旅游产品	打造“重走抗联路”红色旅游线路产品
	引进华鼎文化园、长白山人参市场等项目
	实施月亮湾健康养生谷、生态怡养城项目

（二）泰山景区

泰山是世界自然与文化双遗产地、世界地质公园、国家重点风景名胜区、国家5A级旅游景区，被誉为“五岳之首”，享有“天下第一山”的称号。泰山历史文化悠久，自秦始皇入泰山封禅以来，各朝各代沿袭这一习俗，泰山封禅文化得以传承，使泰山名声大噪。泰山旅游资源丰富，其中以“旭日东升、晚霞夕照、泰山佛光、云海玉盘”四大奇观最为著名，成为景区核心吸引力。但是随着泰山旅游进一步的发展，产品结构单一、旅游资源开发利用不足、景区与城市发展矛盾突出等深层次的问题逐渐显现。为了转变发展现状，实现国际一流文旅康养高地发展目标，泰山景区实施了一系列措施推进旅游转型发展。

2019 年，泰山景区积极推进“五大工程”，对泰山文化资源开发、景区门票管理、景区服务质量转型做出一定要求。旅游转型发展为提升泰山景区旅游发展质量、改变旅游发展格局、拓展旅游发展空间等带来了一系列好处，吸引了大量游客前往：据泰安市人民政府网统计，2019 年，泰山景区接待游客 567.9 万人次，同比增长 1.04%。

1. 由单一景区发展向外部空间拓展转型

泰山景区摆脱传统以单一景区为主的发展模式，以泰山景区为核心区域，向周围区域辐射，形成一山联动、多元产品业态融合、外部空间拓展的大旅游发展格局：一是坚持顶层设计，以泰山景区为核心，以交通连线、文化空间打造形式构建“两横四纵”的大泰山旅游发展模式。二是大型旅游基建项目转移至北部乡村与周边区域，提高北部乡村旅游发展质量，打造乡村旅游集聚群：引进猕猴桃农庄、杏林度假村、亓家滩写生基地等项目，推进乡村休闲文化旅游的发展。三是提高周边旅游项目招商引资力度：引进万达泰安城市会客厅、泰山生命科学谷、泰山微电影小镇、方特主题乐园、天颐湖度假区等项目，与泰山景区相辅相成，突破泰山景区"不能大搞基建"的发展瓶颈。四是促进旅游＋文化融合，积极营造外部文化空间。通过举办石敢当文化节、引进乡村文化博物馆、建设泰山文旅研学基地等措施推动大泰山文化空间的塑造。

2. 浅层次文化观光游向深度文化体验游转变

早期泰山景区对文化资源的开发停留在浅层次文化讲解上，与其他文化型山地景区相比，缺乏竞争力。因此，泰山景区通过深度挖掘文化资源，借助外部科技力量，提高文化旅游开发层次，推动泰山景区由走马观花式旅游向深度文化体验旅游转型。一是科学开发新景点，引进文化旅游项目。复原汉、秦封禅古御道、建立石敢当博物馆，弘扬"敢于担当、护佑平安"文化；举办"中华泰山封禅大典大型实景演出项目"，推进泰山旅游由"游泰山"向"品泰山"转变；引进"AR智能导览景区"系统，采用AR大型实景形式，推广沉浸式旅游，使游客在景区游览过程中最大限度地与"泰山文化"接触，深度感受泰山文化的博大精深。二是积极参加举办文化旅游活动。参加"亚洲文化旅游展"、举办泰山东岳庙会、岱庙节庆文化等活动，提高泰山文化旅游国内外影响力。2018年，泰山位居山东省最具影响力十大景区榜首。

3. 推进旅游服务向高水平、优质化转型

旅游服务质量是影响游客满意度主要的因素之一。泰山景区通过开展旅游服务品质提质攻坚活动，推进景区旅游服务质量向高水平、优质化方向转型。一是加强旅游服务设施建设，为游客提供便捷化的服务。为了缓解泰山景区停车压力，在泰安市修建大型生态停车场，实现与泰山景区无缝衔接。此外，在景区内修建游客服务中心、呼叫服务中心，满足游客线上线下购票、咨询、救护等全方位服务需求。二是做好景区安全服务工作。维护旅游秩序，做好旅游标识牌、旅游护栏、安全警示标语、安全信息发布等工作，保障游客人身安全。三是建设旅游人才队伍。积极发扬"泰山挑山工"精神，提高景区工作人员服务、责任和岗位意识培训教育工作，提高旅游服务质量水平。

（三）黄山景区

黄山位于安徽省黄山市，是世界文化与自然遗产地、世界地质公园、国家级风景名胜区、国家5A级旅游景区。1979年，邓小平游览黄山，发表了著名的“黄山谈话”，拉开了黄山旅游的序幕。随着旅游消费转型升级，黄山景区以传统经济扩张为主的发展模式引发了一系列问题：游客停留时间过短、景区门票依赖严重、旅游产品单一化、游客满意度下降等（尚正，等，2011）。2016年，国家旅游局发表“中国旅游，从黄山再出发”论断，确立了黄山景区转型发展的高起点，树立中国山地景区旅游转型发展的标杆。为了响应号召与促进景区可持续发展，黄山景区加快旅游转型升级步伐：深入实施“品质旅游革命”，积极推进“二次创业”“旅游+”“走下山、走出去”等战略，打造智慧黄山景区，创新营销模式，提升景区旅游发展质量，打造世界级旅游目的地。

1. 打造优质的旅游景区

黄山景区围绕游客核心需求变化，以优质旅游为核心发展理念，加大供给侧改革、完善基础设施建设、优化景区生态环境、推进旅游企业创新发展，推进黄山景区旅游发展由数量扩张型模式向高质量旅游发展模式转型：一是打造新型旅游产品业态。黄山景区积极推进旅游+小镇、电商等多种形式，促进多元业态融合发展，拓展黄山景区旅游发展新领域。二是打造黄山景区特色品牌形象。一方面，黄山景区参加“夏季旅游嘉年华”“2019黄山屯溪文化旅游推介会”“黄山雲亼山宿产品推介”等活动，扩大黄山景区品牌影响力；另一方面，黄山景区依托特色自然环境空间与特色国学、茶文化旅游资源，开发黄山“星空帐篷、音乐盛会、星空茶语”等特色旅游产品，“修禅、国学、品茶”等文化休闲旅游产品项目，“美食、养生、太极”等康养旅游产品，提升旅游市场产品占有率。三是完善景区基础设施建设，优化游客行程体验。加强对景区索道、游步道、公路、厕所、导览中心等基础设施的建设，提升景区硬环境质量水平。四是加强保护生物多样性。黄山景区坚决执行“景点封闭轮休、生态景观带修复、污水统一治理、全球环境基金（GEF）生物多样性保护项目”等措施，建立景区生态环境“自纠自查”“一票否决”机制以及景区生态灾害“预测、预约、预报”调控机制，为保护黄山景区生物多样性、加强生态环境保护提供了有效的途径，同时为游客创造了优质的游览环境。

2. 发展智慧旅游

黄山大力推进智慧景区建设，利用大数据、Wi-Fi、监控平台等技术发展成果，成为黄山景区转型发展新动力：一是建设“云上黄山”大数据平台，加大对数据资源的整合和利用，为黄山景区制定科学的资源保护策略、高效的资源管理方式、精准的营销服务等提供数据支撑；二是建立古木物联网，对景区古木周边的土壤、气候、光照、水分等环境指标信息进行监测，并传达至指导中心进行数据收集与实时分析，制定科学的古生物保护策略；三是制定黄山“一码游”平台，通过“扫码入园、全网预订、分时预约”三个阶段，实现景区服务智慧化发展；四是打造智慧交通体系，利用现代数据化与信息化技术，建立视频监控系统和无线传感网车流量统计系统，实时监控车流量情况，及时有效处理交通安全事故等突发状况，为黄山景区交通管理部门的监管与控制工作提供极大便利。

3. **推进景区营销创新化转型**

黄山景区利用传统媒体与现代新兴媒体信息传播优势，着力景区发展关键点，创新营销思维，转变传统“坐等客来”的单一线下营销模式，向线上线下营销并重转型。将电视、报纸、电台等传统营销媒体与新兴网络营销媒体如微信公众号、抖音、微博等多种新兴媒体营销方式紧密结合，聚焦全年龄段游客，充分发挥传统主流媒体影响力与新兴媒体平台优势，定位目标客源市场，打造“智慧黄山·精品旅游”信息化重点项目，推广营销黄山旅游 App 项目，实现集聚门票、索道、酒店多种服务于一体的精准营销服务功能。同时加强与艺龙、途牛、携程旅游电商平台合作，满足游客酒店、机票、地接导游等线上预订需求，将激发游客“走进黄山景区”需求与游客实施“出行计划”完美承接，成为黄山景区旅游营销转型发展“点睛之笔”。

二、国外山地旅游目的地发展经验

由于国外山地景区很少提“转型”一词，故总结日本富士山、尼泊尔安娜普尔纳两处山地的成功发展经验，为国内山地旅游转型发展提供经验借鉴。

（一）日本富士山

富士山位于日本山梨县和静冈县境内，是日本的神山、圣山，对日本人的意义非同凡响，其旅游活动发展较早，形成了较为成熟的旅游发展模式，其发展经验可为国内山地型景区旅游转型发展提供经验借鉴。富士山最早以生态观光旅游闻名，生态旅游资源丰富，包括熔岩原始森林、富士五湖、富士樱花、富士红叶、云海、山洞、瀑布等资源。经过几十年的发展，富士山生态观光旅游发展模式并未被市场淘汰，不仅仅是因为丰富的旅游资源，还受其运营管理方式的影响，主要包括约束参与者行为、提高环境保护意识、特色旅游资源开发以及人性化的旅游信息网站建设等方面。

1. **提高参与者环境保护意识**

管理者、游客与社区是富士山旅游活动的主要参与者，加强三方环境教育，对提高环境保护意识、促进富士山旅游可持续发展极为重要。富士山历经20年最终于2013年被列为世界自然遗产名录之一，然而好景不长，受到开发管理不善、游客素质不高、居民环境保护意识差等多方面影响，富士山生态环境遭受破坏，其“世界自然遗产”头衔饱受质疑。富士山为转变环境发展现状，采取一系列措施提高管理者、游客与居民三方环境保护意识：一是出台《〈静冈市世界遗产三保松原保全活用条例〉提案》，对富士山景区土地利用、开发力度有了明确的限制范围（姚雨成，等，2020）；二是提高游客环境保护意识，为游客提供免费的讲解服务，增进游客对富士山地质地貌形成、特征以及环境脆弱性等相关知识的了解，并定期举办环境保护专题讲解会，让游客从内心增强环境保护意识；三是出台最严废弃物乱扔处罚法律，在富士山周围道路安装摄像头，对于周边居民以及游客乱扔违法电器等行为做出处罚，处罚包括5年以下有期徒刑和1000万日元以下处罚，处罚力度之大体现了日本保护富士山环境的决心。

2. **特色资源开发，多元旅游产品打造**

富士山根植旅游资源特色，因地制宜，开发了生态旅游、休闲娱乐旅游、健康旅游、体育旅游等不同类型的旅游产品。一是利用青木原树海森林良好的生态环境，举办生态旅游研讨会、座谈会、生态导游培训等相关产品活动，促进生态旅游发展；二是在富士山麓建设富士急乐园，乐园内建有世界级的游乐设施项目与娱乐活动，满足游客精神刺激体验感受与休闲放松的需求；三是利用富士山高原气候、森林、温泉、食材等资源，开发了森林康养、温泉疗养、健康膳食等健康旅游产品；四是利用富士山开阔平坦的地势地貌区域，发展网球、划水、划船、垂钓等体育娱乐旅游产品活动（顾永顺，2008）。此外，山梨县每年举办中湖公路赛和富士吉田火节公路赛，在此赛段能够观赏到“葡萄园到富士山”的一路美景，既能增强人们的身体素质，又能欣赏到大好湖光山色，加速推进体育与旅游产业的融合发展。

3. **人性化的旅游信息网站建设**

人性化的旅游信息网站建设是富士山旅游发展成功最主要的因素之一，这也是国内景区官方网站建设的薄弱环节，国内景区官方网站更加偏向于政府、景区事迹的报道，对于游客的需求考虑较少，其建设的成功之处主要体现在以下几个方面：一是官方网站国际语言的设置。山梨县官方旅游门户网站语言高达九种，能同时满足以日语、简繁体中文、英语、葡萄牙语、韩文、法语等为语言的国内外游客的需求，迈出了开发国际旅游市场的第一步。二是以游客视角设置官方网站栏目。与国内景区网站从景区角度设置栏目不同，山梨县官方旅游门户网站基于游客的角度设置了五个栏目，分别为"关于山梨县""要做的事""主要活动""山梨地区""计划您的旅行"，其中"关于山梨县"介绍了交通、手工艺品，观光手册（可 PDF 下载）等方面内容，让游客在到达富士山之前对景点有初步的了解。"要做的事、主要活动、山梨社区"三个栏目简单介绍了富士山与周围的景点以及山梨县举办的旅游活动、项目，让游客能够自主规划去哪里玩、玩什么、怎么玩。"计划您的路线"一栏中对景点做出详细介绍，同时补充了到达该景点的线路和与其他景区串联的旅游线路，为游客规划旅游线路提供了充分的选择。

（二）尼泊尔安娜普尔纳保护区

尼泊尔是世界受欢迎的山地王国之一，以旅游为主导产业，山地旅游发展较为成熟，自 1966 年一支自发组织的徒步旅游队伍到访后，发展至今，尼泊尔逐步成为徒步旅游者的天堂。安娜普尔纳自然保护区位于尼泊尔北部，是尼泊尔自然保护区分属项目，成立的初衷是为了协调人类发展与自然保护之间的关系，保护区建立了专门的志愿者参与服务网站，吸引了来自世界各地的志愿者来此工作。安娜普尔纳保护区以高山徒步旅行久负盛名，共包括 ATC、ABC、Poonhill 三条环线，其中 ATC 大环线，位居世界十大徒步线路榜首，吸引无数登山爱好者前来徒步旅行。大环线徒步海拔距离高差约达 4700 米，徒步旅游者可感受平原至高原、热带雨林至高原冰川等不同类型垂直地带差异景观，是"一山有四季、十里不同天"诗句最真实的写照。尽管尼泊尔经济发展程度落后，基础设施建设不足，人均国民收入只有 1000 美元左右，在不占任何优势的经济宏观背景下，安娜普尔纳自然保护区山地徒步旅游之所以成熟发展，离不开制定游客管理系统、根据不同类型的游客制订不同的徒步线路、社区发展与资源保护相结合等方面的措施，为中国山地景区旅游转型发展提供了经验借鉴。

1. 制定游客管理系统

保障游客人身安全是安娜普尔纳保护区最重要的工作内容之一。安娜普尔纳保护区制定了游客管理系统 TIM 制度，全称 Trekkers' Information Management System——徒步游客信息管理系统（胡洁，等，2015），是指游客徒步三条环线中的任意一条环线，都需要办理进山许可证，如若没有许可证，在进山途中购买食物、住宿价格都会翻倍。建立的目的是限制进山人流量和保障游客人身安全，办理进山许可证要收取一定的进山费，获取的资金除了用于工作人员日常生活的开支以外，所有的资金用来建设桥梁、学校、卫生饮水站等公共基础设施与旅游标识、旅游休憩小屋等旅游设施，为当地人们的生活与游客徒步出行提供便利。在缴纳进山费用以后，游客能拿到 TIM 卡，TIM 卡需要登记游客个人资料、入住旅宿、徒步线路、进山许可号、经办旅行社等信息，游客进山必须随身携带 TIM 卡，在检查点出示并登记信息，实现对游客的实时追踪，保障游客人身安全。

2. 根据不同类型的游客制订不同的徒步线路

安娜普尔纳保护区共有三条徒步线路，根据游客自身情况，可选择不同的徒步线路。徒步游客分为专业徒步游客和业余徒步游客，安娜普尔纳大环线是为专业徒步游客量身定制的。大环线是尼泊尔所有徒步线路中自然资源与人文资源最为丰富的线路，海拔高差大，上至高山雪山、草甸，下至寸草不生的垭口、荒漠与河谷，几乎包括了尼泊尔所有的地质地貌，走完全程至少需要 10 天以上，对游客的身体、装备、专业知识等能力要求较高，因此比较适合专业的徒步游客。ABC 大本营环线是一条发展较为成熟的环线，海拔相对于大环线较低，难度中等，所有徒步旅游爱好者都可以选择此道路，游客可以选择自助徒步与非自助徒步两种形式：选择自助徒步旅游需要旅游者提前拿到当地政府发放的地图、手册，在线路示牌、标识等设施的指引下，自行完成整个旅程。非自助旅游是指聘请当地的背夫、向导，在他们的带领下完成全部旅程。Poonhill 环线是三条环线中路程最短、难度级别最低的环线，一般 2 天可以完成全部的旅程，对年龄和体力要求较低，适合中老年和儿童类游客（陈小静，2019）。

3. 社区发展与资源保护相结合

安娜普尔纳保护区实行分区管理，将其分为荒野保护区、特殊限制管理区（受到人类影响以及徒步旅游活动的商业区）、集约化管理区、季节性放牧保护区以及人类生物学区域，对不同的区域制定不同的管理方法与制度，加大对区域环境的保护。此外，尼泊尔政府在安娜普尔纳地区提出了社区发展与资源保护相结合的计划，鼓励社区参与分享旅游利益，并将资源控制权授权给当地社区居民，在一定程度上协调了社区发展与资源保护之间的矛盾，同时保护区通过对居民进行培训，如传授卫生保健、疾病预防等相关知识以及手工艺品制作等技能，提高当地居民参与旅游发展的能力。目前安娜普尔纳保护区居民参与旅游的方式主要有从事住宿、餐饮、导游、零售、行李背运以及旅游商品运输和环境保护等相关工作，提高了当地居民的生计能力。

三、山地景区旅游转型发展启示

结合山地景区转型发展条件与国内外山地景区转型经验分析，从积极利用外部转型发展条件，立足资源特色、打造多元产品体系，重视山地景区垂直空间开发，积极提升山地景区国际知名度以及建立山地景区旅游转型发展支撑机制五个方面总结山地景区旅游转型启示。

（一）积极利用外部转型发展条件

山地景区旅游转型发展条件优势明显，在山地景区旅游转型过程中应积极利用发展条件，提升山地景区旅游转型发展水平：首先要积极适应旅游新消费主体与需求变化趋势，开发山地探险、山地户外、山地体验等具有冒险、感官刺激的旅游产品；其次要积极利用旅游转型发展政策条件，努力为山地景区旅游转型发展争取人力、财力以及物力相关支持；最后要借助外部科技发展力量，加强山地景区环境保护，创造山地沉浸式旅游空间，提升山地景区旅游营销、服务、品牌打造等各项工作效率，促进山地景区智慧化方向转型，如黄山景区积极利用外部科技发展优势，现已成为智慧景区发展的典型。

（二）立足资源特色、打造多元产品体系

山地景区旅游资源丰富且特色鲜明，在山地景区旅游转型发展过程中，要立足山地旅游资源特色，结合山地景区发展实际，因地制宜，深挖山地旅游自然与文化资源内涵，加深旅游资源开发深度，在传统山地景区核心项目发展的基础上，打造特色旅游产品项目，如山地滑雪、山地博物馆、山地徒步、山地攀登、山地野营、山地温泉、山地生态观光等多元产品体系，增强山地景区旅游吸引力。

（三）重视山地景区垂直空间开发

垂直空间是山地景区所特有的，山地景区旅游转型发展要加大垂直空间利用：一是要加大对不同海拔山地景区旅游产品的开发：在低海拔地区，以山地乡村旅游、民族文化旅游等旅游开发为主；在中海拔地区，可以开展多样的山地景区旅游活动，如森林观光、露营自驾、婚纱摄影、科普博物馆等多元产品；在高海拔地区，则主要以山地科考、探险等较为专业的山地旅游活动。二是要积极利用山地坡度差异景观，在地势平缓的空间可以开展大型的旅游活动，如山地旅游节庆、山地旅游演艺等，而在山地坡度较陡的旅游空间，以山地生态观光旅游产品开发为主。

（四）积极提升山地景区国际知名度

山地景区旅游转型以打造景区国际品牌，提升景区国际影响力为目标，以开展国际山地旅游活动为载体，积极参加国际山地景区旅游合作与交流，分享山地景区旅游发展成功经验，同时通过优化景区门户网站、加强外部国际营销合作，拓展营销渠道等一系列宣传方式，增加山地景区核心产品项目曝光率，最终打造独具特色的山地景区品牌形象，提升中国山地景区旅游的国际竞争优势。

（五）建立山地景区旅游转型发展支撑机制

尽管山地景区旅游转型发展的主体是山地景区，但是山地旅游转型发展或多或少会受到游客、居民、政府多方主体活动不同程度影响，各个主体之间利益关系复杂，如不能有效协调，会在一定程度上降低山地景区旅游转型发展工作质量，因此需要建立一套支撑机制有效协调各个主体之间关系，提高主体为促进山地景区旅游转型发展工作顺利进行的共同责任意识，最终提升山地景区旅游转型发展水平。如富士山、安娜普尔纳保护区在山地旅游发展过程中充分发挥政府作用，并且重视游客与居民在其中发展的作用。

第四节　山地景区旅游转型发展的主要方向

山地景区旅游转型发展方向是多维度的，明确山地景区旅游转型方向对指导山地景区“往哪转”提供了明确的指向标。本节首先通过山地景区旅游转型案例分析梳理出不同山地景区转型方向（见表 3–2）；其次对山地景区旅游转型方向进行归纳总结；最后对转型主要方向进行阐释。

一、山地景区旅游转型发展方向梳理

表 3–2　山地景区旅游转型发展内容梳理

景区名称	转型措施	转型方向
长白山景区	推进景区向国际化方向转型	景区合作国际化、景区营销国际化、景区产品国际化
	单一生态观光向休闲度假旅游转型	景区业态新颖化
	积极利用山地垂直高差景观资源	景区垂直空间差异化

续表

景区名称	转型措施	转型方向
泰山景区	由单一景区发展向外部空间拓展转型	景区平面空间合理化、景区时间全时化
	浅层次文化观光游向深度文化体验游转变	景区项目活动特色化
	推进旅游服务向高水平、优质化转型	景区服务精细化
黄山景区	打造优质的旅游景区	景区产品高质量化、景区品牌特色化、景区基础设施便利化
	发展智慧旅游	景区服务智慧化、景区环境管理智慧化（包括景区游览环境、生态环境管理智慧化）
	推进景区营销创新化转型	景区营销智慧化
富士山	提高参与者环境保护意识	景区环境管理智慧化
	特色资源开发，多元旅游产品打造	景区资源开发特色化、景区业态新颖化
	人性化的旅游服务信息网站建设	景区营销国际化、景区服务国际化、景区客源市场国际化
安娜普尔区	制定游客管理系统	景区服务精细化
	根据不同类型的游客制订不同的徒步线路	
	社区发展与资源保护相结合	

通过案例梳理山地景区旅游转型方向主要集中在景区合作国际化、景区营销国际化、景区产品国际化、景区业态新颖化、景区垂直空间差异化、景区平面空间合理化、景区时间全时化、景区项目活动特色化、景区服务精细化、景区产品高质量化、景区品牌特色化、景区基础设施便利化、景区服务智慧化、景区环境管理智慧化、景区营销智慧化、景区资源开发特色化、景区服务国际化以及景区客源市场国际化 18 个具体方向。

二、山地景区旅游转型发展主要方向

通过对山地景区旅游旅游转型 18 个具体方向的归纳分析，总结出山地景区旅游国际化、高端化、特色化、智慧化、立体化转型五大主要方向（见图 3–1）。

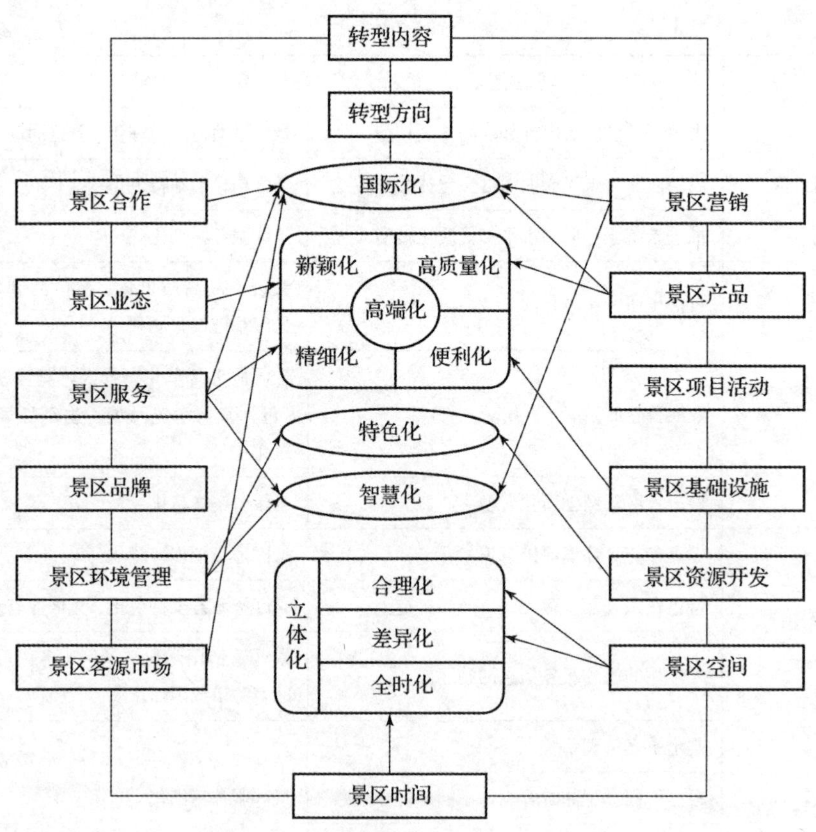

图 3-1 山地景区旅游转型发展主要方向

（一）国际化

促进山地景区旅游国际化方向发展是山地景区转型发展打造国际山地旅游目的地目标的重要途径。促进山地景区旅游国际化发展要不断提高对外交流活动与合作频率，要不断加强国际旅游服务标准借鉴、提升山地景区发展服务质量与国际知名度，增强国际游客吸引力，增加国际旅游游客人数。山地景区国际化发展的主要内容包括景区合作、景区营销、景区服务、景区产品以及景区客源市场国际化，其中景区客源市场国际化是旅游国际化转型的直接标志。

（二）高端化

山地景区旅游高端化发展是要在景区业态、产品、服务以及基础设施建设等内容发展均比大众时代的山地景区旅游发展更为高级的一种发展形式。促进山地景区高端化发展不是在山地景区内简单地建设高星级酒店、高星级饭店等高端基础设施，而是要结合山地景区发展实际，要不断推进山地景区业态创新，持续提升景区产品内涵与优化旅游产品结构，推进景区服务更加人性化、精细化发展以及基础设施建设更能够满足山地景区交通可进入性要求，更好地满足游客的高级需求。促进旅游山地景区发展高端化主要内容包括景区业态新颖化、景区产品高质量化、景区服务精细化以及景区基础设施建设便利化四个方面。

（三）特色化

促进山地景区特色化方向发展是要在山地景区特色旅游资源开发的基础上，引进特色旅游项目，形成特色旅游品牌形象，使景区有力区别于其他景区的一种高级旅游形式。特色化方向发展是山地景区旅游形成核心竞争力、可持续发展的动力源泉。山地景区特色化转型主要包括景区资源开发特色化、景区项目活动特色化以及景区品牌特色化三个方面，其中景区资源开发特色化是核心、景区项目活动特色化是辅助、景区品牌特色化是目标，最终形成山地景区“人无我有、人有我优”的旅游市场发展格局，提升山地景区旅游识别度与竞争力。

（四）智慧化

促进山地景区智慧化转型是指山地景区将大数据、云计算、VR 技术、监控系统等高科技手段运用于景区管理与服务工作过程中，要不断创新扩大景区营销方式和渠道，提高景区生态、人文以及游览环境科学管理程度以及促使山地景区各项服务更加方便、智能，提高山地景区旅游管理效率，优化游客行程体验。山地景区智慧化方向发展主要包括景区环境管理智慧化、景区营销智慧化以及景区服务智慧化三个方面。

（五）立体化

促进山地景区立体化方向发展要重点加强对垂直地带差异景观资源的开发，使其能够有力区别于其他类型景区空间开发，山地景区立体化方向发展主要是指山地景区空间的立体化方向发展，主要内容包括平面空间合理化、垂直空间差异化以及游览时间全时化三个方面。

第五节　山地景区旅游转型发展的主要内容

旅游转型是一项长期且复杂的工作，涉及的内容是多方面的，明确转型内容对山地景区旅游转型发展具体“转什么”具有重要的指导意义。首先通过对山地景区旅游转型主要方向的具体内容分析，总结出山地景区旅游转型发展内容主要包括景区合作、景区基础设施、景区环境管理、景区产品、景区业态、景区资源开发、景区空间、景区项目活动、景区服务、景区品牌、景区营销、景区时间以及景区客源市场 13 个方面；其次梳理不同转型方向下的主要内容（见表 3–3），最后对不同转型方向的转型发展主要内容进行具体分析。

表 3–3　山地景区旅游转型发展主要内容

主要方向	主要内容
国际化	景区合作
	景区营销
	景区服务
	景区产品
	景区客源市场
高端化	景区业态
	景区产品
	景区服务
	景区基础设施
特色化	景区资源开发
	景区项目活动
	景区品牌
智慧化	景区环境管理
	景区营销
	景区服务
立体化	平面空间
	垂直空间
	游览时间

一、山地景区国际化转型主要内容

（一）景区合作转型

山地景区合作国际化转型要不断提升山地景区旅游国际知名度。主要通过加入国际山地组织和与国外山地景区建立合作关系：一方面鼓励山地景区积极加入国际山地旅游联盟组织、国际生态旅游组织等国际山地旅游组织，遵守组织规范与标准，加强山地景区旅游发展经验与生态环境保护经验交流与分享，促进组织之间人才、旅游资源以及基金要素的有序流动，惠及国内山地景区发展；另一方面积极促进国内山地景区与国外山地景区建立友好山峰关系，制定共同的山地旅游发展目标，开展联合行动，以“山与山”之间的交流促进国与国发展，提升山地景区国际影响力。

（二）景区营销转型

山地景区营销国际化转型要转变景区营销“单打独斗”、以国内营销为主的发展现状，积极拓展国际营销渠道，加强与国外的推特、Youtube、脸书、亚马逊等知名营销平台合作，建立中国山地景区专门账号，定期推送中国山地景区旅游发展信息；同时要加强山地景区官方网站国际化建设，通过设置多门国际语言，能够方便国际游客浏览中国山地景区的基本信息；此外，中国山地景区要积极参加国际营销活动，借助国际营销平台，进一步提升山地景区的国际影响力。

（三）景区服务转型

景区服务国际化转型是为了能够更好地服务于国际山地游客，能够使国际游客在景区内游得舒心、畅意。推进山地景区服务国际转型，一方面要积极借鉴国际 ISO 标准，在景区标准制定上能够与国际标准接轨，在总体层面达到国际服务标准；另一方面要加强硬件设施与国际人才设施配备，如在景区介绍牌、提示牌以及指示牌的设施设计中提供多种语言服务，能够满足国际游客的基本游览需求。同时要加强培养多语种景区服务人才，能够更好地与国际游客交流并且能够及时处理他们在景区游览中出现的问题。

（四）景区产品转型

山地景区产品国际化转型是吸引国际游客的一种手段，打造国际山地景区产品应结合景区资源特色，开发具有国际级别的旅游资源，使其成为山地景区具有影响力的成熟的旅游产品。

（五）景区客源市场转型

景区客源市场转型要求转变山地景区国际游客人数少的现状，要通过加快促进山地景区服务标准向国际ISO标准看齐、打造国际营销平台以及开展国际山地景区活动等一系列措施推动景区客源市场转型提升国际知名度，增加国际游客人数。

二、山地景区高端化转型主要内容

（一）景区业态转型

山地景区业态转型是指山地景区在受到旅游消费主体与消费结构变化影响下，不断地创新山地景区旅游产品业态。山地景区业态转型要在立足山地特色资源开发的基础上，转变旅游产品单一的发展现状，促进山地景区旅游与文化、体育、森林、康养、科普等多元业态融合，形成山地民族文化体验、户外运动、露营自驾、生态观光、山地科普等新兴产品业态。

（二）景区产品转型

山地景区产品转型要求提高旅游产品质量，转变传统以经济效益为驱动力量，不结合自身发展实际，盲目开发旅游产品项目等现状问题。打造高质量的山地景区产品一方面要通过发展山地生态旅游新业态，加大生态旅游基础设施建设、加深文化体验旅游资源开发、开发山地生物博物馆和山地研学基地，以及利用VR、AR等科技技术，提升景区产品体验深度，提升山地景区产品生态、文化、科教、科技内涵价值；另一方面要优化山地景区旅游产品结构，在满足低端观光旅游消费需求的基础上，提升山地度假旅游产品、山地户外旅游产品、山地休闲旅游产品等中高端旅游产品占有率，提升山地景区旅游产品质量。

（三）景区服务转型

山地景区服务转型要求从大众服务向精细化、智慧化旅游服务转型。即通过景区工作人员以“热情好客”“宾至如归”的态度服务游客的同时，加强智慧旅游服务人才队伍建设建立山地景区服务标准，通过及时解决游客需求，为游客提供定制个性化的山地旅游产品服务等形式满足游客生理与精神需求。

（四）景区基础设施建设转型

山地景区基础设施建设转型要转变山地景区交通不便、地形起伏大、基础设施建设落后发展现状，提高山地景区便利化程度。山地景区基础设施建设便利化要在完善景区厕所、景区标识牌、休息亭以及游客中心等各项基本的旅游基础设施的基础上，顺应山地景区旅游转型可进入性提高的发展趋势，着重促进交通设施便利化建设，通过建立景区专线与索道、停车场等交通设施提升景区内外部的可进入性。

三、山地景区特色化转型主要内容

（一）景区资源开发转型

山地景区资源开发转型要转变山地景区旅游资源开发利用不足、特色不突出发展现状，首先应在实地调查山地景区旅游资源类型的基础上，找出具有代表性、特色性的旅游资源，深挖特色旅游资源内涵，通过引进外部科技技术，加深山地气候、山地水域风光资源、山地生物资源、山地民族建筑以及民族习俗等特色旅游资源开发程度，使其有别于城市旅游景区发展，增加山地景区游客吸引力。

（二）景区项目活动转型

山地景区项目活动引进转型要转变“外部什么受欢迎就引进什么”的盲目发展模式，要结合山地景区发展特色，通过聘请专门的旅游规划团队，在对山地景区旅游发展进行科学规划指导的前提下，因地制宜，引进特色化旅游项目，如山地景区温泉小镇、山地景区旅游户外野营项目、山地冰雪文旅小镇项目等，同时应加大招商引资力度、充分利用外部科技技术成果，为山地景区旅游项目转型提供足够的资金与技术支持。通过特色化山地景区项目引进使游客在景区项目游玩之后能够获得区别于其他景区的别致体验与满足感。

（三）景区品牌转型

山地景区品牌转型要求打造特色旅游品牌形象，提高旅游市场识别度。山地景区特色品牌打造要在结合山地景区特色资源开发、特色旅游产品发展、特色旅游项目活动开展的基础上，形成核心特色品牌形象。同时要加大特色的山地节庆、山地演艺以及山地旅游纪念品等对山地景区品牌宣传等具有积极作用的旅游活动与产品，如山地音乐节、山地文艺演出、山地景区土特产等，进一步提升景区客源市场识别度。

四、山地景区智慧化转型主要内容

（一）景区环境管理转型

山地景区生态环境的脆弱性要求山地景区环境管理转型要加强利用外部科技技术手段加强生态环境、人文环境以及游览环境管理，促进山地景区环境管理智慧化发展：一是通过利用旅游大数据平台，建立景区物联网、景区气象系统，实时了解并监测景区生物发展环境变化状况以及自然气候变化状况，加强景区自然环境保护，实现山地景区生态环境管理智慧化；二是建立监控系统平台，加强对山地民族人居环境、民族节庆以及民风民俗等的保护，实现人文环境管理智慧化；三是利用人流量预警机制、车流量监控机制监测景区人流量、车流量状况，加强景区秩序维护。

（二）景区营销转型

山地景区营销转型应转变景区“坐等客来、有什么就宣传什么”的传统宣传模式，要利用新兴媒体技术发展成果，创新营销方式与渠道，促进景区营销智慧化转型。山地景区营销转型要以山地特色资源、山地特色项目、山地景区新业态为主要营销内容，通过利用抖音、快手、微博、微信公众号等线上平台以及驴妈妈、携程网等电商平台新媒体营销手段，使其增加在年轻群体游客的曝光率。

（三）景区服务转型

山地景区服务智慧转型要充分利用外部科学技术，贯穿游客入园、游览服务以及管理的各个环节，促使景区服务更加方便、智能：一是可以通过运用人脸识别、扫码入园的技术，简化景区入园程序；二是通过引进智慧化导览系统、智慧化语音景点讲解以及运用电子支付手段等设施升级游客服务；三是通过AR、VR技术的运用，能够克服山地景区气候、生态环境变化以及身体障碍带来的不确定因素，使游客身临其境感受山地景区的雄奇巍峨、壮丽景观。

五、山地景区立体化方向转型主要内容

（一）景区空间转型

景区发展空间包括景区内部发展空间与景区发展外部空间。山地景区内部空间

转型要求合理规划布局平面空间，重点利用海拔高差与坡度差异所产生的局部景观差异，发展山地夜经济旅游、四季旅游以及生态旅游等多元业态，打造立体化内部发展空间格局。景区外部空间转型强调景区外部空间的合作，以主体景区发展为核心，带动周边景区发展，通过交通发展、文化营造外部地理、文化大空间发展格。

（二）景区时间转型

景区时间转型主要是通过发展新兴的旅游业态转变传统“白天旅游”“单一季节旅游”的发展方式，通过发展山地夜经济旅游、四季旅游及生态旅游等多元旅游方式延长景区旅游时间，增加游客在景区的停留时间。

第四章

山地景区旅游转型发展水平评价模型构建

第一节　旅游转型发展评价指标体系构建的原则与思路

一、评价指标体系构建原则

（一）科学性原则

坚持科学性原则是指山地景区旅游转型发展指标体系的构建既要科学地概括山地景区旅游发展的规律及特点，又要明晰山地景区旅游往哪转、转什么以及转型水平。通过多轮专家咨询意见，最终确定山地景区旅游转型发展评价指标，增强指标的可信度与科学性。

（二）可操作性原则

山地景区旅游转型发展评价指标体系是一个极具复杂性与多层次的体系，因此在指标选取的过程中要考虑指标的可操作性，指标评价的过程不宜过于复杂，尽量通过现有的统计软件和资料获得所需要的数据，减少资料数据获取的难度，同时指标数据应该尽可能地充分、完整，要对山地景区旅游转型发展水平的评价具有一定的普适性。

（三）动态与静态相结合原则

山地景区旅游转型发展是一个长期动态发展的过程，不是一蹴而就的，因此在指标选取的过程中要运用一定的动态性的指标来诠释，突出指标的可持续性与动态性。同时山地景区旅游转型发展水平评价是对转型现状的一种描述，也应该适当引入一些静态指标，使评价指标更具客观性与科学性。

（四）定性与定量相结合原则

山地景区旅游转型发展水平评价指标的构建应该坚持定性与定量相结合的原

则。山地景区旅游转型发展是一个多维复合性的系统，评价指标涉及服务、管理、营销、合作、旅游业态等多个方面，单纯用定性或者定量的方法会使评价有失偏颇。其中定性的评价方法可操作性高，但是受到人为因素影响过大，而定量分析方法能弥补这一缺陷。因此，采用定性与定量相结合的评价方法能够增加评价的科学性和可操作性。

二、指标构建基本思路

指标科学的评价方法一般分为四个步骤，包括评价的目的、内容、标准以及方法四个部分。评价的目的主要是明确指标体系的评价目标，通过指标体系能够得出有效结论；评价的内容也称为评价的对象，要确定指标所要评价的具体内容是什么、具体表现在哪些方面；能够比较有效地反映本套指标所要达到的目的的评价标准是指评价指标用于评价内容或者对象上的价值尺度和界限范围，能够较为合理地反映指标的运用程度以及发展程度；评价方法主要考虑指标所面向的主体以及指标的性质，最终决定指标采用的评价方法。

（一）目标层指标构建思路

山地景区旅游转型发展水平评价目标是要明确山地景区旅游向哪转以及对转型发展的水平进行测度，在解读国务院印发的《“十三五”旅游发展规划》《云南省人民政府关于加快推进旅游转型升级的若干意见》等相关政策文件以及第三章对国内外山地景区旅游转型发展主要方向分析的基础上，确定山地景区旅游转型发展总的方向——推进山地景区旅游向国际化、高端化、特色化、智慧化、立体化五个方向转型。

（二）准则层指标构建思路

在确定山地景区旅游转型大方向的前提下，通过文献梳理与分析确定山地景区旅游转型发展的二级指标评价内容：

一是确定山地景区旅游转型发展国际化水平评价内容：万绪才等（2007）、李红（2020）认为旅游城市国际化评价内容包括旅游客源市场、旅游产品、旅游营销、旅游基础设施以及旅游服务国际化，其中旅游产品国际化的前提是要有国际级别的旅游资源，通过旅游地国际知名度进行衡量；章周正等（2012）认为旅游产品国际化可以通过国际山地旅游活动进行衡量；王树茂（2016）、马扬眉（2011）认为可以通过旅游营销国际化实现旅游地国际化发展；方世敏等（2011）强调旅游合作国际化与旅游服务国际化两个方面。结合山地景区旅游发展实际，最终将山地景区旅游发展国际化评价的主要内容确定为景区产品、景区营销、景区客源市场、景区服务以及景区合作五个方面。

二是确定山地景区旅游转型发展高端化评价内容：刘平（2017）将旅游高端化发展的内容概括为旅游产品业态高端化、旅游基础设施配套高端化、旅游服务“精细化”三个方面；李佳等（2011）和左莉（2013）认为高端旅游发展对旅游产品品质的要求较高；杜海忆（2007）对高端旅游内涵进行定义，认为高端旅游活动客体应具备高水平的旅游配备设施与基础设施，其旅游类型包括多样化旅游业态与旅游活动。对研究内容进一步归纳总结，确定山地景区旅游转型发展高端化评价内容为景区产品业态、景区产品品质、景区基础设施配套、景区旅游服务四个方面。

三是确定山地景区旅游转型发展特色化评价内容：通过文献分析归纳总结发现，旅游特色化发展的内容主要集中在特色旅游资源特色开发（陈忠祥，2002；贾玉云，等，2007）、旅游品牌打造特色化（陈兴，2013；王慧敏，2010）、旅游产品特色化开发（王贝，2015）、旅游项目引进特色化（焦中宁，2011）。对文献深入研究解读，发现李广宏等（2010）提出旅游产品特色化主要是通过整合特色资源、产品创新、推出特色项目以及发挥品牌效应四个方面，王贝（2015）提出旅游产品特色化开发策略内容主要是在对山地旅游资源特点分析的基础上，打造多元化的山地旅游产品体系，为避免指标重复，最终将山地景区旅游转型发展特色化评价内容确定为景区旅游资源开发、景区旅游品牌打造以及景区项目引进三个方面。

四是确定山地景区旅游发展智慧化评价内容：主要是参考《北京市智慧景区建设规范（试行）》、汤文菲（2014）建立的智慧景区评价标准体系，评价内容主要包括管理、营销与服务三个方面。分析其三级评价指标发现，景区管理智慧化的评价内容主要是对景区的生态、安全以及文化环境进行监控，故本书将景区管理智慧化指标确定为景区环境管理智慧化，最终从景区环境管理、景区营销以及景区服务智慧化三个方面确定山地景区智慧化发展评价内容。

五是确定山地景区旅游发展立体化评价内容：由于外部空间范围难以划定与评价，山地景区旅游空间发展立体化主要是针对山地景区内部空间范围。通过文献梳理发现，山地景区由于其独特的立体空间区别于其他类型景区，其立体空间发展的内容主要包括景区平面空间、垂直空间以及景区时间三个方面（李娴，2011a，2011b；缪寅佳，2012）。

结合第三章山地景区旅游转型发展内容分析结果，最终将山地景区旅游转型发展评价内容确定为景区资源开发、景区产品、景区营销、景区品牌、景区项目活动、景区业态、景区服务、景区基础设施、景区空间、景区时间、景区环境管理、景区合作与景区客源市场 13 个方面。

（三）因素层指标构建思路

因素层指标是直接用于评价目标层、准则层指标的具体细化指标，在借鉴《旅游资源分类、调查与评价》（GB/T 18972—2017）、《北京市智慧景区建设规范（试行）》评价标准以及深入解读确定山地景区旅游转型发展内容所参考的相关文献的基础上，确定因素层指标，旨在科学合理地反映山地景区旅游转型发展国际化、高端化、特色化、智慧化以及立体化水平。最终确定的因素层指标共包括景区网站语种数量、宣传景区境外媒体数量、引擎搜索景区现状以及举办国际化山地节庆、会展等活动数量等在内的 74 个指标（见表 4–1）。

表 4–1　山地景区旅游转型发展水平评价指标初选

总目标层	目标层	准则层	因素层	参考来源依据
山地景区旅游业转型发展水平评价总目标层（A）	山地景区旅游业发展国际化（B1）	山地景区营销国际化（C1）	景区网站服务语种数量（E1）	万绪才，等，2007；李红，2020；章周正，等，2012；王树茂，2016；马扬眉，2011；方世敏，2011；李娜，2013；唐紫淇，2014
			宣传景区境外媒体数量（E2）	
			引擎搜索景区现状（E3）	
		山地景区产品国际化（C2）	举办国际化山地节庆、会展等活动数量（E4）	
			国际知名度（E5）	
		山地景区合作国际化（C3）	加入国际化旅游组织（E6）	
			与境外景区结盟（E7）	
		山地景区服务国际化（C4）	景区服务标准参考国际服务标准程度（E8）	
			多语标识牌情况（E9）	
			工作人员外语水平（E10）	
		山地景区客源市场国际化（C5）	境外旅游者人数（E11）	
			境外旅游者占比（E12）	

续表

总目标层	目标层	准则层	因素层	参考来源依据
山地景区旅游业转型发展水平评价总目标层（A）	山地景区旅游业发展高端化（B2）	山地景区业态新颖化（C6）	露营自驾旅游发展（E13）	李晓琴，等，2011；周晓琴，等，2017；宋子千，2017；李佳，等，2011；张欢欢，2016；朱浩，2019；杜海忆，2007；左莉（2013）
			摄影文化旅游发展（E14）	
			影视基地旅游发展（E15）	
			户外运动旅游发展（E16）	
			原生态文化旅游发展（E17）	
			避暑避寒冰雪度假旅游发展（E18）	
			教育科普旅游发展（E19）	
		山地景区产品高质量化（C7）	旅游产品文化内涵（E20）	
			旅游产品科技含量（E21）	
			旅游产品生态质量（E22）	
			高中低端旅游产品分布合理程度（E23）	
		山地景区基础设施便利化（C8）	景区索道数量（E24）	
			停车场数量与布局（E25）	
			景区专线数量（E26）	
			景区厕所数量与布局（E27）	
			景区游憩设施数量与布局（E28）	
			指引设施数量与布局（E29）	
			游客服务中心位置（E30）	
		山地景区服务精细化（C9）	景区服务标准体系建立及执行情况（E31）	
			景区员工服务水平（E32）	
			景区员工服务态度（E33）	
			景区服务定制化水平（E34）	
			景区动态服务管理（E35）	

续表

总目标层	目标层	准则层	因素层	参考来源依据
山地景区旅游业转型发展水平评价总目标层（A）	山地景区旅游业发展特色化（B3）	山地景区旅游资源开发特色化（C10）	凸显山地景观特色（E36）	明庆忠，2011；陈忠祥，2002；贾玉云，2007；陈兴，2013；王慧敏，2011；王贝，2015；焦中宁，2011；李广宏，2010
			凸显山地水域风光景观资源特色（E37）	
			凸显山地生物景观资源特色（E38）	
			凸显山地气候与气象景观资源特色（E39）	
			凸显山地民族建筑遗址遗迹景观资源特色（E40）	
			凸显山地民族传统手工品与艺术景观资源特色（E41）	
			凸显山地民族建筑与设施景观资源特色（E42）	
			凸显山地民族节庆习俗资源特色（E43）	
		山地景区项目活动特色化（C11）	是否有专门团队对景区项目进行策划（E44）	
			与游客互动、参与程度（E45）	
			与山地民族文化融合程度（E46）	
			对游客具有一定的教育意义（E47）	
		山地景区品牌特色化（C12）	旅游纪念品 / 商品融入山地原生态特色符号程度（E48）	
			景区节庆活动凸显山地特色民族文化程度（E49）	
			旅游演艺活动凸显山地特色民族文化程度（E50）	

续表

<table>
<tr><th>总目标层</th><th>目标层</th><th>准则层</th><th>因素层</th><th>参考来源依据</th></tr>
<tr><td rowspan="21">山地景区旅游业转型发展水平评价总目标层（A）</td><td rowspan="16">山地景区旅游业发展智慧化（B4）</td><td rowspan="5">山地景区环境管理智慧化（C13）</td><td>视频监控覆盖范围（E51）</td><td rowspan="16">刘平，2017；汤文菲，2014；汪克付，2014；崔光黎，等，2017</td></tr>
<tr><td>智能安全监测与应急处理水平（E52）</td></tr>
<tr><td>旅游客流量预警机制（E53）</td></tr>
<tr><td>景区旅游气象综合监测系统（E54）</td></tr>
<tr><td>景区智慧物联网以及环境电子监测系统（E55）</td></tr>
<tr><td rowspan="7">山地景区服务智慧化（C14）</td><td>在线投诉受理平台处理水平（E56）</td></tr>
<tr><td>景区门户网站及运营水平（E57）</td></tr>
<tr><td>数字虚拟技术运用程度（E58）</td></tr>
<tr><td>景区电子门禁系统（E59）</td></tr>
<tr><td>景区智慧导览系统覆盖率（E60）</td></tr>
<tr><td>景区实时气候信息发布（E61）</td></tr>
<tr><td>景区旅游电商分销渠道（E62）</td></tr>
<tr><td rowspan="4">山地景区营销智慧化（C15）</td><td>旅游支付方式评价（E63）</td></tr>
<tr><td>新型旅游促销方式（E64）</td></tr>
<tr><td>新型宣传推广平台使用（E65）</td></tr>
<tr><td>景区旅游舆情监控平台（E66）</td></tr>
<tr><td rowspan="5">山地景区旅游业发展立体化（B5）</td><td rowspan="3">山地景区平面空间合理化（C16）</td><td>景点空间分布集聚性（E67）</td><td rowspan="5">李娴，2011a，2011b；缪寅佳，2012；范春，等，2010</td></tr>
<tr><td>景点空间通达性（E68）</td></tr>
<tr><td>景区功能分区合理性（E69）</td></tr>
<tr><td rowspan="2">山地景区垂直空间差异化（C17）</td><td>利用坡度景观特征差异程度（E70）</td></tr>
<tr><td>利用海拔高差景观特征差异程度（E71）</td></tr>
</table>

续表

总目标层	目标层	准则层	因素层	参考来源依据
山地景区旅游业转型发展水平评价总目标层（A）	山地景区旅游业发展立体化（B5）	山地景区时间全时化（C18）	夜间旅游发展（E72）	李娴，2011a，2011b；缪寅佳，2012；范春，等，2010
			四季旅游发展（E73）	
			可持续性发展（E74）	

第二节　指标筛选与构建

一、指标的筛选

选取指标要正确合理地反映山地景区旅游转型发展评价水平，因此在指标选取过程中不仅要突出山地景区的特征，而且需要遵循指标构建的原则，提高山地景区旅游转型发展水平评价体系的科学性与稳定性。

（一）指标筛选标准

本研究共邀请了来自云南财经大学、云南师范大学、四川大学、中国地质大学、云南大学、湖北师范大学、桂林理工大学等高校的90名旅游学、地理学、管理学、民族学等专业专家学者以及业内从业人员。通过发放问卷的形式对山地景区旅游转型发展水平指标重要性进行评价，其中指标非常重要为5分、比较重要为4分、一般重要为3分、较不重要为2分、不重要为1分。将专家打分以及意见进行收集整理，通过分析指标合理性的分值的算数平均值、变异系数与满分频率，其中算数平均值作为判断指标重要性的重要依据，参考《智慧旅游景区评价指标体系构建与评价标准研究》文献选取指标标准，将算数平均数3.5分以下的指标予以剔除；变异系数将判断专家意见的协调度；满分频率是指对该指标给出满分的专家数占全部专家数量的比例，满分频率越大，表明该指标的合理程度越高。本书主要采用 EXCEL、SPSS26 等工具进行计算。

1. **专家咨询结果分析（初步筛选）**

第一轮问卷回收分析结果见表 4–2。

表 4–2　山地景区旅游转型发展指标评价合理性专家意见征询（第一轮）

指标	$\overline{X}$	σ	CV	满分频率（%）	指标	$\overline{X}$	σ	CV	满分频率（%）
B1	3.80	1.09	0.29	21.10	E26	3.79	0.9	0.24	15.45
B2	3.59	1.15	0.32	16.30	E27	4.07	0.81	0.20	22.00
B3	4.46	0.71	0.16	38.20	E28	3.97	0.89	0.22	22.80
B4	4.10	0.87	0.21	26.00	E29	4.09	0.84	0.21	26.80
B5	4.18	0.85	0.20	27.60	E30	4.03	0.82	0.20	22.00
C1	3.86	0.96	0.25	22.00	E31	4.08	0.82	0.20	24.40
C2	3.88	0.93	0.18	22.00	E32	4.18	0.97	0.23	35.00
C2	3.80	1.04	0.27	22.00	E33	4.24	0.90	0.21	35.00
C3	3.84	1.07	0.28	22.00	E34	3.95	0.92	0.23	23.60
C4	3.99	0.94	0.24	25.20	E35	4.13	0.94	0.23	30.90
C5	4.02	0.91	0.23	25.20	E36	4.39	0.85	0.19	40.70
C6	4.06	0.90	0.22	25.20	E37	4.34	0.81	0.19	38.20
C7	3.92	1.04	0.27	24.40	E38	4.37	0.86	0.20	39.80
C8	4.08	0.90	0.22	26.80	E39	4.38	0.81	0.18	38.20
C9	4.43	0.71	0.16	37.40	E40	4.30	0.86	0.20	35.80
C10	4.15	0.85	0.20	28.50	E41	4.21	0.96	0.23	35.00
C11	4.32	0.77	0.18	34.10	E42	4.28	0.92	0.21	36.60
C12	4.16	0.91	0.22	30.90	E43	4.29	0.92	0.21	35.80
C13	4.23	0.92	0.22	34.10	E44	4.14	0.83	0.20	25.20
C14	4.14	0.86	0.21	27.60	E45	4.11	0.86	0.21	26.00
C15	3.93	0.84	0.21	20.30	E46	4.28	0.89	0.21	35.80

续表

指标	$\overline{X}$	σ	CV	满分频率（%）	指标	$\overline{X}$	σ	CV	满分频率（%）
C16	4.22	0.76	0.18	29.30	E47	4.00	0.91	0.23	22.80
C17	4.00	0.79	0.20	20.30	E48	4.11	1.00	0.24	30.90
E1	3.84	0.80	0.21	17.10	E49	4.16	0.93	0.22	30.90
E2	3.61	0.91	0.25	12.20	E50	4.14	0.92	0.22	29.30
E3	3.98	0.86	0.22	22.80	E51	3.98	1.05	0.26	26.80
E4	3.85	0.97	0.25	21.10	E52	4.18	0.97	0.23	34.10
E5	3.84	0.95	0.25	21.10	E53	4.15	1.02	0.25	33.30
E6	3.87	0.96	0.25	20.30	E54	4.20	0.92	0.22	32.50
E7	3.55	1.13	0.32	16.30	E55	4.08	0.97	0.24	30.10
E8	4.01	0.99	0.25	25.20	E56	4.23	0.88	0.21	31.70
E9	4.03	0.89	0.22	24.40	E57	4.18	0.85	0.20	30.10
E10	3.71	1.05	0.28	17.10	E58	3.91	1.05	0.27	24.40
E11	3.74	0.98	0.26	18.70	E60	4.13	0.99	0.24	30.10
E12	3.62	1.03	0.28	16.30	E61	4.20	1.02	0.24	35.00
E13	3.92	0.91	0.23	20.30	E62	3.76	1.12	0.30	20.30
E14	4.23	0.83	0.20	30.90	E63	4.15	0.93	0.22	30.10
E16	4.31	0.85	0.20	35.80	E65	4.03	0.92	0.23	22.00
E17	4.44	0.66	0.15	37.40	E66	4.05	1.00	0.25	29.30
E18	3.82	0.99	0.26	19.50	E67	3.94	1.03	0.26	22.80
E19	4.25	0.81	0.19	31.70	E68	4.03	1.03	0.26	29.30
E20	4.03	0.93	0.23	25.20	E69	4.10	0.98	0.24	29.30
E21	3.87	0.93	0.24	20.30	E70	4.10	0.96	0.23	28.50
E22	4.31	0.81	0.19	34.10	E71	4.18	0.89	0.21	30.10
E23	4.01	0.93	0.23	22.80	E72	3.23	1.20	0.37	10.60

续表

指标	$\overline{X}$	σ	CV	满分频率（%）	指标	$\overline{X}$	σ	CV	满分频率（%）
E24	3.44	1.04	0.30	10.60	E73	3.90	1.11	0.28	22.80
E25	3.86	0.89	0.23	17.10	E74	4.31	0.98	0.23	39.00

通过第一轮专家咨询统计结果发现，专家打分平均分数除景区索道数量指标（E24）得分为3.44，其余指标得分均在3.5分以上，表明本套指标较为合理；变异系数在0.15~0.37，表明专家的意见协调程度较高；满分频率在10.6%～39.8%，大于10%，表明本指标重要程度较高。

专家的意见主要集中在：（1）删除境外旅游者人数指标（E11）与宣传景区境外媒体数量指标（E2）；（2）将景区节庆活动凸显山地特色民族文化程度（E49）与旅游演艺活动凸显山地特色民族文化程度指标（E50）合并；（3）景区旅游气象综合监测系统（E54）与景区实时气候信息发布（E61）重复，建议删除景区实时气候信息发布（E61）；（4）调整夜间旅游发展指标（E72）。

结合专家打分情况以及专家意见，删除境外旅游者人数、宣传景区境外媒体数量、景区索道数量、景区实时气候信息发布四个指标；将景区节庆活动凸显山地特色民族文化程度与旅游演艺活动凸显山地特色民族文化程度合并为景区节庆、旅游演艺活动凸显山地特色民族文化程度；将夜间旅游发展指标改为全天候旅游发展指标。

2. **统计结果分析（第二轮筛选）**

在发放第二轮问卷之前，为了提高指标的专业性，对第一轮专家进行了筛选，将咨询的专家对象调整为博士研究生以及高校老师。结合第一轮专家打分情况与意见，设计第二套专家咨询问卷，邀请来自云南大学、云南师范大学、云南农业大学、云南财经大学、湖北师范大学以及桂林理工大学高校老师与博士研究生进行专家咨询，通过第二轮专家咨询问卷计算算数平均数、标准差、变异系数与满分频率（见表4-3）。问卷共发放30份，回收30份，回收率100%。

表4-3　山地景区旅游转型发展水平指标重要性专家咨询（第二轮）

指标	$\overline{X}$	σ	CV	满分频率%	指标	$\overline{X}$	σ	CV	满分频率%
山地景区旅游业发展国际化	4.02	0.69	0.17	24.44	景区厕所数量与布局	4.04	0.85	0.21	33.33

续表

指标	$\overline{X}$	σ	CV	满分频率 %	指标	$\overline{X}$	σ	CV	满分频率 %
山地景区旅游业发展高端化	3.93	0.96	0.25	33.33	景区游憩设施数量与布局	4.11	0.78	0.19	33.33
山地景区旅游业发展特色化	4.53	0.63	0.14	60.00	指引设施数量与布局	4.11	0.80	0.20	35.56
山地景区旅游业发展智慧化	4.24	0.77	0.18	44.44	游客服务中心位置	4.07	0.84	0.21	33.33
山地景区旅游业发展立体化	4.44	0.59	0.13	48.89	景区服务标准体系建立及执行情况	4.04	0.95	0.24	35.56
山地景区营销国际化	4.00	0.91	0.23	31.11	景区员工服务水平	4.20	0.79	0.19	40.00
山地景区产品国际化	4.20	0.91	0.21	32.01	景区员工服务态度	4.18	0.78	0.19	37.78
山地景区合作国际化	3.60	1.14	0.32	22.22	景区服务定制化水平	4.24	0.80	0.19	44.44
山地景区服务国际化	3.91	1.13	0.29	37.78	景区动态服务管理	4.22	0.74	0.17	37.78
山地景区客源市场国际化	3.98	0.97	0.24	33.33	凸显山地景观特色	4.49	0.66	0.15	57.78
山地景区业态新颖化	4.11	0.68	0.17	28.89	凸显山地水域风光景观资源特色	4.38	0.72	0.16	48.89
山地景区产品高质量化	4.18	0.96	0.23	46.67	凸显山地生物景观资源特色	4.40	0.65	0.15	48.89
山地景区基础设施便利化	4.25	1.02	0.25	44.44	凸显山地民族建筑遗址遗迹景观资源特色	4.24	0.77	0.18	42.22
山地景区服务精细化	4.11	1.07	0.26	46.67	凸显山地民族传统手工品与艺术景观资源特色	4.24	0.77	0.18	42.22
山地景区旅游资源开发特色化	4.33	0.77	0.18	48.89	凸显山地民族建筑与设施景观资源特色	4.29	0.76	0.18	44.44

续表

指标	$\overline{X}$	σ	CV	满分频率%	指标	$\overline{X}$	σ	CV	满分频率%
山地景区项目活动特色化	4.07	0.94	0.23	35.56	凸显山地民族节庆习俗资源特色	4.24	0.80	0.19	44.44
山地景区品牌特色化	4.38	0.65	0.15	46.67	有专门团队对景区项目进行策划	4.18	0.81	0.19	40.00
山地景区环境管理智慧化	4.29	0.92	0.21	51.11	与游客互动、参与程度	4.16	0.82	0.20	37.78
山地景区服务智慧化	4.18	0.83	0.20	42.22	与山地民族文化融合程度	4.24	0.74	0.18	42.22
山地景区营销智慧化	4.24	0.80	0.19	40.00	对游客具有一定的教育意义	4.09	1.00	0.24	40.00
山地景区平面空间分布合理化	3.69	0.90	0.24	20.00	旅游纪念品/商品融入山地原生态特色符号程度	4.24	0.74	0.18	40.00
山地景区垂直空间差异化	4.31	0.76	0.18	48.89	景区节庆、演艺活动凸显山地特色民族文化程度	4.27	0.75	0.18	42.22
山地景区时间全时化	3.84	0.88	0.23	22.22	视频监控覆盖范围	4.04	1.11	0.27	44.44
景区网站服务语种数量	3.76	0.88	0.23	20.00	智能安全监测与应急处理水平	4.40	0.75	0.17	55.56
举办国际化山地节庆、会展、营销等活动数量	3.73	0.94	0.25	17.78	旅游客流量预警机制	4.29	0.82	0.19	48.89
引擎搜索景区现状	3.96	0.93	0.23	31.11	景区旅游气象综合监测系统	4.18	0.83	0.20	40.00
国际知名度	3.93	0.99	0.25	33.33	在线投诉受理平台处理水平	4.00	0.88	0.22	33.33
与境外景区结盟	3.51	1.08	0.31	15.56	景区门户网站及运营水平	4.09	0.79	0.19	33.33

续表

指标	$\overline{X}$	σ	CV	满分频率 %	指标	$\overline{X}$	σ	CV	满分频率 %
景区服务标准参考国际服务标准程度	3.93	0.96	0.25	28.89	数字虚拟技术运用程度	3.91	1.00	0.25	35.56
多语标识牌情况	4.07	0.86	0.21	35.56	景区电子门禁系统	3.84	0.88	0.23	26.67
工作人员外语水平	3.71	0.99	0.27	20.00	景区智慧导览系统覆盖率	4.20	0.87	0.21	44.44
境外旅游者占比	3.76	1.09	0.29	24.44	景区旅游电商分销渠道	3.82	0.83	0.22	24.44
露营自驾旅游发展	4.00	0.77	0.19	24.44	旅游支付方式评价	4.18	0.72	0.17	35.56
摄影文化旅游发展	4.24	0.74	0.18	40.00	新型旅游促销方式	4.11	0.83	0.20	37.78
影视基地旅游发展	3.76	0.98	0.26	22.22	新型宣传推广平台使用	4.13	0.79	0.19	37.78
户外运动旅游发展	4.31	0.73	0.17	46.67	景区旅游舆情监控平台	4.11	0.89	0.22	40.00
原生态文化旅游发展	4.31	0.87	0.20	53.33	景点空间分布集聚性	4.13	0.73	0.18	33.33
避暑冰雪度假旅游发展	4.07	0.75	0.18	28.89	景点空间通达性	4.20	0.79	0.19	40.00
教育科普旅游发展	4.24	0.71	0.17	37.78	景区功能分区合理性	4.24	0.77	0.18	44.44
旅游产品文化内涵	4.20	0.76	0.18	37.78	利用坡度景观特征差异程度	4.24	0.77	0.18	44.44
旅游产品科技含量	3.71	0.87	0.23	20.00	利用海拔高差景观特征差异程度	4.27	0.81	0.19	48.89
旅游产品生态质量	4.40	0.69	0.16	48.89	全天候旅游发展	3.53	1.04	0.29	0.20

续表

指标	$\overline{X}$	σ	CV	满分频率 %	指标	$\overline{X}$	σ	CV	满分频率 %
高中端旅游产品分布合理度	4.09	0.85	0.21	35.56	四季旅游发展	3.84	1.04	0.27	28.89
停车场数量与布局	4.02	0.94	0.23	37.78	可持续性发展	4.33	0.77	0.18	49.00
景区专线数量	4.02	0.94	0.23	35.56					

第二轮专家咨询统计结果分析如下：各个指标变异系数在0.13~0.31，相较于第一轮取值范围缩小，表明专家意见协调程度提高，满分频率数值在15.56%~60%，相较于第一轮取值范围有所提高，意味着指标的重要程度提高。此外，本轮问卷专家并未提出删除、修正指标的意见，故不予以修改。

（二）信效度分析

信度分析主要是指对测量对象一致性、可靠性进行分析，信度越高，则数据的一致性、可靠性程度越高。本书运用SPSS.26软件计算克朗巴哈系数（评判标准见表4–4）检验山地景区旅游转型发展指标确定专家咨询问卷信度是否合格，计算结果见表4–5。

表4–4　克朗巴哈系数评判标准

得分范围	6.0~6.5	0.65~0.7	0.7~0.8	0.8~0.9	0.9以上
代表含义	最好不取	能够接受的最小值范围	相当好	非常好	很好

资料来源：贺广江.康体养生旅游目的地评价指标体系构建及应用研究[D].成都：四川师范大学，2017.

表4–5　山地景区旅游转型发展评价水平指标专家咨询问卷信度分析

轮次	指标层次	克朗巴哈系数
第1轮	综合指标	0.987
	目标层	0.773
	准则层	0.921
	因素层	0.986

续表

轮次	指标层次	克朗巴哈系数
第 2 轮	综合指标	0.982
	目标层	0.730
	准则层	0.885
	因素层	0.983

资料来源：笔者根据问卷信度分析结果资料整理。

通过计算结果发现，两轮专家打分的克朗巴哈系数为 0.987 和 0.982，表明指标信度很好，指标具有很高的可靠性，指标适用于山地景区旅游转型发展水平评价。此外，由于本次指标是在大量阅读文献和多轮专家咨询后得出的结果，具有一定的科学性和合理性，意味着本指标的效度比较高。

（三）指标确定与释义

（1）指标确定。结合第二轮专家咨询问卷结果分析与信效度分析结果，最终确定山地景区旅游转型发展水平指标体系：山地景区旅游转型发展水平评价体系主要分为四个层次——总目标层、目标层、准则层、因素层，其中总目标层是对包括山地景区合作转型、山地景区产品转型以及山地等在内的 18 个指标的评价；因素层评价包括景区网站服务语种数量、露营自驾旅游发展、旅游产品文化内涵等在内的 69 个指标，具体见表 4–6。

表 4–6　山地景区旅游转型发展水平评价指标体系

总目标层	目标层	准则层	因素层
山地景区旅游业转型发展水平评价总目标层（A）	山地景区旅游业国际化（B1）	山地景区营销国际化（C1）	景区网站服务语种数量（D1）
			引擎搜索景区现状（D2）
		山地景区产品国际化（C2）	举办国际化山地节庆、会展等活动数量（D3）
			国际知名度（D4）
		山地景区合作国际化（C3）	加入国际化旅游组织（D5）
			与境外景区结盟（D6）
		山地景区服务国际化（C4）	景区服务标准参考国际服务标准程度（D7）
			多语标识牌情况（D8）
			工作人员外语水平（D9）
		山地景区客源市场国际化（C5）	境外旅游者占比（D10）

续表

<table>
<tr><th>总目标层</th><th>目标层</th><th>准则层</th><th>因素层</th></tr>
<tr><td rowspan="22">山地景区旅游业转型发展水平评价总目标层（A）</td><td rowspan="22">山地景区旅游业发展高端化（B2）</td><td rowspan="7">山地景区业态新颖化（C6）</td><td>露营自驾旅游发展（D11）</td></tr>
<tr><td>摄影文化旅游发展（D12）</td></tr>
<tr><td>影视基地旅游发展（D13）</td></tr>
<tr><td>户外运动旅游发展（D14）</td></tr>
<tr><td>原生态文化旅游发展（D15）</td></tr>
<tr><td>避暑避寒冰雪度假旅游发展（D16）</td></tr>
<tr><td>教育科普旅游发展（D17）</td></tr>
<tr><td rowspan="4">山地景区产品高质量化（C7）</td><td>旅游产品文化内涵（D18）</td></tr>
<tr><td>旅游产品科技含量（D19）</td></tr>
<tr><td>旅游产品生态质量（D20）</td></tr>
<tr><td>高中低端旅游产品分布合理程度（D21）</td></tr>
<tr><td rowspan="6">山地景区基础设施便利化（C8）</td><td>停车场数量与布局（D22）</td></tr>
<tr><td>景区专线数量（D23）</td></tr>
<tr><td>景区厕所布局（D24）</td></tr>
<tr><td>景区游憩设施数量与布局（D25）</td></tr>
<tr><td>指引设施布局（D26）</td></tr>
<tr><td>游客服务中心位置（D27）</td></tr>
<tr><td rowspan="5">山地景区服务精细化（C9）</td><td>景区服务标准体系建立及执行情况（D28）</td></tr>
<tr><td>景区员工服务水平（D29）</td></tr>
<tr><td>景区员工服务态度（D30）</td></tr>
<tr><td>景区服务定制化水平（D31）</td></tr>
<tr><td>景区动态服务管理（D32）</td></tr>
</table>

续表

总目标层	目标层	准则层	因素层
山地景区旅游业转型发展水平评价总目标层（A）	山地景区旅游业发展特色化（B3）	山地景区旅游资源开发特色化（C10）	凸显山地景观特色（D33）
			凸显山地水域风光景观资源特色（D34）
			凸显山地生物景观资源特色（D35）
			凸显山地气候与气象景观资源特色（D36）
			凸显山地民族建筑遗址遗迹景观资源特色（D37）
			凸显山地民族传统手工品与艺术景观资源特色（D38）
			凸显山地民族建筑与设施景观资源特色（D39）
			凸显山地民族节庆习俗资源特色（D40）
		山地景区项目活动特色化（C11）	是否有专门团队对景区项目进行策划（D41）
			与游客互动、参与程度（D42）
			与山地民族文化融合程度（D43）
			对游客具有一定的教育意义（D44）
		山地景区品牌特色化（C12）	旅游纪念品 / 商品融入山地原生态特色符号程度（D45）
			景区节庆、演艺活动凸显山地特色民族文化程度（D46）
	山地景区旅游业发展智慧化（B4）	山地景区环境管理智慧化水平（C13）	视频监控覆盖范围（D47）
			智能安全监测与应急处理水平（D48）
			旅游客流量预警机制（D49）
			景区旅游气象综合监测系统（D50）
			景区智慧物联网以及环境电子监测系统（D51）

续表

总目标层	目标层	准则层	因素层
山地景区旅游业转型发展水平评价总目标层（A）	山地景区旅游业发展智慧化（B4）	山地景区服务智慧化水平（C14）	在线投诉受理平台处理水平（D52）
			景区门户网站及运营水平（D53）
			数字虚拟技术运用程度（D54）
			景区电子门禁系统（D55）
			景区智慧导览系统覆盖率（D56）
			景区旅游电商分销渠道（D57）
		山地景区营销智慧化（C15）	旅游支付方式评价（D58）
			新型旅游促销方式（D59）
			新型宣传推广平台使用（D60）
			景区旅游舆情监控平台（D61）
	山地景区旅游业发展立体化（B5）	山地景区平面空间分布合理化（C16）	景点空间分布集聚性（D62）
			景点空间通达性（D63）
			景区功能分区合理性（D64）
		山地景区垂直空间差异化（C17）	利用坡度景观特征差异程度（D65）
			利用海拔高差景观特征差异程度（D66）
		山地景区时间全时化（C18）	全天候旅游发展（D67）
			四季旅游发展（D68）
			可持续性旅游发展（D69）

（2）指标释义。山地景区旅游转型发展水平评价指标释义如表 4-7 所示。

表 4–7　山地景区旅游转型发展水平评价指标释义

总目标层	目标层	准则层	因素层	指标释义
山地景区旅游业转型发展水平评价总目标层（A）	山地景区旅游业国际化（B1）	山地景区营销国际化（C1）	景区网站服务语种数量（D1）	景区官方网站拥有语种的数量
			引擎搜索景区现状（D2）	依据 Google 搜索景区出现的条目数量
		山地景区产品国际化（C2）	举办国际化山地节庆、会展等活动数量（D3）	景区参加或者举办国际级别的山地节庆、会展、营销等活动的数量
			国际知名度（D4）	景区获得世界级 / 国家级荣誉称号的等级
		山地景区合作国际化（C3）	加入国际化旅游组织（D5）	景区是否加入国际化的战略组织
			与境外景区结盟（D6）	景区是否与国外的景区合作、举办相关活动
		山地景区服务国际化（C4）	景区服务标准参考国际服务标准程度（D7）	景区服务标准体系建立是否参考借鉴国际服务标准
			多语标识牌情况（D8）	景区标识牌上拥有的语种数量
			工作人员外语水平（D9）	景区工作人员会的外语数量
		山地景区客源市场国际化（C5）	境外旅游者占比（D10）	除大陆以外到达景区游览的游客数量占国内外旅游者数量比例
	山地景区旅游业发展高端化（B2）	山地景区业态新颖化（C6）	露营自驾旅游发展（D11）	景区营地、自驾车旅游业态发展的程度与规模
			摄影文化旅游发展（D12）	景区婚纱摄影、户外摄影旅游业态发展的程度与规模
			影视基地旅游发展（D13）	景区电视电影、文化会演等旅游业态发展程度与规模
			户外运动旅游发展（D14）	景区户外探险、山地攀登、滑雪、徒步等旅游业态发展程度与规模
			原生态文化旅游发展（D15）	原始山地民族村落、民族民俗节庆等旅游新业态发展程度与规模
			避暑避寒冰雪度假旅游发展（D16）	景区内避暑山庄、温泉、滑雪、度假酒店等旅游业态发展程度与规模
			教育科普旅游发展（D17）	景区山地动植物科普馆、民族民俗文化科普馆等旅游业态发展程度与规模

续表

总目标层	目标层	准则层	因素层	指标释义
山地景区旅游业转型发展水平评价总目标层（A）	山地景区旅游业发展高端化（B2）	山地景区产品高质量化（C7）	旅游产品文化内涵（D18）	旅游产品所包含深层次的文化内涵
			旅游产品科技含量（D19）	旅游产品中运用高科技的程度
			旅游产品生态质量（D20）	旅游环境、旅游产品、旅游者消费理念所具有的生态内涵
			高中低端旅游产品分布合理程度（D21）	高端、中端、低端旅游产品的分布结构的合理性
		山地景区基础设施便利化（C8）	停车场数量与布局（D22）	景区停车场的数量以及位置
			景区专线数量（D23）	直达景区的大巴或者公交车的数量以及站点位置布局
			景区厕所布局（D24）	景区内旅游厕所的位置、数量等相关布局
			景区游憩设施数量与布局（D25）	景区内休息亭、休息区的数量与位置等相关布局
			指引设施布局（D26）	景区路标、指示牌、导览图的数量与位置
			游客服务中心位置（D27）	景区游客服务中心的位置合理性
		山地景区服务精细化（C9）	景区服务标准体系建立及执行情况（D28）	景区是否建立景区的服务标准准则体系
			景区员工服务水平（D29）	景区员工专业服务能力
			景区员工服务态度（D30）	景区员工对待游客程度热情友好程度
			景区服务定制化水平（D31）	景区旅游满足游客个性化需求程度
			景区动态服务管理（D32）	景区能够及时帮助游客处理所出现的问题程度

续表

总目标层	目标层	准则层	因素层	指标释义
山地景区旅游业转型发展水平评价总目标层（A）	山地景区旅游业发展特色化（B3）	山地景区旅游资源开发特色化（C10）	凸显山地景观特色（D33）	资源开发突出山地所特有的景观资源特色
			凸显山地水域风光景观资源特色（D34）	资源开发突出山地瀑布、湖泊、河流、小溪、泉水等水域风光的特色
			凸显山地生物景观资源特色（D35）	资源开发突出山地树木、花卉、草甸、野生动物等生物景观资源特色
			凸显山地气候与气象景观资源特色（D36）	资源开发突出雾、光、天气变化、垂直气候变化等景观特色
			凸显山地民族建筑遗址遗迹景观资源特色（D37）	资源开发突出山地民族特有的遗址遗迹等景观特色
			凸显山地民族传统手工品与艺术景观资源特色（D38）	景区旅游发展对山地民族传统手工艺品与艺术资源的开发程度
			凸显山地民族建筑与设施景观资源特色（D39）	对山地民族民居建筑、庭院、楼阁等资源的开发程度
			凸显山地民族节庆习俗资源特色（D40）	景区旅游发展对山地民族节庆习俗旅游资源的开发程度
		山地景区项目活动特色化（C11）	是否有专门团队对景区项目进行策划（D41）	景区的项目策划是否经过专业团队的设计
			与游客互动、参与程度（D42）	游客参与到旅游项目和活动中的程度
			与山地民族文化融合程度（D43）	景区旅游项目突出山地民族文化特色的程度
			对游客具有一定的教育意义（D44）	游客通过旅游项目可以获得的关于山地自然、文化等相关的知识
		山地景区品牌特色化（C12）	旅游纪念品 / 商品融入山地原生态特色符号程度（D45）	景区内的旅游商品突出山地原生态民族、民俗、文化旅游等特色符号程度
			景区节庆、演艺活动凸显山地特色民族文化程度（D46）	景区举办相关节庆、演艺活动融入山地特色民族文化程度

续表

总目标层	目标层	准则层	因素层	指标释义
山地景区旅游业转型发展水平评价总目标层（A）	山地景区旅游业发展智慧化（B4）	山地景区环境管理智慧化水平（C13）	视频监控覆盖范围（D47）	景区视频监控覆盖范围比例
			智能安全监测与应急处理水平（D48）	景区能够根据出现的灾害或者游客出现高原反应等紧急情况时的处理能力程度
			旅游客流量预警机制（D49）	对景区的客流量进行监控，并设置预警值
			景区旅游气象综合监测系统（D50）	景区实时气象信息的发布以及气候变化监控
			景区智慧物联网以及环境电子监测系统（D51）	对景区的自然环境、人文环境、大气环境、水环境、生物环境、噪声六方面的监控
		山地景区服务智慧化水平（C14）	在线投诉受理平台处理水平（D52）	对游客投诉的处理能力
			景区门户网站及运营水平（D53）	景区官网所包含的旅游信息、精品景点、文化内涵的阐述
			数字虚拟技术运用程度（D54）	景区利用 VR、全景实景技术的程度
			景区电子门禁系统（D55）	景区门禁实现售票、检票、查询、汇总、统计等多种功能的程度
			景区智慧导览系统覆盖率（D56）	景区自助智能导览系统的覆盖比例
			景区旅游电商分销渠道（D57）	景区拥有例如携程、马蜂窝、驴妈妈等电商分销渠道的数量
		山地景区营销智慧化（C15）	旅游支付方式评价（D58）	景区能够用现金、手机、银行刷卡等多种支付方式的数量
			新型旅游促销方式（D59）	景区通过旅游积分、联票、一卡通等多种方式对景区促销的数量
			新型宣传推广平台使用（D60）	景区借助微信、抖音、微博等新型平台宣传的数量
			景区旅游舆情监控平台（D61）	对景区出现负面新闻能够及时处理的平台

续表

<table>
<tr><th>总目标层</th><th>目标层</th><th>准则层</th><th>因素层</th><th>指标释义</th></tr>
<tr><td rowspan="9">山地景区旅游业转型发展水平评价总目标层（A）</td><td rowspan="9">山地景区旅游业发展立体化（B5）</td><td rowspan="3">山地景区平面空间分布合理化（C16）</td><td>景点空间分布集聚性（D62）</td><td>景区景点空间分布聚集程度</td></tr>
<tr><td>景点空间通达性（D63）</td><td>景区景点之间的通达程度</td></tr>
<tr><td>景区功能分区合理性（D64）</td><td>景区各个功能分区布局的合理程度</td></tr>
<tr><td rowspan="2">山地景区垂直空间差异化（C17）</td><td>利用坡度景观特征差异程度（D65）</td><td>对山地不同坡度不同景观资源的利用程度</td></tr>
<tr><td>利用海拔高差景观特征差异程度（D66）</td><td>对山地不同海拔地带的不同景观资源的利用开发程度</td></tr>
<tr><td rowspan="3">山地景区时间维（C18）</td><td>全天候旅游发展（D67）</td><td>景区内白天、中午、晚上不同时间段不同景观资源的开发</td></tr>
<tr><td>四季旅游发展（D68）</td><td>对春、夏、秋、冬四个季节不同旅游资源的开发程度</td></tr>
<tr><td>可持续性旅游发展（D69）</td><td>生态旅游或者促进景区生态、文化环境发展程度</td></tr>
</table>

二、指标权重确立方法

指标权重是衡量指标重要性程度的参数。指标权重确立的方法有多种，主要分为主观赋权法、客观赋权法、综合集成赋权法，其中主观赋权法包括德尔菲法、层次分析法（莫莉秋，2017；李婷，2020；何方永，2015）；客观赋权法包括主层次分析法（程静静，等，2016；冯卫英，等，2013）、均商差法、均值法（张俊，2014；周优光，2012）、变异系数法（王冠孝，等，2015）；综合集成赋权法是综合运用主客观相结合的方法，避免了主观赋权法“随意性”与客观赋权法“死板性”的弊端，如钱鸿（2017）运用专家咨询法与变异系数法确定全域旅游指标的权重。本研究也将采用德尔菲法与变异系数法相结合的研究方法确定指标权重，即在变异系数合理范围之内，专家对某一指标的意见争论越多，该指标越应该受到关注，其指标的权重就越高。

变异系数又称为标准差率，是衡量各指标差异程度的统计量，用于反映均值的离散程度。变异系数法通过分析指标所包含的信息，确定各个指标之间的权重，指标变化差异程度越大，则权重越高，反之则越低。变异系数计算公式分为两种情况：

（1）当各个指标之间平均值相同时：

$$C.V=\sigma \quad (4-1)$$

（2）当各个指标之间的平均值不同时：

$$C.V=\sigma/\mu \quad (4-2)$$

式中，$C.V$ 表示变异系数，σ 表示标准差，μ 表示平均值。将变异系数法运用于山地景区旅游转型发展水平指标权重确定中，可以更为客观科学地反映各个指标之间的权重值，避免单一专家咨询法所产生的“主观随意性”的弊端。

指标权重的计算公式为：

$$W_i=V_i/\sum_{i=1}^{n}V_i \quad (4-3)$$

本研究邀请第二轮专家对指标重要性打分，计算出各个指标之间的变异系数，最后计算出各个指标变异系数占比得出相应的指标权重，关于山地景区旅游转型发展水平评价指标权重计算结果见表 4-8。

表 4-8　山地景区旅游转型发展水平评价指标权重

<table>
<tr><th>总目标层</th><th>目标层</th><th>准则层</th><th>因素层</th></tr>
<tr><td rowspan="10">山地景区旅游业转型发展水平评价（1）</td><td rowspan="10">山地景区旅游业发展国际化（0.182）</td><td rowspan="2">山地景区营销管理国际化（0.033）</td><td>景区网站服务语种数量（0.017）</td></tr>
<tr><td>引擎搜索景区现状（0.016）</td></tr>
<tr><td rowspan="2">山地景区产品国际化（0.036）</td><td>举办国际化山地节庆、会展等活动数量（0.017）</td></tr>
<tr><td>国际知名度（0.019）</td></tr>
<tr><td rowspan="2">山地景区合作管理国际化（0.042）</td><td>加入国际化旅游组织（0.019）</td></tr>
<tr><td>与境外景区结盟（0.022）</td></tr>
<tr><td rowspan="3">山地景区服务管理国际化（0.051）</td><td>景区服务标准参考国际服务标准程度（0.017）</td></tr>
<tr><td>多语标识牌情况（0.015）</td></tr>
<tr><td>工作人员外语水平（0.019）</td></tr>
<tr><td>山地景区客源市场国际化（0.020）</td><td>境外旅游者占比（0.020）</td></tr>
</table>

续表

总目标层	目标层	准则层	因素层
山地景区旅游业转型发展水平评价（1）	山地景区旅游业发展高端化（0.307）	山地景区业态新颖化（0.096）	露营自驾旅游发展（0.014）
			摄影文化旅游发展（0.012）
			影视基地旅游发展（0.018）
			户外运动旅游发展（0.013）
			原生态文化旅游发展（0.014）
			避暑避寒冰雪度假旅游发展（0.013）
			教育科普旅游发展（0.012）
		山地景区产品高质量化（0.055）	旅游产品文化内涵（0.013）
			旅游产品科技含量（0.016）
			旅游产品生态质量（0.011）
			高中低端旅游产品分布合理程度（0.015）
		山地景区基础设施便利化（0.088）	停车场数量与布局（0.016）
			景区专线数量（0.016）
			景区厕所数量与布局（0.015）
			景区游憩设施数量与布局（0.013）
			指引设施数量与布局（0.014）
			游客服务中心位置（0.014）
		山地景区服务精细化（0.068）	景区服务标准体系建立及执行情况（0.017）
			景区员工服务水平（0.013）
			景区员工服务态度（0.013）
			景区服务定制化水平（0.013）
			景区动态服务管理（0.012）

续表

总目标层	目标层	准则层	因素层
山地景区旅游业转型发展水平评价（1）	山地景区旅游业发展特色化（0.176）	山地景区旅游资源开发特色化（0.094）	凸显山地景观特色（0.011）
			凸显山地水域风光景观资源特色（0.011）
			凸显山地生物景观资源特色（0.010）
			凸显山地气候与气象景观资源特色（0.011）
			凸显山地民族遗址遗迹景观资源特色（0.013）
			凸显山地民族传统手工品与艺术景观资源特色（0.013）
			凸显山地民族建筑与设施景观资源特色（0.012）
			凸显山地民族节庆习俗资源特色（0.013）
		山地景区项目活动特色化（0.058）	是否有专门团队对景区项目进行策划（0.015）
			与游客互动、参与程度（0.014）
			与山地民族文化融合程度（0.012）
			对游客具有一定的教育意义（0.017）
		山地景区品牌特色化（0.024）	旅游纪念品 / 商品融入山地原生态特色符号程度（0.012）
			景区节庆、演艺活动凸显山地特色民族文化程度（0.012）
	山地景区旅游业发展智慧化（0.219）	山地景区环境管理智慧化（0.072）	视频监控覆盖范围（0.019）
			智能安全监测与应急处理水平（0.012）
			旅游客流量预警机制（0.013）
			景区旅游气象综合监测系统（0.014）
			景区智慧物联网以及环境电子监测系统（0.014）
		山地景区服务智慧化（0.093）	在线投诉受理平台处理水平（0.015）
			景区门户网站及运营水平（0.014）
			数字虚拟技术运用程度（0.018）
			景区电子门禁系统（0.016）
			景区智慧导览系统覆盖率（0.015）
			景区旅游电商分销渠道（0.015）

续表

总目标层	目标层	准则层	因素层
山地景区旅游业转型发展水平评价（1）		山地景区营销智慧化（0.054）	旅游支付方式评价（0.012）
			新型旅游促销方式（0.014）
			新型宣传推广平台使用（0.013）
			景区旅游舆情监控平台（0.015）
	山地景区旅游业发展立体化（0.116）	山地景区平面空间分布合理化（0.038）	景点空间分布集聚性（0.012）
			景点空间通达性（0.013）
			景区功能分区合理性（0.013）
		山地景区垂直空间差异化（0.026）	利用坡度景观特征差异程度（0.013）
			利用海拔高差景观特征差异程度（0.013）
		山地景区时间全时化（0.052）	全天候旅游发展（0.021）
			四季旅游发展（0.019）
			可持续性发展（0.012）

资料来源：笔者根据权重分析结果整理。

从山地景区旅游转型发展水平评价指标权重表中可以发现：目标层指标中山地景区旅游发展高端化、山地景区旅游发展智慧化权重超过 0.2，意味着推进山地景区旅游向高端化、智慧化方向转型的重要性程度较高，而山地景区旅游发展国际化、特色化、立体化占比均小于 0.2，重要性程度较低；从准则层指标来看，各个指标权重之间差异明显，其中山地景区业态新颖化、山地景区旅游资源开发特色化、山地景区服务智慧化权重均在 0.09 之上，而山地景区客源市场国际化、山地景区品牌特色化权重低于 0.03，指标重要性程度存在较大差异；从因素层指标来看，各个指标权重之间差异比较小，权重最高得分指标为与境外景区结盟，得分为 0.022，权重最低得分指标为凸显山地生物景观资源特色，得分 0.010。

三、指标评价方法

山地景区旅游转型发展水平评价体系的因素层指标共包括 69 个指标，指标多且复杂，不宜单用某种评价方法对指标进行评价，应根据指标不同的性质，采用不同的评价方法。本书根据指标的性质选取了三种评价方法，分别为专家咨询法、游客问卷法与单项指标法。其中，专家咨询法、游客问卷法主要用于评价定性指标，单项指标法用于评价客观指标。专家咨询法主要对山地景区旅游业态、旅游资源开发程度等比较专业的指标进行评价；针对游客能够直接感知的景区内的基础设施、旅游项目、员工服务水平等指标采用游客问卷法；单项指标法主要针对景区旅游转型发展的客观水平等相关指标进行评价，包括景区网站服务语种数量等指标。同时考虑到山地景区旅游转型发展评价各个指标需要评价目标值作为参考，故根据每个指标不同的评价方法确定评价目标值。山地景区旅游转型发展水平指标释义及评价方法见表 4–9。

表 4–9　山地景区旅游转型发展水平评价方法

指标	评价方法
景区网站服务语种数量（D1）	单项指标法
引擎搜索景区现状（D2）	单项指标法
举办国际化山地节庆、会展等活动数量（D3）	单项指标法
国际知名度（D4）	单项指标法
加入国际化旅游组织（D5）	单项指标法
与境外景区结盟（D6）	单项指标法
景区服务标准参考国际服务标准（D7）	单项指标法
多语标识牌情况（D8）	单项指标法
工作人员外语水平（D9）	单项指标法
境外旅游者占比（D10）	单项指标法
露营自驾旅游发展（D11）	专家咨询法
摄影文化旅游发展（D12）	专家咨询法
影视基地旅游发展（D13）	专家咨询法
户外运动旅游发展（D14）	专家咨询法
原生态文化旅游发展（D15）	专家咨询法
避暑避寒冰雪度假旅游发展（D16）	专家咨询法
教育科普旅游发展（D17）	专家咨询法
旅游产品文化内涵（D18）	专家咨询法

续表

指标	评价方法
旅游产品科技含量（D19）	专家咨询法
旅游产品生态质量（D20）	专家咨询法
高中低端旅游产品分布合理程度（D21）	专家咨询法
停车场数量与位置（D22）	游客问卷法
景区专线数量与位置（D23）	游客问卷法
景区厕所数量与位置（D24）	游客问卷法
景区游憩设施数量与布局（D25）	游客问卷法
指引设施数量与布局（D26）	游客问卷法
游客服务中心位置（D27）	游客问卷法
景区服务标准体系建立（D28）	单项指标法
景区员工服务水平（D29）	游客问卷法
景区员工服务态度（D30）	游客问卷法
景区服务定制化水平（D31）	游客问卷法
景区动态服务管理（D32）	游客问卷法
凸显山地景观特色（D33）	专家咨询法
凸显山地水域风光景观资源特色（D34）	专家咨询法
凸显山地生物景观资源特色（D35）	专家咨询法
凸显山地气候与气象景观资源特色（D36）	专家咨询法
凸显山地民族遗址遗迹景观资源特色（D37）	专家咨询法
凸显山地民族传统手工品与艺术景观资源特色（D38）	专家咨询法
凸显山地民族建筑与设施景观资源特色（D39）	专家咨询法
凸显山地民族节庆习俗资源特色（D40）	专家咨询法
专门团队对景区项目进行策划（D41）	单项指标法
与游客互动、参与程度（D42）	游客问卷法
与山地民族文化融合程度（D43）	游客问卷法
对游客具有一定的教育意义（D44）	游客问卷法

续表

指标	评价方法
旅游纪念品 / 商品融入山地原生态特色符号程度（D45）	游客问卷法
景区节庆、演艺活动凸显山地特色民族文化程度（D46）	游客问卷法
视频监控覆盖范围（D47）	单项指标法
智能安全监测与应急处理水平（D48）	单项指标法
旅游客流量预警机制（D49）	单项指标法
景区旅游气象综合监测系统（D50）	单项指标法
景区智慧物联网以及环境电子监测系统（D51）	单项指标法
在线投诉受理平台处理水平（D52）	单项指标法
景区门户网站及运营水平（D53）	单项指标法
数字虚拟技术运用程度（D54）	单项指标法
景区电子门禁系统（D55）	单项指标法
景区智慧导览系统覆盖率（D56）	单项指标法
景区旅游电商分销渠道（D57）	单项指标法
旅游支付方式评价（D58）	单项指标法
新型旅游促销方式（D59）	单项指标法
新型宣传推广平台使用（D60）	单项指标法
景区旅游舆情监控平台（D61）	单项指标法
景点空间分布集聚性（D62）	单项指标法
景点空间通达性（D63）	游客问卷法
景区功能分区合理性（D64）	专家咨询法
利用坡度景观特征差异程度（D65）	专家咨询法
利用海拔高差景观特征差异程度（D66）	专家咨询法
全天候旅游发展（D67）	专家咨询法
四季旅游发展（D68）	专家咨询法
可持续性发展（D69）	专家咨询法

四、评价模型

针对不同的评价方法确定不同的评价方式，其中专家咨询法和游客问卷法采用问卷的形式，通过李克特量表法设计 5 个不同程度的问题，以转型最高目标“1”为依据设定不同程度问题分数值，分数值由高到低为 1、0.8、0.6、0.4、0.2 分。单项指标法主要对需要客观评价的指标划分 5 个等级，等级分数由高到低为 1、0.8、0.6、0.4、0.2 分。

通过问卷的回收以及采访景区管理人员以及查询相关资料，对专家咨询法与游客问卷的指标均值化处理，再乘以四级指标相应的权重，计算出四级指标的得分，三级指标得分主要通过将所属的四级指标得分求和计算得到，一级、二级指标同理，计算公式如下。

$$(S4)_i = (W4)_i \times (D4)_i \tag{4–4}$$

$$S3 = \sum_{i=1}^{a} (S4)_i \tag{4–5}$$

$$S2 = \sum_{i=1}^{b} (S3)_i \tag{4–6}$$

$$S1 = \sum_{i=1}^{c} (S2)_i \tag{4–7}$$

式中（$Sx)_i$ 表示 x 级指标上第 i 个指标的得分，（$Wx)_i$ 表示 x 级指标上第 i 个指标的权重，（$Dx)_i$ 表示 x 级指标上第 i 个指标的均值。

将山地景区旅游转型发展的最高程度目标设置为 1，以 1 分制的评价标准，参考许春霞（2007）关于山岳生态旅游的三级评价标准。将山地景区旅游转型发展水平分为三个层次，其中转型发展处于高等发展水平得分在 0.8~1 分；转型发展处于中等水平，距离高等水平还有一定的程度，得分在 0.6~0.8 分；转型发展处于低等水平，表明该山地景区旅游转型发展处于初步阶段，各项指标距离目标的实现还有一定的差距，综合得分在 0.2~0.6。

第五章

玉龙雪山景区旅游转型发展水平实证研究

基于第四章构建的山地景区旅游转型发展水平评价模型，本章以玉龙雪山景区为例，通过专家打分法、游客问卷以及单项指标评价法评价玉龙雪山转型发展水平，并通过SWOT分析法分析玉龙雪山景区转型发展优势、劣势、机遇与挑战，最后提出玉龙雪山景区转型发展战略。

第一节　玉龙雪山景区概况

一、景区概况

玉龙雪山景区位于云南省丽江市玉龙纳西族自治县，地处北纬27° 3′ 2″～27° 18′ 57″、东经100° 4′ 2″～100° 16′ 30″之间，距离丽江市区15公里、丽江机场50公里，距离重要景区泸沽湖200公里、丽江古城20公里，地理位置优越。玉龙雪山是北半球最南部的雪山，南北长达35公里，宽达13公里，总面积约415平方公里，主峰扇子陡5586米（王世金，等，2008），至今无人登顶。“玉龙雪山”在纳西语中译为“银色的山岩”，“玉龙”一词形象地描述了“十三座雪峰”如“巨龙腾飞”一般景象，体现玉龙雪山的雄浑巍峨。

1988年，国务院将玉龙雪山景区列入国家第二批风景名胜区名单，2007年国家旅游局批准玉龙雪山景区为国家5A级旅游景区，其旅游品牌知名度不断提升。玉龙雪山景区旅游资源丰富，拥有完整的高山垂直地带景观（陈海鹰，等，2015），既包括冰川雪山、高山草甸、原始森林等特色高山自然景观，也包含了历史悠久的文化旅游资源，纳西族“山神崇拜”文化给玉龙雪山景区蒙上了一层神秘的外纱，吸引着无数游客前往，成为著名的游览胜地。玉龙雪山景区的范围有广义与狭义之分，广义的大玉龙雪山景区以丽鸣公路、金沙江为界，包括玉龙雪山景区、东巴谷、东巴万神园、玉峰寺、白沙古镇等景点，狭义上的玉龙雪山景区单指景区内部本身，包括冰川公园、牦牛坪、蓝月谷、甘海子、云杉坪、白水河、冰川博物馆等多个景点（鲁芬，2017；吴小同，2020）。本书研究的范围主要是指狭义的玉龙雪山景区。

二、景区转型发展概况

2007年，玉龙雪山景区成功入选国家5A级旅游景区之列，为了发挥5A级旅游景区引领作用，打造高质量旅游景区，玉龙雪山景区先后完成了管理体制改革、实施智慧旅游、标准化体系建设、旅游反哺农业、文化创意旅游等一系列工作，推进玉龙雪山景区旅游发展质量更上一个台阶。此外，玉龙雪山景区注重生态环境保护，早在2007年就对景区周围违规建设的五星级酒店进行了拆除，减少人为建筑对景区生态环境的破坏。2015年，玉龙雪山景区又提出打造特色生态旅游大景区的目标，通过重视“冷湖效应、绿洲效应、绿色交通”三大工程实施，打造玉龙雪山景区山水旅游品牌、保护景区生态环境，促进景区旅游转型发展。

2016年，丽江市出台《丽江市旅游产业转型升级三年（2016—2018）行动计划》，对做大做强玉龙雪山景区提出了要求；2018年，云南省政府出台《云南省人民政府加快推进旅游转型升级若干意见》，对云南省旅游发展方向提出了向“高端化、国际化、特色化、智慧化”方向转型发展的目标。各州市政府以及景区积极响应转型发展政策：玉龙雪山作为云南省重点5A级旅游景区之一，一方面为了积极响应政府政策，另一方面为了推进玉龙雪山景区旅游的可持续发展，加快旅游转型升级步伐。

2016—2017年，玉龙雪山景区加快旅游智慧化建设工作，打造景区App，完善景区视频监控，逐步实现景区扫码、扫脸入园等智慧化功能，成为丽江市智慧旅游示范点；2018年，“游云南”平台正式上线，玉龙雪山景区完成相关部署工作，同时完成POI点测绘、公交景区实时转播、售检一体化、智慧厕所改造等工作，促使玉龙雪山景区旅游智慧化发展进入更高的层面；2019—2020年，丽江市提出要紧随游客需求变化、推进旅游供给由“有没有”向“好不好”方向转型以及受到新冠肺炎疫情对旅游发展带来的巨大挑战，玉龙雪山积极推进景区旅游高质量发展，通过加强景区防控，严防人员聚集，通过微博、微信等新兴媒体提醒游客错峰出行，维护游客人身安全，优化产品供给，积极打造康养、研学、亲子、体育等多元化的旅游产品。此外，2020年中国山岳旅游联盟大会在玉龙雪山景区召开，对后疫情时代山岳旅游创新与转型、促进高质量发展等会议主题进行了深入探讨，玉龙雪山景区旅游转型发展持续进行中。玉龙雪山景区旅游转型发展过程如图 5-1 所示。

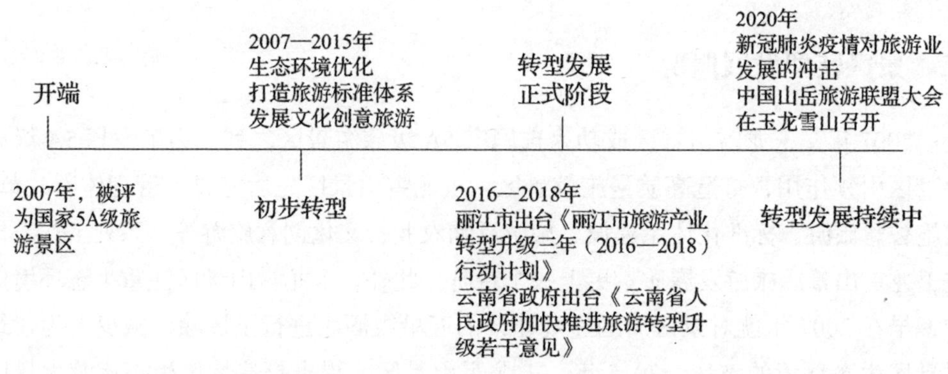

图 5-1　玉龙雪山景区旅游转型发展过程

随着玉龙雪山景区旅游的发展壮大，深层次的问题逐渐显露，如生态环境破坏、冰川线后移、基础设施落后无法满足游客游览需求、旅游产品结构单一、无法有效与市场衔接（吴小同，2020）、多头管理（宋巍，2018）、服务质量有待提升等问题，为了促进玉龙雪山景区健康可持续性发展，玉龙雪山景区旅游发展亟须转型。

第二节　玉龙雪山景区旅游转型发展水平评价

一、问卷调查与数据收集

依据山地景区旅游转型发展水平评价模型，对玉龙雪山景区进行实证研究。玉龙雪山景区旅游转型发展水平的评价数据主要来源于专家打分、游客问卷调查、景区工作人员咨询、内部资料查询以及网站搜索。其中专家打分法主要是将线上问卷发放给去过玉龙雪山景区的专家，获取专家对玉龙雪山景区旅游转型发展水平的相应得分；游客问卷调查法主要通过线上与线下相结合的形式向游客发放问卷进行打分；单项指标法主要是依据玉龙雪山景区旅游转型发展现状的客观数据进行打分评价，数据来源于玉龙雪山景区管委会工作人员咨询、内部资料获取查询与网络收集。

（一）专家打分

通过线上将玉龙雪山景区旅游转型发展水平评价——专家咨询问卷发送给云南大学、云南师范大学、云南财经大学、云南农业大学、昆明学院、泰安学院等有过玉龙雪山景区旅游或者考察经历的高校专家，实发问卷 20 份，有效回收问卷 20 份，有效回收率 100%。

1. 信度分析

利用 SPSS26 对专家问卷的信度进行分析，结果显示其克隆巴赫系数得分为 0.842，删除项之后各个指标之间的克隆巴赫系数得分情况如表 5–1 所示，删除项后的克隆巴赫系数值无明显波动，表明专家问卷指标一致性、可靠性程度高。

表 5–1　专家问卷指标信度

指标	删除项后的克隆巴赫 Alpha 系数
玉龙雪山景区露营自驾旅游发展程度	0.830
玉龙雪山景区摄影文化旅游发展程度	0.839
玉龙雪山景区影视基地旅游发展程度	0.865
玉龙雪山景区户外运动旅游发展程度	0.829
玉龙雪山景区原生态文化旅游发展程度	0.830
玉龙雪山景区避暑冰雪旅游发展程度	0.838
玉龙雪山景区教育科普旅游发展程度	0.837
玉龙雪山景区旅游产品文化内涵	0.836
玉龙雪山景区旅游产品科技含量	0.825
玉龙雪山景区旅游产品生态质量	0.837
玉龙雪山景区高中低端旅游产品分布合理程度	0.838
玉龙雪山景区资源开发凸显山地景观特色程度	0.831
玉龙雪山景区资源开发凸显山地水域风光景观资源特色程度	0.842
玉龙雪山景区资源开发凸显山地生物景观资源特色程度	0.834
玉龙雪山景区资源开发凸显山地气候与气象景观资源特色程度	0.834
玉龙雪山景区资源开发凸显山地民族遗址遗迹景观资源特色程度	0.833

续表

指标	删除项后的克隆巴赫 Alpha 系数
玉龙雪山景区资源开发凸显山地民族传统手工品与艺术景观资源特色程度	0.824
玉龙雪山景区资源开发凸显山地民族建筑与设施景观资源特色程度	0.836
玉龙雪山景区资源开发凸显山地民族节庆习俗资源特色程度	0.826
玉龙雪山景区功能分区合理性	0.839
玉龙雪山景区旅游发展对山地坡度差异性景观利用程度	0.834
玉龙雪山景区旅游发展对山地垂直地带差异性景观利用程度	0.840
玉龙雪山景区全天候旅游发展程度	0.845
玉龙雪山景区四季旅游发展程度	0.827
玉龙雪山景区可持续旅游 / 生态旅游发展程度	0.844

资料来源：笔者根据专家咨询表问卷信度分析结果整理。

2. 专家问卷得分结果统计

统计专家问卷打分情况，并进行均值化处理，得分情况见表 5–2。

表 5–2　专家问卷评分结果

指标	得分
玉龙雪山景区露营自驾旅游发展程度 D11	0.690
玉龙雪山景区摄影文化旅游发展程度 D12	0.830
玉龙雪山景区影视基地旅游发展程度 D13	0.580
玉龙雪山景区户外运动旅游发展程度 D14	0.690
玉龙雪山景区原生态文化旅游发展程度 D15	0.800
玉龙雪山景区避暑避寒冰雪旅游发展程度 D16	0.710
玉龙雪山景区教育科普旅游发展程度 D17	0.600
玉龙雪山景区旅游产品文化内涵 D18	0.700
玉龙雪山景区旅游产品科技含量 D19	0.610
玉龙雪山景区旅游产品生态质量 D20	0.610

续表

指标	得分
玉龙雪山景区高中低端旅游产品分布合理程度 D21	0.650
玉龙雪山景区资源开发凸显山地景观特色程度 D33	0.810
玉龙雪山景区资源开发凸显山地水域风光景观资源特色程度 D34	0.800
玉龙雪山景区资源开发凸显山地生物景观资源特色程度 D35	0.730
玉龙雪山景区资源开发凸显山地气候与气象景观资源特色程度 D36	0.780
玉龙雪山景区资源开发凸显山地民族遗址遗迹景观资源特色程度 D37	0.640
玉龙雪山景区资源开发凸显山地民族传统手工品与艺术景观资源特色程度 D38	0.600
玉龙雪山景区资源开发凸显山地民族建筑与设施景观资源特色程度 D39	0.610
玉龙雪山景区资源开发凸显山地民族节庆习俗资源特色程度 D40	0.660
玉龙雪山景区功能分区合理性 D64	0.750
玉龙雪山景区旅游发展对山地坡度差异性景观利用程度 D65	0.700
玉龙雪山景区旅游发展对山地垂直地带差异性景观利用程度 D66	0.600
玉龙雪山景区全天候旅游发展程度 D67	0.590
玉龙雪山景区四季旅游发展程度 D68	0.660
玉龙雪山景区可持续旅游 / 生态旅游发展程度 D69	0.650

（二）游客问卷

游客问卷主要采取线上和线下问卷相结合的形式，通过问卷星编辑线上问卷，在微信、QQ 等线上平台发放问卷。线下问卷主要是在丽江古城、玉龙雪山景区实地发放，获取游客问卷打分。其中线上问卷共发放 390 份，线下问卷共发放 100 份，线上有效问卷回收 385 份、线下有效回收问卷 100 份，共有效回收 485 份，有效回收率 98.9%，满足问卷发放要求。

1. 问卷信效度分析

利用 SPSS26 软件对 485 份游客问卷的信效度进行分析，结果显示，其信度系数为 0.902，大于 0.9，表明该游客问卷信度很好，可靠性非常强。效度分析中 KMO 值为 0.900，大于 0.5，显著性值小于 0.5，表明该问卷有效，可以继续做接下来的问卷分析。信效度分析结果见表 5-3。

表 5–3　游客问卷信度分析

<table>
<tr><td colspan="3">KMO 和巴特利特检验</td></tr>
<tr><td colspan="2">KMO 取样适切性量数</td><td>0.900</td></tr>
<tr><td rowspan="3">巴特利特球形度检验</td><td>近似卡方</td><td>4497.408</td></tr>
<tr><td>自由度</td><td>190</td></tr>
<tr><td>显著性</td><td>0.000</td></tr>
<tr><td>克隆巴哈（Alpha）系数</td><td></td><td>0.902</td></tr>
</table>

资料来源：笔者根据游客问卷信效度结果整理。

2. **游客基本信息分析**

主要通过对游客的性别、年龄、教育层次以及来源地进行分析，发现女性游客占比较高，达到55%，男性游客占比45%（见图5–2）；游客年龄主要集中在21~40岁，占比达到77%，60岁以上游客比较少，占比仅仅达到1%（见图5–3）；游客受教育程度以本科及大专为主，受教育程度较高（见图5–4）。此外，通过调查发现，受访游客主要来自云南、广东、湖北。

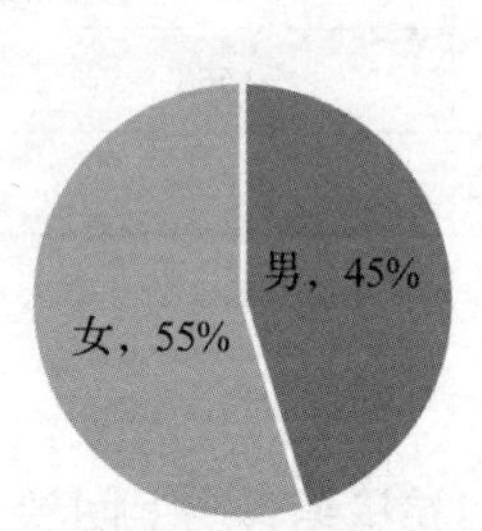

图 5–2　游客性别比例

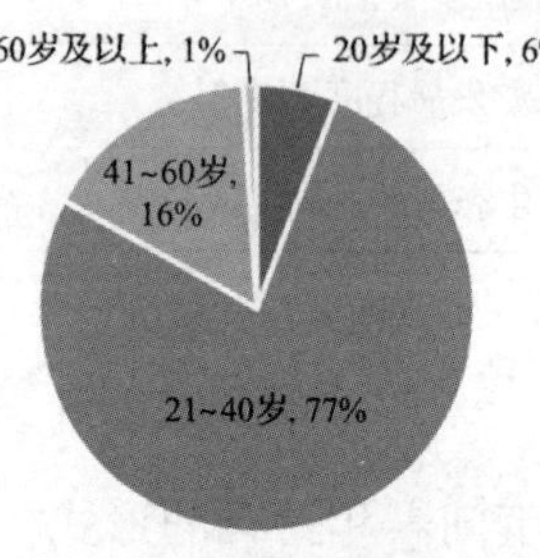

图 5–3　游客年龄比例

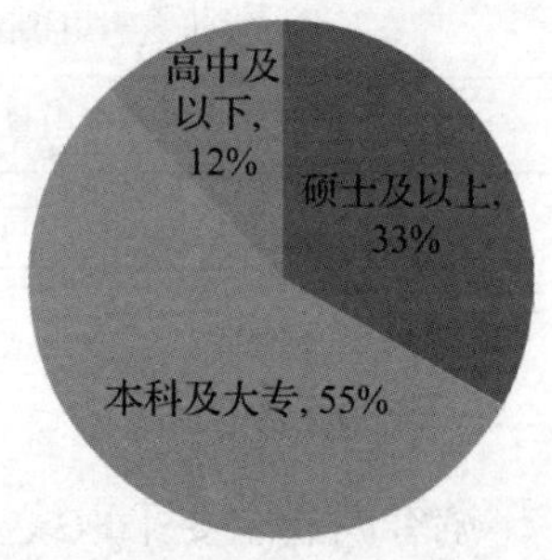

图 5–4　游客受教育程度比例

3. **游客问卷评分结果**

对游客问卷打分情况进行均值计算，得出玉龙雪山景区旅游转型发展水平评价游客问卷评分结果（见表5–4）。

表 5–4　游客问卷打分结果

指标	得分
停车场数量与布局 D22	0.58

续表

指标	得分
景区专线数量与布局 D23	0.60
景区厕所数量与布局 D24	0.71
景区游憩设施数量与布局 D25	0.71
指引设施数量与布局 D26	0.72
游客服务中心位置 D27	0.67
景区员工服务水平 D29	0.67
景区员工服务态度 D30	0.67
景区服务定制化水平 D31	0.50
景区动态服务管理 D32	0.62
与游客互动、参与程度 D42	0.45
与山地民族文化融合程度 D43	0.57
对游客具有一定的教育意义 D44	0.33
旅游纪念品 / 商品融入山地原生态特色符号程度 D45	0.57
景区节庆、演艺活动凸显山地特色民族文化程度 D46	0.58
景点空间通达性 D63	0.78

资料来源：笔者根据游客问卷打分结果资料整理。

（三）单项指标评价法

单项指标法主要是依据景区客观实际情况进行景区评价打分，前提是要建立该指标的评价标准，依据不同指标性质建立指标评价标准。单项指标评价法主要分为等级划分评价法、是否评价法、参考值比重法以及直接计算法。

1. 等级划分评价法

依据玉龙雪山景区各个指标的发展程度，进行等级划分，用以下公式进行计算：

$$M_i=VA_i+（A_i-P_a）/（P_b-P_a）\times 10\% \qquad （5-1）$$

其中，M_i 为 i 指标无量纲化后的得分，VA_i 为该指标实际所处等级得分，A_i 为客观实际数据，P_a 与 P_b 为该指标所处范围的最小、最大值，若无则不取。具体得分情况如表 5-5 所示。

表 5–5　等级划分评价结果

指标	玉龙雪山景区实际情况	得分
景区网站服务语种数量 D1	通过搜索“玉龙雪山景区”官方网站，发现共有 5 种语言，评级为Ⅴ级	M_1=1
国际知名度 D4	玉龙雪山景区为国家 5A 级旅游景区，评级为Ⅲ级	M_4=0.6
标识牌拥有语种的数量 D8	通过玉龙雪山景区实地考察，玉龙雪山景区标识牌共有中文、英文、日文三种语言，评级为Ⅲ级	M_8=0.6
景区工作人员外语水平 D9	通过咨询景区工作人员，玉龙雪山景区导游人员共会外语数量 2 种，评级为Ⅱ级	M_9=0.4
视频监控覆盖范围 D47	通过咨询景区工作人员与实地调查，玉龙雪山景区监控覆盖率为 1，评级为Ⅴ级	M_{47}=1
智能安全监测与应急处理水平 D48	通过咨询景区工作人员与实地调查，玉龙雪山景区能够利用现代通信技术、互联网技术处理紧急情况，评级为Ⅴ级	M_{48}=1
旅游客流量预警机制 D49	通过咨询景区工作人员与实地调查，玉龙雪山景区能实现对出入口处以及冰川公园、云杉坪等人流量较大区域的人流计数管理，评级为Ⅳ级	M_{49}=0.8
景区智慧物联网以及环境电子监测系统 D51	通过咨询景区工作人员与实地调查，玉龙雪山景区实现了对生物物种、自然环境、大气环境、水环境、生物环境、噪声六个方面的监测，评级为Ⅳ级	M_{51}=0.8+（6–6）/（6–5）×10%=0.9
景区门户网站及运营水平 D53	通过搜索“玉龙雪山景区”官方网站，发现其能够实现与微信、微博的有效对接，评级为 Ⅳ级	M_{53}=0.8
数字虚拟技术运用程度 D54	玉龙雪山景区数字虚拟技术利用程度为 10%，评级为Ⅱ级	M_{54}=0.4+（10%–10%）/（30%–10%）×10%=0.4
景区电子门禁系统 D55	通过咨询景区工作人员与实地调查，玉龙雪山景区能实现自动识别门票、验票信息联网和远程查询功能，评级为Ⅴ级	M_{55}=1
景区智慧导览系统覆盖率 D56	通过咨询景区工作人员与实地调查，玉龙雪山景区智慧导览系统覆盖率达到 80%，评级为 Ⅳ级	M_{56}=0.8
景区旅游电商分销渠道 D57	通过咨询景区工作人员与网络搜索，玉龙雪山景区实现了现场销售、线下旅行社销售、线上景区官网 / 微信公众号、途牛 / 携程等各种电商分销渠道等营销方式，评级为Ⅴ级	M_{57}=1

续表

指标	玉龙雪山景区实际情况	得分
旅游支付方式评价 D58	玉龙雪山景区已经实现了现金、刷卡、银行转账、手机支付、网银支付 5 种支付方式，评级为Ⅴ级	M_{58}=1
新型旅游促销方式 D59	通过咨询景区工作人员，玉龙雪山景区已经实现网络拼团、景区优惠券、景区联票、景区一卡通 5 种促销方式，评级为Ⅳ级	M_{59}=0.8
新型宣传推广平台使用 D60	通过咨询景区工作人员与网络搜索，景区已经实现微信、微博、抖音、官方网站、携程 / 驴妈妈等平台进行景区宣传，评级为Ⅴ级	M_{60}=1

资料来源：笔者根据玉龙雪山旅游发展相关资料整理。

2. 是否评价法

由于部分指标难以划分程度，故根据景区是否具备该指标打分，其中有得 1 分，无得 0 分，具体得分情况见表 5–6。

表 5 6　是否评价法得分结果

指标	是（1 分）	否（0 分）	得分（失分）依据
加入国际化旅游组织 D5		√	玉龙雪山景区仅仅加入中国山地旅游联盟组织，并未加入国际性旅游组织
是否与境外景区结盟 D6	√		玉龙雪山与瑞士马特宏峰结为友好山峰，并且在玉龙雪山甘海子内建设瑞士马特宏风情园
景区服务标准是否参考国际服务标准 D7	√		玉龙雪山景区旅游服务标准符合 ISO 14001 国际标准
景区是否建立服务标准 D28	√		玉龙雪山景区已建立起旅游服务标准体系，并在各个景点入口处摆放服务质量承诺标识牌，成为全国旅游服务质量提升试点
是否有专门团队对景区项目进行规划策划 D41	√		邀请北京大地风景旅游景观规划设计院对玉龙雪山景区做详细规划
是否有景区旅游气象综合监测系统 D50	√		玉龙雪山景区已建立玉龙雪山冰川与环境观测研究站
是否有景区在线投诉处理平台 D52	√		依托“一部手机游云南”，建立起玉龙雪山景区在线投诉处理平台，且投诉机制运行情况良好

续表

指标	是（1分）	否（0分）	得分（失分）依据
是否有景区旅游舆情监控平台	√		通过咨询景区工作人员，玉龙雪山景区已建立起旅游舆情监控平台，并能够根据景区发生重大事件及时做出舆情控制

资料来源：笔者根据玉龙雪山旅游发展相关资料整理。

3. 参考值比重法

主要对玉龙雪山景区的谷歌引擎搜索现状（D2），举办国际化山地节庆、会展等活动数量（D3），境外旅游者占比（D10）三个指标采用参考值比重法，计算公式为：$F=A/D$，其中 F 为实际得分，A 为景区发展实际情况，D 为参考值。其中，D2 指标的参考值主要是通过谷歌引擎搜索长白山、泰山、黄山出现的条目数，分别为 73400000、44700000、34300000，平均值为 50800000；D3 指标的参考值主要是通过对长白山、泰山、黄山景区微信公众号、微博、官微搜索国际活动，以三者举办国际活动的平均数量作为玉龙雪山景区评价的参考值，搜索结果发现三地景区分别举办国际山地活动 21 次、20 次、25 次，平均值为 22 次；D10 指标主要借鉴付业勤（2019）提出的"境外游客人数占比"指标，以 10% 为参考值标准，计算玉龙雪山景区境外旅游者占比指标分数，三项指标具体得分见表 5–7。

表 5–7　参考值比重法评价得分结果

指标	参考值	得分	得分依据
引擎搜索景区现状（条目数量）D2	50800000	0.085	通过谷歌引擎搜索玉龙雪山，共出现 4320000 个条目
举办国际化山地节庆、会展等活动数量 D3	22	0.32	通过搜索玉龙雪山景区公众号、丽江玉龙雪山微博，发现玉龙雪山参加 2019 年和 2020 年中国国际旅游交易会、全球冰圈科学国际研讨会、国际山地旅游联盟，举办了七彩云南 · 格兰芬多国际自行车节、丽江国际马拉松、"回应马特峰"等七项国际活动
境外旅游者占比 D10	10%	0.467	因无对玉龙雪山景区境外游客人数的统计数据，故以 2009—2018 年丽江市国民经济和社会发展统计公报中海外游客人数与国内外游客人数比值代替玉龙雪山景区游客人数占比，最后均值化处理得出占比为 4.67%

资料来源：笔者根据玉龙雪山旅游发展相关资料整理。

4. 实际计算法

运用泰森多边形面积权重计算公式：

$$CV=B/M \quad (5-2)$$

$$B=\frac{\sqrt{\sum(M_i-M)^2}}{n} \quad (5-3)$$

式中 CV 代表泰森多边形面积变异系数、B 代表面积标准差、M 代表平均面积。运用 ArcGIS10.2 计算出各个玉龙雪山景区（点）的泰森多边形面积，并求出玉龙雪山景区（点）变异系数（见表 5–8）。

表 5–8　玉龙雪山景区（点）泰森多边形面积

景点	印象丽江	冰川公园	蓝月谷	牦牛坪	云杉坪	冰川博物馆	雪山高尔夫球场	甘海子
面积（km^2）	31	196	6	120	51	3	1	2

运用景区（点）面积数据，进一步计算出玉龙雪山景区（点）泰森多边形面积标准差为 66.54km^2，平均面积为 51.25km^2，最终计算出玉龙雪山景区（点）泰森多边形面积变异系数为 1.3（见表 5–9）。

表 5–9　玉龙雪山景区（点）空间集聚性评价结果

指标	得分	得分依据
景点空间分布集聚性 D62	1	运用 ArcGIS 绘制玉龙雪山景区（点）图，通过计算泰森多边形面积变异系数分析玉龙雪山景区空间分布集聚性，最终得出分异系数为 1.3，大于 1，由此得出玉龙雪山景区（点）集聚程度高

资料来源：笔者根据玉龙雪山旅游发展相关资料整理。

二、玉龙雪山景区旅游转型发展水平评价结果与分析

（一）测评结果

将玉龙雪山景区转型发展水平各个指标的实际得分与指标权重相乘，得出各个指标的最终得分（见表 5–10）。

表 5-10　玉龙雪山景区旅游转型发展水平评价最终得分

总目标层	目标层	准则层	因素层
玉龙雪山景区旅游业转型发展水平评价 0.6993	玉龙雪山景区旅游业发展国际化 0.1005	景区营销国际化 0.0184	景区网站服务语种数量 0.0170
			引擎搜索景区现状 0.0014
		景区产品国际化 0.0172	举办国际化山地节庆、会展等活动数量 0.0058
			国际知名度 0.0114
		景区合作国际化 0.0220	加入国际化旅游组织 0.0000
			与境外景区结盟 0.0220
		景区服务国际化 0.0336	景区服务标准 参考国际服务标准 0.0170
			多语标识牌情况 0.0090
			工作人员外语水平 0.0076
		景区客源市场国际化 0.0093	境外旅游者占比 0.0093
	玉龙雪山景区旅游业发展高端化 0.2086	景区业态新颖化 0.0667	露营自驾旅游发展 0.0097
			摄影文化旅游发展 0.0100
			影视基地旅游发展 0.0104
			户外运动旅游发展 0.0090
			原生态文化旅游发展 0.0112
			避暑冰雪度假旅游发展 0.0092
			教育科普旅游发展 0.0072
		景区产品高质量化 0.0353	旅游产品文化内涵 0.0091
			旅游产品科技含量 0.0098
			旅游产品生态质量 0.0067
			高中低端旅游产品分布合理程度 0.0098

续表

总目标层	目标层	准则层	因素层
玉龙雪山景区旅游业转型发展水平评价 0.6993	玉龙雪山景区旅游业发展高端化 0.2086	景区基础设施便利化 0.0582	停车场数量与布局 0.0093
			景区专线数量 0.0096
			景区厕所数量与布局 0.0107
			景区游憩设施数量与布局 0.0092
			指引设施数量与布局 0.0101
			游客服务中心位置 0.0094
		景区服务精细化 0.0484	景区建立服务标准体系 0.0170
			景区员工服务水平 0.0087
			景区员工服务态度 0.0087
			景区服务定制化水平 0.0065
			景区动态服务管理 0.0074
	玉龙雪山景区旅游业发展特色化 0.1132	景区旅游资源开发特色化 0.0656	凸显山地景观特色 0.0089
			凸显山地水域风光景观资源特色 0.0088
			凸显山地生物景观资源特色 0.0073
			凸显山地气候与气象景观资源特色 0.0086
			凸显山地民族遗址遗迹景观资源特色 0.0083
			凸显山地民族传统于工品与艺术景观资源特色 0.0078
			凸显山地民族建筑与设施景观资源特色 0.0073
			凸显山地民族节庆习俗资源特色 0.0086
		景区项目活动特色化 0.0338	是否有专门团队对景区项目进行策划 0.015
			与游客互动、参与程度 0.0063
			与山地民族文化融合程度 0.0068
			对游客具有一定的教育意义 0.0056
		景区品牌特色化 0.0138	旅游纪念品 / 商品融入山地原生态特色符号程度 0.0068
			景区节庆、演艺活动凸显山地特色民族文化程度 0.0070

续表

总目标层	目标层	准则层	因素层
玉龙雪山景区旅游业转型发展水平评价 0.6993	玉龙雪山景区旅游业发展智慧化 0.1956	景区环境管理智慧化 0.0680	视频监控覆盖范围 0.0190
			智能安全监测与应急处理水平 0.0120
			旅游客流量预警机制 0.0104
			景区旅游气象综合监测系统 0.0140
			景区智慧物联网以及环境电子监测系统 0.0126
		景区服务智慧化 0.0764	在线投诉受理平台处理水平 0.0150
			景区门户网站及运营水平 0.0112
			数字虚拟技术运用程度 0.0072
			景区电子门禁系统 0.0160
			景区智慧导览系统覆盖率 0.0120
			景区旅游电商分销渠道 0.0150
		景区营销智慧化 0.0512	旅游支付方式评价 0.0120
			新型旅游促销方式 0.0112
			新型宣传推广平台使用 0.0130
			景区旅游舆情监控平台 0.0150
	玉龙雪山景区旅游业发展立体化 0.0815	景区平面空间分布合理化 0.0319	景点空间分布集聚性 0.0120
			景点空间通达性 0.0101
			景区功能分区合理性 0.0098
		景区垂直空间差异化 0.0169	利用坡度景观特征差异程度 0.0091
			利用海拔高差景观特征差异程度 0.0078
		景区时间全时化 0.0327	全天候旅游发展 0.0124
			四季旅游发展 0.0125
			可持续性发展 0.0078

资料来源：笔者根据玉龙雪山旅游发展相关资料整理。

（二）评价结果分析

根据山地景区旅游转型发展水平评价方法，计算出玉龙雪山景区旅游转型发展水平综合得分为 0.6993，处于 0.6~0.8，表明玉龙雪山景区旅游转型发展处于中等水平，距离高等水平发展阶段仍然存在一定的差距。景区旅游转型发展的五大方向（国际化、高端化、特色化、智慧化、立体化）得分分别为 0.1005、0.2086、0.1132、0.1956、0.0815，其中玉龙雪山景区旅游发展高端化程度是其立体化程度的 2 倍多，说明玉龙雪山景区旅游发展高端化程度较高，而立体化发展程度较低，有待于进一步加强。针对各级指标的分析结果如下：

一是玉龙雪山景区旅游发展国际化水平，总得分 0.1005，在五个二级指标得分排名倒数第二，表明玉龙雪山景区旅游向国际化方向转型水平较低；观察其所属的三级指标中，其中“景区客源市场国际化”指标得分（0.0093），为最低分，意味着来玉龙雪山景区的游客仍然以国内市场为主，境外游客人数数量相对较少，而“景区服务国际化”指标得分最高（0.0336），表明玉龙雪山景区国际服务水平较高；另外，三级指标“景区合作国际化”（0.0220）所属四级指标“加入国际化旅游组织”指标得分为 0，得分最低，表明玉龙雪山景区并未加入任何国际旅游组织。

二是玉龙雪山景区旅游发展高端化水平，得分 0.2086，是二级指标中的最高分，表明玉龙雪山景区旅游向高端化方向转型水平较高；其所属三级指标中“景区产品高质量化”指标得分相对较低，表明其产品品质有待提高，而景区业态新颖化指标得分最高，表明玉龙雪山景区旅游产品业态比较丰富新颖；其所属四级指标中，“景区建立服务标准体系”得分最高，意味着玉龙雪山景区建立了相关的服务标准体系且运行情况良好，而“教育科普旅游发展、景区动态服务管理、景区定制化服务水平、旅游产品生态质量”几项指标得分相对较低，表明玉龙雪山关于博物馆和研学基地相关产品业态发展程度、能及时处理游客诉求能力、景区能够满足游客个性化需求能力以及景区旅游产品的生态质量发展水平相对较低。

三是玉龙雪山景区旅游发展特色化水平，综合得分 0.1132，排在第三。分析其所属三级指标，“景区旅游资源开发特色化”指标得分最高，“景区品牌特色化”得分最低，分别为 0.0656、0.0138，前者是后者的 4 倍之多，表明玉龙雪山景区旅游资源开发能够较好地突出玉龙雪山的特色，但是在品牌特色化打造上未能尽如人意；四级指标中“是否有专门团队对景区项目进行策划”指标得分最高，表明玉龙雪山景区聘请了专门的团队，根据玉龙雪山景区发展特色进行科学有效的规划布局，相比较之下，“与游客互动、参与程度”“对游客具有一定的教育意义”指标得分较低，因此玉龙雪山景区应加强旅游项目与游客之间的互动以及发展一些具有教育意义的旅游项目，如研学旅游、高山动植物科普游等。

四是玉龙雪山景区旅游发展智慧化水平，综合得分 0.1956，排在二级指标得分中的第二名，意味着玉龙雪山景区旅游向智慧化方向转型的程度比较高，能够较好地利用云计算、大数据等外部科技力量加强景区管理、服务与营销；其所属的三级指标得分较为均匀，均在 0.05 分以上，表明玉龙雪山景区管理、服务与营销智慧化程度均较高；观察所属四级指标，大部分指标得分均在 0.01 以上，但是能反映景区对游客人数进行监控并且能够发出预警的指标“旅游客流量预警机制”得分仅为 0.0104，表明玉龙雪山景区“旅游客流量预警机制”管理水平低，应提高人流量统计范围。

五是玉龙雪山景区旅游发展立体化水平，综合得分 0.0815，排名最后，表明玉龙雪山景区立体化开发程度相对较低，尤其是玉龙雪山景区对垂直地带空间维度的开发重视程度相对较低，未能很好地开发利用玉龙雪山景区坡度、海拔高差所产生的景观特色差异，但是玉龙雪山景区的景点平面空间分布非常集聚，且各个景点之间的通达性、便利程度较好，能够较好地满足游客游览的需求。观察时间全时化的四级指标，“可持续性发展”指标得分偏低，意味着其旅游可持续发展能力较低。

第六章

山地景区旅游高质量发展驱动机制构建与分析

本章基于扎根理论研究方法范式，扎根于专业文献资料，识别驱动山地景区旅游高质量发展的驱动因子，构建山地景区旅游高质量发展驱动机制概念框架，并对山地景区旅游高质量发展驱动机制中各驱动力系统、子系统的驱动作用做简要分析。最后，应用系统动力学理论的反馈分析理论，进一步构建了山地景区旅游高质量发展驱动机制的反馈模型图。

第一节　基于扎根理论方法的山地景区旅游高质量发展驱动机制构建

一、资料收集与整理

根据前文对山地景区旅游高质量发展的定义，山地景区旅游的高质量发展最终要实现的是“全面提升”与“普遍受惠”。所以，在构建驱动系统的过程中，要立足于“全面且科学”的原则，尽可能地筛选出所有可能影响山地景区旅游高质量发展的驱动因子。为了能够更全面、更科学地识别驱动山地景区旅游高质量发展的因子，本书选择运用扎根理论研究方法范式，扎根于专业的原始资料，从这些专业的原始资料中提取本书所需要的信息。因此，本书在中国知网上通过高级检索功能，以“山地旅游”“山地景区”“高质量”“优质”等核心关键词进行单独以及交叉合并检索，选取了 147 篇期刊论文作为本次扎根理论分析的原始资料，通过开放式编码、主轴编码以及选择性编码三大核心步骤，不断归纳总结，最终筛选出驱动山地景区旅游高质量发展的驱动因子。

二、开放式编码

首先进行开放性编码，所谓开放性编码就是在对原始资料进行充分解读和深入了解其所处语境的基础上，发掘原始资料中所蕴含的隐藏信息，随后对这些发掘出来的隐藏信息赋予解释性的概念标签，以便使其概念化和初步范畴化（丁鹏飞，等，2012）。简而言之，就是聚敛原始资料，并将其按照一定的原则进行组合的过程。还需要注意的是，在赋予解释性的概念性标签时尽可能地采用原始词语，避免与原始内涵偏差过大（苗泽华，2020）。在充分理解开放式编码所要遵循的原则与操作流程的基础上，对所搜集的147份原始资料进行开放式编码，分别随机抽取期刊文章、硕博论文中约70%的原始资料，也就是期刊文章91篇、硕博论文12篇，总计103条原始资料用于前期编码。另外约30%的原始资料，即期刊文章39篇、硕博论文5篇，总计44条原始资料用于后期的理论饱和度检验。开放式编码是扎根理论编码程序中的第一步，其目的是通过对原始资料的逐词逐句分析，得到大量的原始概念与自由节点。应用MAXQDA软件，在完全摒弃主观臆测与经验导向的前提下，通过开放式编码从原始资料中提取得到1736个自由节点。但由于自由节点中存在语义相似、表述冗长等情况，因此对1736个自由节点进行概念化，初步删除或合并重复语义，并精炼提取自由节点中的核心内涵，得到了445个初步概念。最后，进一步对所得到的445个初步概念进行合并、精炼、归纳、总结，最终筛选和得到驱动山地景区旅游高质量发展的51个初步范畴，也就是驱动因子（见表6–1）。

表6–1　开放式编码形成的范畴示例

自由节点	概念化	初步范畴化
1. 山地的生态环境以及资源禀赋是发展山地旅游的核心前提与重要基础　（龙鸥，2019） 2. 随着地理信息技术的发展，其对于山地旅游设施规划所能起到的作用逐渐凸显　（涂琼华，2014） 3. 山地的自然环境与生态系统十分脆弱，山地旅游的开发很大程度上会对山地的生态系统与自然环境造成消极影响　（程进，等，2010） 4. 不同特色的山区应依据其优势开展不同的活动吸引游客　（陈敏，等，2016） 5. 山地安全事故频发，山地旅游目的地对于构建山地安全保障体系与救援机制的需求愈加迫切　（岑乔，2011）	1. 山地生态自然资源 2. 地理信息技术在山地旅游中的应用 3. 山地生态自然环境极为脆弱 4. 旅游活动的特色化 5. 山地旅游安全需求突出 6. 游客安全知识教育 7. 社区居民参与 8. 旅游服务人员素质提升	1. 资源的观赏游憩使用价值 2. 气候舒适度 3. 地质地貌独特性 4. 空气质量 5. 植被覆盖率 6. 生物多样性 7. 民族文化丰度 8. 历史文化丰度 9. 民俗节庆活动的多样性与独特性

续表

自由节点	概念化	初步范畴化
6. 积极引导山地旅游目的地社区居民参与到山地旅游的开发、建设、经营、管理当中，加强对从业人员的技能培训与素质提升　（杨茹兰，2019） 7. 山地旅游产品应将观光、民俗民风、中医养生、康养度假、宗教文化等融为一体　（陈怡梦，2017） 8. 山地的地形、气候和植被等自然因素会直接或间接地影响到山地旅游的业态分布　（银元，等，2012） 9. 山地旅游大数据的应用要求山地旅游目的地建设一支兼具山地旅游专业知识与互联网技术的人才队伍　（孙红梅，等，2016） 10. 山地旅游目的地要加强标准化管理，实行标准化培训，提供标准化服务　（陈美璘，2019） 1736 个自由节点	9. 山地旅游产品多样性 10. 山地旅游专业人才培养 11. 山地景区的标准化管理 12. 有利的优惠政策 13. 智能管理 14. 市场监管 15. 基础配套设施 16. 宣传推介 17. 环境优化 18. 价格水平 445 个初始概念	10. 体育赛事活动的多样性与独特性 11. 业态、产品以及活动的多样性 12. 业态、产品以及活动的独特性 13. 餐饮价格合理度 14. 住宿价格合理度 15. 交通价格合理度 16. 人才队伍建设 17. 居民好客程度 18. 市场规范化 51 个初步范畴

三、主轴编码

通过开放性编码，对原始资料进行概念化和初步范畴化，形成了 51 个初步范畴，但范畴与范畴之间的因果关系仍未明确，还需进一步探讨每个范畴的属性，形成子范畴，并按照不同的范畴属性，进一步明确总结主范畴（尹钶莹，2020）。故而，将开放性编码阶段形成的 51 个初步范畴回归原始资料加以分析，最终总结形成 14 个子范畴（见表 6–2），在 14 个子范畴基础上进一步归纳，最终得到吸引力、支持力、推动力以及中介力 4 大主范畴（见表 6–3）。

表 6–2　初始范畴到子范畴的归纳编码

子范畴	初始范畴
资源禀赋	资源的观赏游憩使用价值
	资源的历史文化科学艺术价值
	资源的珍稀奇特程度
	资源的规模、丰度与几率
	资源的完整性

续表

子范畴	初始范畴
资源禀赋	资源的知名度和影响力
	资源的适游期或使用范围
自然生态环境	气候舒适度
	地质地貌独特性
	空气质量
	植被覆盖率
	生物多样性
业态与产品	业态与产品的多样性
	业态与产品的独特性
价格水平	餐饮价格合理度
	住宿价格合理度
	交通价格合理度
	产品价格合理度
人文环境	民族文化丰度
	历史文化丰度
	节庆与赛事活动的多样性
	节庆与赛事活动的独特性
品牌形象	知名度
	美誉度
旅游目的地所在地区经济发展水平	旅游目的地所在地区人均 GDP
	旅游目的地所在地区人均可支配收入

续表

子范畴	初始范畴
旅游目的地所在地区旅游发展水平	旅游总收入
	旅游接待总人数
市场需求	主观需求
	游客收入水平
	游客闲暇时间
政策推动	国家政策推动
	区域政策推动
硬环境	交通便捷程度
	山地旅游要素设施完善程度
	山地旅游公共服务设施完善程度
	景区承载量
软环境	智慧旅游建设水平
	山地旅游安全保障
	与周边景区的联动水平
	景区经营管理水平
	居民好客程度
	社区参与程度
	环境保护
	人才队伍建设
	市场规范化
宣传营销推介	传统营销
	新媒体营销
中介机构	线下旅行社
	旅游行业协会
	线上网络平台

表 6–3　子范畴到主范畴的归纳编码

主范畴	子范畴	范畴内涵
吸引力	资源禀赋	能够影响和吸引旅游客源市场前往山地景区开展山地旅游活动
	自然生态环境	
	业态与产品	
	价格水平	
	人文环境	
	品牌形象	
推动力	旅游目的地所在地区经济发展水平	对于山地景区旅游的开发、建设与发展具有正向积极促进作用
	旅游目的地所在地区旅游发展水平	
	市场需求	
	政策推动	
支持力	硬环境	支撑辅助山地景区日常运营、游客旅游活动，以及影响游客体验感和满意度的显性、隐性的驱动因子
	软环境	
中介力	宣传营销推介	具备沟通对接山地景区以及旅游客源市场功能的驱动因子
	中介机构	

四、选择性编码

选择性编码的目的是根据“因果”“递进”“并列”等逻辑关系进一步将范畴关联化和系统化，通过故事线的演进将所有范畴总结、归纳为一个理论模型，从而探索出核心范畴，而所谓的核心范畴就是研究所要表达的核心观点。在通过主轴编码得到对山地景区旅游高质量发展具有不同作用效果的四个主范畴驱动力系统的基础上，结合本书研究目标以及遵循最大限度涵盖所有范畴的选择性编码原则，核心范畴应当是“山地景区旅游高质量发展驱动机制”。最终形成初始范畴→子范畴→主范畴→核心范畴层层递进的山地景区旅游高质量发展驱动机制概念框架（见表 6–4）。

表 6–4　山地景区旅游高质量发展驱动机制概念框架

核心范畴	主范畴	子范畴	初始范畴
山地景区旅游高质量发展的驱动机制（S）	吸引力（A1）	资源禀赋（B1）	资源的观赏游憩使用价值（C1）
			资源的历史文化科学艺术价值（C2）
			资源的珍稀奇特程度（C3）
			资源的规模、丰度与几率（C4）
			资源的完整性（C5）
			资源的知名度和影响力（C6）
			资源的适游期或使用范围（C7）
		自然生态环境（B2）	气候舒适度（C8）
			地质地貌独特性（C9）
			空气质量（C10）
			植被覆盖率（C11）
			生物多样性（C12）
		业态与产品（B3）	业态与产品的多样性（C13）
			业态与产品的独特性（C14）
		价格水平（B4）	餐饮价格合理度（C15）
			住宿价格合理度（C16）
			交通价格合理度（C17）
			产品价格合理度（C18）
		人文环境（B5）	民族文化丰度（C19）
			历史文化丰度（C20）
			节庆与赛事活动的多样性（C21）
			节庆与赛事活动的独特性（C22）
		品牌形象（B6）	知名度（C23）
			美誉度（C24）

续表

核心范畴	主范畴	子范畴	初始范畴
山地景区旅游高质量发展的驱动机制（S）	推动力（A2）	旅游目的地所在地区经济发展水平（B7）	旅游目的地所在地区人均 GDP（C25）
			旅游目的地所在地区人均可支配收入（C26）
		旅游目的地所在地区旅游发展水平（B8）	旅游总收入（C27）
			旅游接待总人数（C28）
		市场需求（B9）	主观需求（C29）
			游客收入水平（C30）
			游客闲暇时间（C31）
		政策推动（B10）	国家政策推动（C32）
			区域政策推动（C33）
	支持力（A3）	硬环境（B11）	交通便捷程度（C34）
			山地旅游要素设施完善程度（C35）
			山地旅游公共服务设施完善程度（C36）
			景区承载量（C37）
		软环境（B12）	智慧旅游建设水平（C38）
			山地旅游安全保障（C39）
			与周边景区的联动水平（C40）
			景区经营管理水平（C41）
			居民好客程度（C42）
			社区参与程度（C43）
			环境保护（C44）
			人才队伍建设（C45）
			市场规范化（C46）
	中介力（A4）	宣传营销推介（B13）	传统营销（C47）
			新媒体营销（C48）
		中介机构（B14）	线下旅行社（C49）
			旅游行业协会（C50）
			线上网络平台（C51）

五、理论饱和度检验

理论饱和度检验是整个扎根理论研究方法范式中必不可少的一个步骤，只有通过理论饱和度检验，确定即使继续添加原始资料也不会再出现新的范畴，才能证明前期所建立的逻辑关系模型是完整、全面以及饱和的。如在新增的原始资料中提取出了全新的范畴，那便说明未达到饱和状态，前期的模型框架仍然需要进一步补充完善，需要再次重复编码步骤，直到饱和为止。研究将前期未用于编码的30%（44条）原始资料用以进行理论饱和度检验，对这44条原始资料按照相同步骤进行编码，得到323个自由节点，得到网络宣传、闲暇时间、旅行社、景区管理、旅游行业协会、自然资源、生态环境、产品业态、居民参与经营接待、资源的独特性与多样性、市场规范以及安全保障12个子范畴，这12个子范畴与已有的子范畴高度相似和重合，并未超出前文得到的概念框架范围，因此说明前文得到的概念框架较为完整和全面，通过理论饱和度检验。

第二节　山地景区旅游高质量发展驱动机制分析

一、山地景区旅游高质量发展吸引力驱动系统分析

山地景区旅游高质量发展吸引力驱动系统是山地景区旅游高质量发展的重要基础，由诸多能够引发山地旅游者山地旅游动机的驱动因子组成。通过上述的扎根理论研究过程，发现资源禀赋、自然生态环境、业态与产品、价格水平、人文环境、品牌形象是能够诱发山地旅游者山地旅游动机的关键要素。这些要素属于山地景区自身所具备的发展基础和竞争优势，因此可以说吸引力驱动系统是山地景区旅游高质量发展驱动机制的内驱力。游客通过各种各样的信息渠道接受这些显性或隐形吸引力要素信息刺激，就会诱发山地旅游动机，产生进一步的山地旅游需求，从而做出前往山地景区开展旅游活动的旅游决策。而在进行山地旅游决策的过程中，经济能力与闲暇时间是山地旅游者制订出行计划的重要参考因素，也是支撑旅游者开展山地旅游活动的关键因子。旅游者前往山地景区开展山地旅游活动，实际上也是体验和验证这些吸引物要素是否真实的过程，游客的体验感受又会进一步形成反馈信息被客源市场获取（见图6-1）。

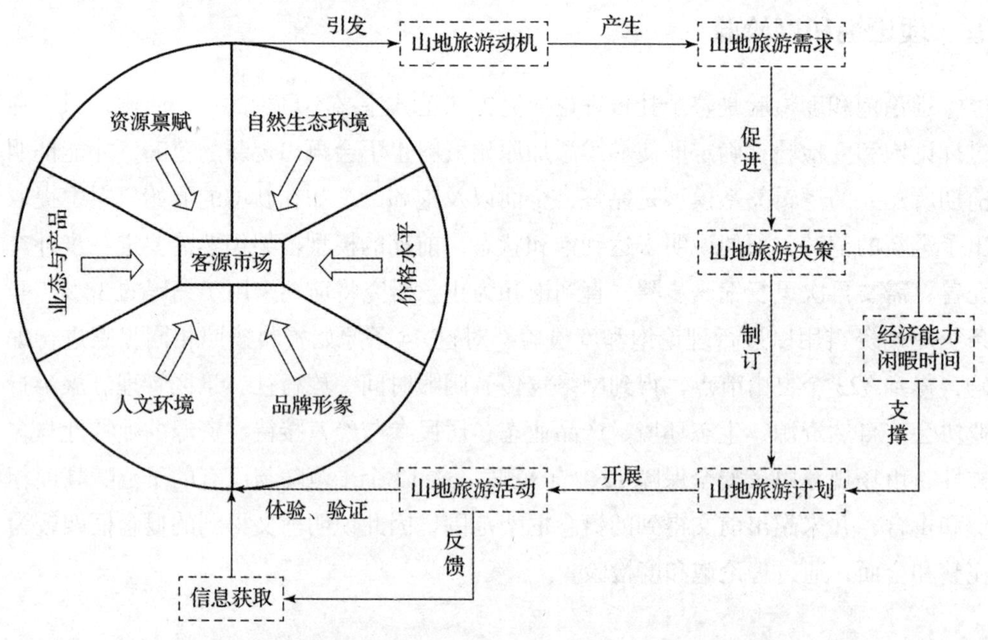

图 6-1　山地景区旅游高质量发展吸引力驱动系统作用机理

（一）资源禀赋

旅游目的地的资源禀赋是判断其开发潜力以及吸引旅游客源市场能力最重要的因素，对于山地景区来说尤其如此。山地旅游之所以成为现代旅游市场的新宠，最大的原因在于山地景区的资源禀赋更为珍稀与独特，神秘的溶洞、奇特的峡谷、险峻的峭壁、茂密的森林、潺潺的溪流等自然景观坐落于崇山峻岭当中，数不胜数，即便是一些不起眼的小山丘，都可能让旅游者发现其独特的秀丽风景、旖旎的风光。除此之外，山地还哺育了诸多山地少数民族，这些民族世代居于山中，在历代的生产生活当中，山地民族衍生出了其独一无二的山地民族文化，这些民族文化神秘而有趣，诉说着这些山地民族的历史与传承。这些山地民族文化也为山地旅游赋予了文化内涵，让山地旅游不仅能游山玩水、亲近自然，同时也能学习知识、体验文化。总之，“山山有特色，山山尽不同”是山地旅游最令人无法抗拒的魅力，每座山都有其独特的资源禀赋，吸引着远道而来的游客游玩观赏。

（二）自然生态环境

自然生态环境主要可以从气候舒适度、地质地貌独特性、空气质量、植被覆盖率、生物多样性等几个方面进行考量。不同地区、不同季节、不同垂直高度的山地气候舒适度均存在差异，而这种差异最终也会体现在对客源市场吸引力的差异上。例如，坐落在“春城”昆明、“凉都”六盘水等避暑胜地的山地景区，其夏季的气候舒适度就会吸引游客前来避暑。而不同垂直高度的气候舒适度亦是存在较大差异，一般来说开展山地旅游活动存在一个最佳海拔区间，超过这个区间，气候舒适度就会逐渐恶劣，因此，海拔过高的山地往往仅对登山爱好者、挑战者、探险家等具有较强的吸引力，对大众旅游客源市场的吸引力并不强。有些山地的地质地貌具备一定的独特性，这种独特性可能是其区别于其他山地的重要特征，也会对游客产生较大的吸引力，如果这种独特性是在区域、全国都具有代表意义的话，那么其客源市场的辐射范围也将大幅提升。伴随着生活水平与收入水平的提升，工作生活给人们带来的隐形压力不可忽视，尤其是生活在都市钢筋水泥环绕当中的人们，新鲜的空气、生态绿色的自然环境是其求而不得的，因此，对于这类旅游者来说，空气质量更优、植被覆盖率更高、生物多样性更丰富的山地景区往往会是优先选择。

（三）业态与产品

业态与产品是旅游的核心要素，是游客旅游活动过程中的主要体验和消费对象，对山地旅游来说也不例外。从当前的旅游市场环境来看，业态与产品普遍存在类型单一、同质化严重、缺乏创新等问题，尤其是山地景区，大部分山地景区仍然以传统的观光旅游为其主要业态与产品，甚至是唯一产品，缺乏康养、度假、休闲、娱乐等多元化业态与产品。有些景区虽然业态产品相对丰富，但却缺乏特色，更多的是照搬照套某些成功景区的业态产品，缺乏创新、策划与设计，或许可能火爆一时，但必然无法长久繁荣。对于游客来说，每一次的出游，都希望能够得到一些不一样的体验，现代网络信息与新媒体高度发达，游客很容易就能从不同渠道获得任何景区的相关信息，如若无法从业态产品方面区别于其他山地景区，那么就无法吸引游客眼球。

（四）价格水平

大众旅游时代，客源市场的构成是呈层次化和立体化趋势的。虽然，我国国民生活水平在不断提升，但现阶段高消费群体仍然只是占客源市场构成的少数部分，大部分游客的旅游消费水平往往不会特别高，这就决定了游客在制订山地旅游计划时会通过各种渠道了解景区的门票、产品、餐饮、住宿、交通等价格水平，衡量旅程可能产生的花费。对于山地旅游活动来说，餐饮、住宿、交通、产品等同样都是必不可少的花费。因此，如果一个山地景区其餐饮、住宿、交通、旅游产品等价格水平不够合理，超出游客的消费预期，那么这个山地景区对于游客的吸引力很可能就会大大降低，甚至被直接排除在选择范围之外。

（五）人文环境

旅游市场正逐渐从传统单一的观光旅游向文化、民族、体验、研学等多元化方向发展。旅游者们已经不再满足于单纯的游山玩水，而是开始注重旅途过程中的文化感知，希望能够接受不同历史文化的熏陶、领略多彩民族文化的风情。在旅游需求市场的转向以及国家大力推动文旅融合的背景下，为旅游产品增添文化内涵成为各个山地景区关注的重点。因此，对于一个山地景区来说，民族文化丰度、历史文化丰度、民俗节庆、体育赛事等的多样性与独特性也是吸引客源市场的重要因素。

（六）品牌形象

品牌形象是山地景区在旅游客源市场所投射的个性特征，体现了旅游市场对该山地景区的评价和认知。这种品牌形象一方面来自山地景区的宣传营销，另一方面也来自旅游者游玩后对游玩印象、游玩体验等的传播扩散。良好的品牌形象更容易激发游客的出游意愿，游客对于山地景区的旅游体验评价很大程度上会影响其他游客的出行决策，特别是在现代信息获取十分便捷的时代，游客轻而易举就可以在一些线上线下平台上获取其他游客对于该景区的评价，如果这种评价普遍是消极的，那么游客决定前往该地旅游的可能性将大大降低。因此，山地景区必须持续加大对自身品牌形象的建设，坚决规范和打击任何可能对自身品牌形象造成破坏的市场乱象和行为，维持一个积极良好的口碑和市场评价。

二、山地景区旅游高质量发展推动力驱动系统分析

社会学中，“推力”往往被认为是主导事物发展、变化的一种驱动力。在山地旅游中，山地景区旅游高质量发展推动力驱动系统就是推动山地旅游供给与需求市场实现平衡的外驱动力，同时也能不断促进山地旅游辅助系统优化提升。通过扎根理论研究方法范式层层递进的总结与归纳，本研究认为旅游目的地所在地区经济发展水平、旅游目的地所在地区旅游发展水平、市场需求、政府政策是山地景区旅游高质量发展推动力驱动系统的主要构成子集。其中政府政策主要起到引导供给、满足山地旅游市场需求、推动促进地区经济发展、支持推动地区旅游发展的作用；山地旅游市场需求会引发政府政策对山地旅游的重视、间接推动地区经济发展、直接

推动地区旅游发展；旅游目的地所在地区旅游发展同样会引发政府政策对旅游发展的重视，还会增强供给以满足市场需求，并推动促进地区经济发展；旅游目的地所在地区经济发展会增强对市场需求的供给能力，增强对政府政策以及地区旅游发展的支持能力。旅游目的地所在地区经济发展水平、旅游目的地所在地区旅游发展水平、市场需求、政府政策这四个要素彼此联系、相互促进、形成合力，共同推动山地景区旅游高质量发展（见图 6-2）。

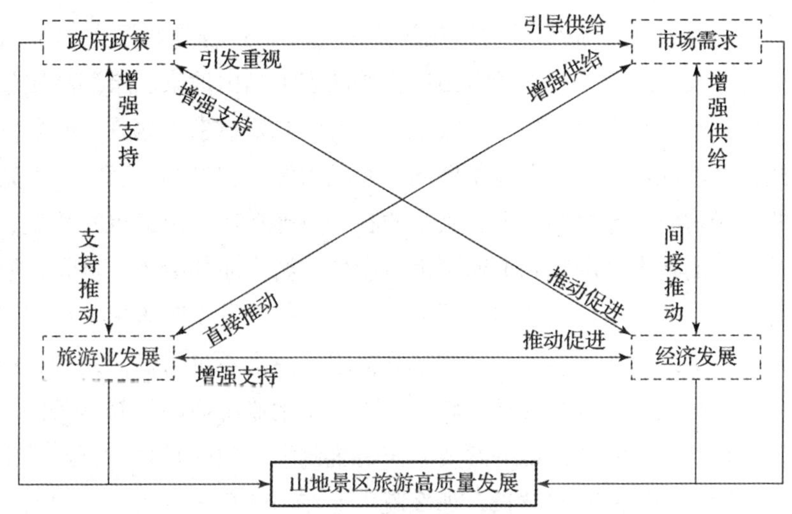

图 6-2　山地景区旅游高质量发展推动力驱动系统作用机理

（一）旅游目的地所在地区经济发展水平

旅游产业是一个包容性强、辐射面广的综合性产业，农业、工业、制造业、健康业等都可以通过“旅游 +”或“+ 旅游”融进旅游业态，旅游业发展走向全域，那么其发展必然会受到全域经济发展水平的影响。旅游业的发展还特别依赖于完善的基础公共服务设施、良好的城乡环境以及规范的市场秩序等，以上这些条件往往都与经济发展水平密不可分，只有经济发展达到一定水平，当地政府才能投入更多的财政资金用于完善基础公共服务设施、改善城乡环境和规范市场秩序。另外，经济发展水平越高，那意味着人均可支配收入也越高，当地居民开展山地旅游活动的概率和能力也就更大，更有助于促进山地旅游发展内循环。

（二）旅游目的地所在地区旅游发展水平

山地旅游是旅游业的诸多业态之一，山地景区旅游的高质量发展会带动区域旅游业发展，但同样，山地景区旅游的高质量发展也需要良好的区域旅游业发展水平作为基础。因为这意味着该区域有着稳定的客源流量、完善的要素系统与基础公共服务设施、便捷的交通、浓厚的旅游参与氛围、多渠道的旅游宣传营销等，这些都对山地景区旅游高质量发展有所促进。因此，良好的区域旅游发展水平也是推动山地景区旅游高质量发展的重要驱动力。

（三）市场需求

旅游者的需求决定了旅游目的地旅游产品供给，这也是我国大力推动旅游产业供给侧结构性改革的原因。市场对山地旅游的需求是山地景区旅游高质量发展的源推动力，如若市场对山地旅游没有需求，也就没必要追求山地景区旅游的高质量发展，因此，可以说绝大部分山地景区的开发是由游客主导的，而不是由政府或者企业牵头的。所谓的山地旅游需求，其本质在于游客在产生山地旅游欲望、具备闲暇时间以及一定消费水平的基础上购买消费山地旅游产品的数量。首先，游客要产生山地旅游欲望，这是山地旅游活动开展的前提，是一种主观需求，在现代喧嚣的城市环境以及繁重的工作压力下，这种主观需求实际上不难诱发。而游客的闲暇时间以及经济能力则是将山地旅游动机转化为现实山地旅游活动的基本条件，属于客观需求，是游客开展旅游所必备的两要素。游客闲暇时间的长短，决定了山地旅游活动的长短，游客停留的时间越长，那么就可能在山地景区进行更多的消费，为当地带来更多的经济效益。除了闲暇时间外，游客的经济能力往往也会影响游客开展山地旅游活动的需求量与内容，如旅游的距离、方式、类型等，游客的经济能力越高，其受空间约束的程度就会越低。

（四）政府政策

我国旅游产业的发展受到市场和政府的双重调控，市场导向是引导旅游业发展方向的主要力量，但政府的作用同样不可忽视。相比来说，市场的引导是潜移默化的，通过需求刺激供给，而政府的宏观调控则相对直接明了，往往是基于对当前国际国内旅游市场发展现状与趋势的科学研判，通过发布相关的政策、规划等，明确指出要发展什么、怎么发展。发展山地旅游就是我国基于当前旅游发展现状和未来旅游发展趋势综合研判下以政策文件形式直接或间接指明的发展方向，如 2016 年印发的《山地户外运动产业发展规划》明确强调了山地户外运动产业的大力发展是满足人民多样化消费需求的重要途径。2013 年的《国民休闲纲要》、2017 年《关于促进健康旅游发展的指导意见》、2016 年的《关于加快发展健身休闲产业的指导意见》、2019 年《关于促进森林康养产业意见》等，这些政策文件虽然不是专门针对山地旅游所制定的，但其中内容对山地休闲旅游、山地户外运动的发展亦起到了积极的促进作用。地方政府也会结合自身发展现状制定相应的区域政策以推动山地旅游发展。国家与区域政策推动激发了山地休闲旅游、山地户外旅游和山地度假旅游等的发展，也激发了旅游企业、地方政府开发山地景区与供给山地旅游产品的热情，是推动山地景区旅游高质量发展的重要动力。

三、山地景区旅游高质量发展支持力驱动系统分析

山地景区旅游高质量发展的支持力驱动系统是山地旅游的环境系统，对山地旅游发展具有辅助支撑性作用。在整个山地景区旅游高质量发展的驱动机制中，当山地旅游活动被吸引力和推动力驱动系统诱发后，支持力系统的重要性就开始凸显，可以说支持力系统是能够很大程度上影响山地旅游活动需求与质量、山地旅游产品供给、游客满意度的驱动力系统。通过上文扎根分析，本研究从物质形态视角上将山地景区旅游高质量发展支持力驱动系统分为硬环境和软环境两大子系统。其中硬环境主要包含交通运输、要素设施、公共服务设施以及景区承载量，这些都是山地景区发展的基础硬件，属于显性物质形态，缺乏这些基础硬件，山地旅游将很难开展，因此硬环境主要起到基础的支撑作用。软环境主要包含智慧旅游、安全保障、景区联动、经营管理、居民好客、社区参与、环境保护、人才队伍以及市场规范，这些要素多属于隐形辅助要素，主要起到对山地景区旅游高质量发展的辅助提升作用，有助于进一步提高游客对景区的满意度（见图 6–3）。

（一）硬环境

1. 交通便捷程度

交通运输设施是山地景区旅游高质量发展的核心要素，是影响山地景区可进入性的重要因子。游客在进行出游决策时，交通的便捷程度是其重点考量要素之一。理论上，游客前往山地景区的意愿与交通便捷度是成正比的，当游客花费在路途上的时间较多时，游客的满意度就会大幅降低，进不去、出不来、行路难等问题往往会让游客望而却步。山地本就崎岖险峻，因此山地景区的交通开发成本要远高于平原型景区，多数山地景区的发展都受制于交通问题，因此交通运输设施的完备程度就成为衡量山地景区旅游高质量发展水平的重要指标。

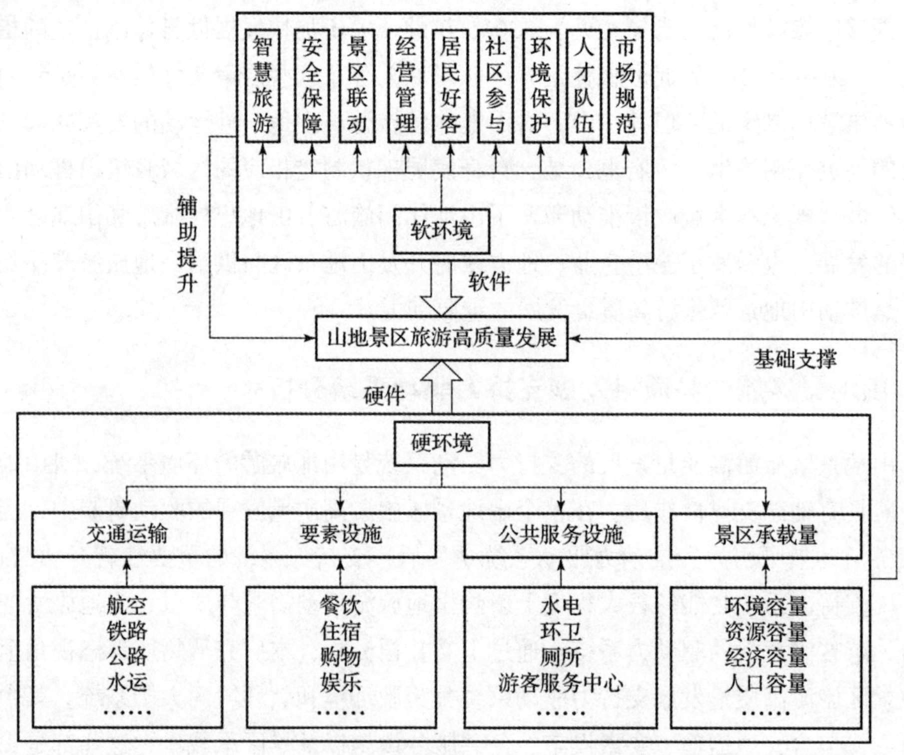

图 6-3　山地景区旅游高质量发展支持力驱动系统作用机理

山地景区对外交通是连接山地景区与旅游客源地的交通运输通道，主要包含水、陆两个方面。陆路交通主要是指公路交通，是山地景区对外交通设施的主体，主要追求的就是舒适和便捷，道路等级越高、交通通达性越好，成本投入也越高。因此，公路建设的资金来源多以政府财政投入为主体，辅以社会资本投资。并且，景区的对外道路交通并不只是用于旅游运输，还可用于城乡人员、物资等的运输，旅游运输只是其功能之一。水路交通主要是依托固有水系水道开发而成，往往只会修建港口作为停靠，对于没有水系河流经过的景区来说，也就不存在水运航道。因此，山地景区的对外交通主要还是以公路交通为主。

2. 山地旅游要素设施完善程度

山地旅游要素设施主要是指山地旅游活动中满足游客生活和游玩最低层次需求的基本要素，一般来说，主要包含餐饮设施、住宿设施、购物设施等。餐饮和住宿是游客旅途过程中的必备需求，如果山地景区无法配备基本的餐饮、住宿设施，那么山地旅游也就无从谈起。旅游过程中的餐饮和住宿与日常生活中的餐饮和住宿并无本质上的不同，只是因为旅游的性质，使得游客在异地他乡为了得到更好的休闲、享受和体验，从而可能会做出超出日常标准的餐饮、住宿消费。满足游客餐饮、住宿需求的设施包含餐馆、饭店、酒店、宾馆、旅馆、民宿、招待所等，有些是单纯的为游客提供餐饮、住宿两者其中之一的服务，有些则是两种服务均会提供，并且服务的等级和水平也不尽相同。购物设施是游客在旅游目的地旅游过程中购买当地旅游纪念品、旅游手工艺品、土特产品、文物古玩、日用品以及其他旅游商品的场所，旅游场所的购物设施相比于日常购物设施来说，更加注重商品的独特性、地域性、艺术性、文化性等。除了出售日用品的购物场所之外，其他类型的购物场所实际上并非每一个游客所必需的，仅仅只是服务部分游客的购物需求。

3. 山地旅游公共服务设施完善程度

山地景区公共服务设施是通过公共资源的投入所建设的不以营利为目的，满足山地景区当地居民生产生活和外来游客游玩娱乐的基础性服务设施。我国现代旅游公共服务存在一个较大的问题，那就是游客导向较为明显，忽略了当地居民的需求，公共性和公平性没能得到充分体现。虽然游客能够为当地带来不错的经济效益，但游客毕竟不会长久停留，因此，山地景区旅游公共服务设施的服务顺序应当是“居民→游客”。游客在旅游目的地的服务大都是由当地居民通过开展旅游经营和从事旅游接待所提供的，因此首先要考虑居民生产生活所必要的公共服务，居民利用公共服务的支持开展旅游经营、参与旅游接待，为游客提供更优质的旅游服务，形成良性循环，达到服务共享、共赢的目的。

4. 景区承载量

景区承载量这个概念在 1963 年被首次提出，但受限于当时的时代背景和缺乏深入的探讨而未得到学界的关注。后来，随着旅游发展逐渐步入大众化时代，资源环境问题日益突出，旅游容量才逐步得到学界重视。1971 年，斯坦凯（Stankey）和赖姆（Lime）在拉佩奇（Lapage）研究的基础上对这个概念进行了更为深入的讨论。越来越多的学者将研究目光投注在景区承载量上，到了 20 世纪 90 年代，景区承载量这个概念就已经较为成熟，并被广泛地运用到旅游规划、管理等领域当中。很多山地景区每逢五一、国庆、中秋、元旦、春节等小长假都是人满为患，没有对游客量进行科学控制，游客量一旦超过山地景区的最大承载量，不仅可能对山地景区的生态环境造成消极影响，也会使当地居民的生活幸福感和游客满意度大大降低。

（二）软环境

1. 智慧旅游建设水平

科技在不断的发展，互联网+、地理信息技术、VR、AR、大数据、人工智能等新兴科技在旅游中的应用也不断深化，对中国旅游业的高质量发展起到了不可忽视的推动作用。对于山地景区来说，科技对于其旅游高质量发展的驱动作用不可忽视，如VR和AR在山地虚拟旅游产品设计开发中的应用，GIS技术在山地旅游规划、服务、管理等方面的应用（涂琼华，2014），北斗导航技术在山地应急救援当中的应用（陈敏，等，2016），大数据技术对旅游需求的宏观研判（孙红梅，等，2016）等。总之，智慧旅游建设不仅有助于进一步创新山地景区产品业态、完善山地景区的各项管理服务、提高游客旅游便捷舒适度，对于政府以及景区管理人员做出科学的旅游决策也有着积极的辅助作用。

2. 山地旅游安全保障

山地景区往往地势复杂、险峻崎岖，容易发生山体滑坡、泥石流等地质灾害（张晓峰，2015），一些山地户外探险运动的危险性也较高，如攀岩、滑翔、高山速降、越野挑战等，因此山地景区的旅游活动要比其他类型景区的旅游活动更具有危险性。这就要求山地景区能够提供包括安全旅游宣传教育、安全预防和控制系统、应急救援机制、实时监控系统、善后恢复保障系统、山地旅游保险等在内的完备的山地旅游安全保障体系，提高山地游客的旅游安全感（岑乔，2011）。

3. 与周边景区的联动水平

一个高质量的山地景区不能只是以自身的发展水平作为唯一评价标准，还应当和周边其他景区形成良好的合作联动机制，通过与其他景区的合作联动，彼此之间优缺互补，开发不同特色、不同内容的旅游线路，彼此分享客源的同时，还能扩大区域旅游影响力，也能让游客体验到不同的旅游业态、产品，增强游客满意度。

4. 景区经营管理水平

我国很多景区都存在着诸如“多头管理”“相互扯皮”“权责不一”“政出多门”“产权模糊”“方式僵化”等管理体制不顺的问题，同时也存在着“管理理念陈旧”“危机意识欠缺”“模式陈旧”“路径依赖”等理念偏移、定位不准的问题，这些问题极大地制约了景区的管理经营效率，也会影响游客的体验质量（明庆忠，2020）。因此，山地景区要实现旅游的高质量发展，必须不断提升景区经营管理水平，创新发展意识，适时根据景区现状与市场变化调整景区经营管理制度。严格实行标准化管理，坚定贯彻落实国家、省市、县区制定的各项旅游行业标准化规章制度，将经营管理装进规章制度的“框架”当中，以保证景区管理经营的高效率。

5. **居民好客程度**

所谓居民好客程度就是指游客在旅游目的地与当地居民平等交流和受到尊重的程度。一方面，居民好客程度会受到当地旅游发展水平的影响，旅游发展水平较高的地区，当地的旅游氛围较好，当地居民对游客的接受程度也就会更高。另一方面，从经济人的角度，居民的好客程度也与其从旅游发展中的获益程度相关，如果居民能够从当地的旅游发展中获得可观的效益，那么居民的好客程度同样会得到提高。除此之外，居民的好客程度也与游客的素质息息相关，游客是看风景的人，旅游者的素质越高，当地居民的好客程度就会越高，如果旅游者素质较低，在旅游过程中频繁制造一些对当地居民生产生活环境具有较大消极影响的破坏，那么长期以来，就会引发当地居民对游客的排斥。

6. **社区参与程度**

对于一个地区来说，开发山地景区的根本目标是为了促进区域经济发展，能够为当地居民提供旅游就业、参与旅游经营接待的机会，促进居民收入的提升。因此衡量一个山地景区的发展水平，除了衡量该景区的旅游收入，更要衡量通过山地景区的发展为当地社区带来的社会和经济效益。尤其是对于山地这种贫困率高发地区，山地景区带动山地社区居民参与旅游的程度更是衡量其高质量发展的重要指标。

7. **环境保护**

大部分山地旅游者之所以进行山地旅游活动，最主要的原因就是想要远离都市的喧嚣，在亲近自然的过程中纾解往日生活、工作、学习等所带来的压力。在这些游客看来，山地拥有树繁叶茂、鸟语花香、空气清新、溪水潺潺的一片环境优美、宁静祥和的景象，如果山地景区环境保护不到位，那么很可能就会让游客形成理想与现实的巨大落差，大幅降低游客的满意度，消磨游客的重游意愿。

8. **人才队伍建设**

旅游市场的竞争愈发激烈，山地景区需要面临各种各样未知的环境和挑战，这也就需要山地景区拥有足够面对和解决各类挑战的能力。这就需要山地景区打造从上到下、立体化、多元化的人才队伍，去承担经营管理、策划设计、宣传营销、治安维持、环境卫生等各类工作。从根本上来说，景区的运行还是依靠人来推动，景区的人才队伍就是推动景区发展的直接负责人，一支完备的、优秀的、能够面对各种挑战的人才队伍，是决定景区能否高质量发展的关键影响因素。

9. **市场规范化**

旅游市场乱象是旅游发展着重需要解决的一个重大问题，近年来，我国各地旅游乱象频发，屡见不鲜。“青岛大虾”事件轻易就毁掉了山东省苦心经营的“好客山东”旅游形象，可见旅游乱象对一个旅游目的地所产生的消极影响有多么恶劣。因此，山地景区的高质量发展必须使市场规范化，杜绝强买强卖、零负团费、不合理低价游、天价商品、黑导游、不文明旅游等市场乱象，从而树立优质的旅游目的地形象和口碑，增强游客信任感，吸引客源市场。

四、山地景区旅游高质量发展的中介力驱动系统分析

山地景区旅游高质量发展的中介力驱动系统是连接山地景区与旅游客源市场的媒介。通过上文扎根分析，本研究认为山地景区旅游高质量发展中介力驱动系统大体可以分为宣传营销推介以及中介机构两大子系统。宣传营销推介主要包括传统营销以及新媒体营销，主要起到旅游形象、旅游信息等的传递作用。中介机构主要包括线下旅行社、旅游行业协会以及线上网络平台，主要起到线路设计、产品销售等作用。一方面，山地景区通过中介系统向山地旅游客源市场传递自身相关旅游业态、产品、项目、服务等信息，激发旅游者前往旅游的欲望。另一方面，客源市场也通过这个媒介向山地旅游目的地传达现代旅游市场对于哪一些山地旅游业态、产品和服务具有较为迫切的需求。正是通过中介系统的互动反馈，最终才能形成产品供给与市场需求的有效对接（见图 6-4）。

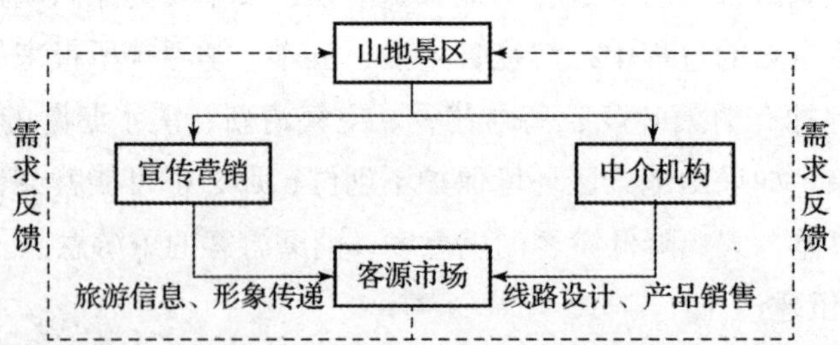

图 6-4　山地景区旅游高质量发展的中介力驱动系统作用机理

（一）宣传营销推介

当前是科技信息技术大爆炸的时代，同时也是旅游市场竞争环境愈发激烈的时代，各地各类景区如雨后春笋般发展，山地景区的开发建设也是如火如荼，因此，

良好的、有效的宣传营销推介将是一个山地景区联络客源市场的关键手段。要想让游客前往一个山地景区开展山地旅游活动，首先要做到的就是让游客知道这个地方、了解这个地方。随着互联网技术不断发展，景区的宣传营销推介方式也在不断升级，除了新闻媒体、广告、宣传牌、宣传推介会等传统渠道外，还要跟上时代发展潮流，充分利用好短视频、微博、微信公众号等新兴的宣传方式，扩大景区影响力。

（二）中介机构

所谓中介机构就是通过搭建旅游目的地与旅游者中间桥梁，向旅游者提供旅游目的地旅游信息、旅游产品、旅游服务等，从而达到营利目的的机构，类似于经销商、中间商和代理商的作用。山地景区需要不断地去推广产品，但景区自身平台和精力有限，因此很多山地景区会选择与中介机构合作，向中介机构提供相比普通市场价格更为优惠的产品价格，使得中介机构拥有盈利的空间，从而促使中介机构为景区带来更多客源。对于山地景区来说，虽然给予中介机构的价格要低于市场价格，单个产品盈利降低，但是中介机构为景区引来的大量客源却使景区的盈利总量大大提升，中介机构也从中获得相应的利润，因此景区与中介机构实际上是一种互利共赢的关系。一般来说，传统的中介机构指的就是线下的旅行社，但目前很多线上的旅游企业，如携程、去哪儿网、飞猪等所起到的中介作用也十分强劲，对于一个景区来说，两者都应当重视，线上线下应当齐头并进。

第三节　山地景区旅游高质量发展驱动机制模型

从上文的分析来看，驱动机制系统大致可以分解为吸引、推动、支持和中介四大驱动力系统，每个驱动力系统下又各自包含若干子系统和驱动因子，形成层层递进、彼此联系、互相促进的驱动程序。这些驱动力系统推动山地景区旅游的高质量发展，山地景区旅游的高质量发展则会产生可观的经济、社会、文化以及生态效益，从而不断激发动力源可持续再生，形成良性循环，这就是山地景区旅游高质量发展驱动机制（见图 6–5）。同时，系统动力学理论认为，整体是由部分构成的，二者是包含于被包含的关系，是可以彼此相互依存，也是可以彼此相互制约的。因此，对于一个有机的、系统的整体来说，必定是由诸多子系统按照一定的方式、结构和规律组成的。因此，从系统动力学的理论来看，山地景区旅游高质量发展驱动机制必然是由各驱动力系统、子系统以及驱动因子协调互动组成的，因而应用系统动力学理论的反馈分析理论，绘制了山地景区旅游高质量发展驱动机制的作用机理（见图 6-6）。山地景区的价格水平、资源禀赋、自然生态环境、业态与产品、人文环境以及品牌形象决定了山地景区的吸引力，吸引力要素通过宣传营销推介和中介机构等渠道诱发山地旅游需求产生，山地旅游需求的强弱会影响游客的山地旅游决策，最终决定了山地旅游活动是否能够成行，而游客的山地旅游活动则会直接影响到山地旅游收入。山地旅游收入与山地旅游开发之间又形成了一条反馈回路，山地旅游收入支撑山地旅游开发，山地旅游开发反过来又会促进山地旅游收入的提升。除此之外，山地旅游收入还会带动区域经济以及区域旅游业发展，区域经济以及区域旅游业的整体提升会使政府、部门或者企业有更多的资金去完善区域以及景区的软、硬环境，从而进一步增强吸引力。区域经济的发展也意味着当地居民的可支配收入得到提升，会进一步促进区域内山地旅游需求的内循环。政府政策在整个回路中，一方面起到推动、支持和引导山地旅游开发的作用，另一方面政府出台的带薪休假等制度也会使得游客有更多的闲暇时间去开展山地旅游活动，进一步刺激山地旅游需求的产生。总之，山地景区旅游高质量发展驱动机制中各个因素、环节、系统都必不可少，它们之间彼此联系、相互作用，最终形成了驱动山地景区旅游高质量发展的循环回路。

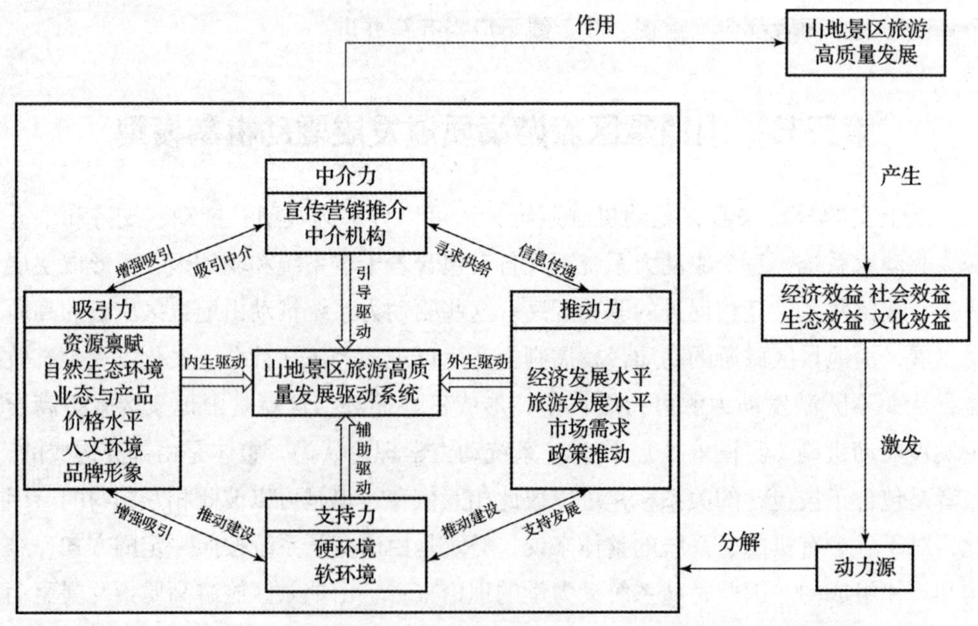

图 6-5　山地景区旅游高质量发展驱动机制模型

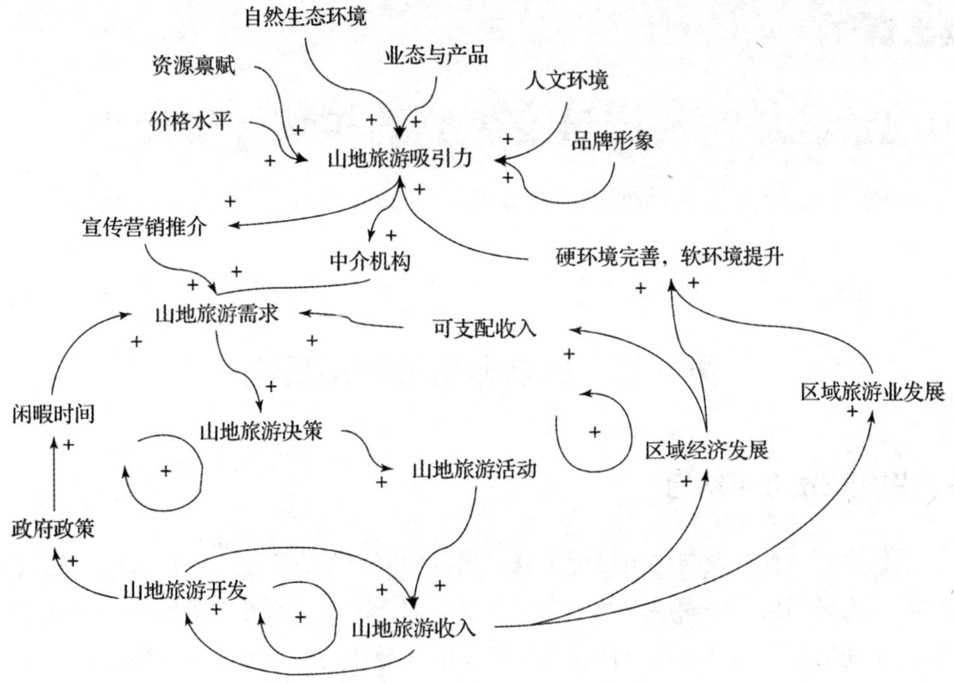

图 6-6　山地景区旅游高质量发展驱动机制的作用机理

第七章

山地景区旅游高质量发展驱动机制评价模型

第一节　层次分析法应用概述

一、构建层次分析结构

明确决策目标以及与决策目标关联隶属的中间层与方案层。一般来说，层次结构大致分为最高层、中间层以及方案层。最高层指的本文所要解决的问题或达成的目标；中间层主要起到连接目标层与方案层的传导作用；方案层则是促使目标实现的措施。

二、构造判断矩阵

在构建好层次分析法的递阶层次结构后，为进一步区分各隶属因素的重要程度，需要对每一层的隶属因素进行两两对比，形成判断矩阵。往往都是采取德尔菲法，通过对专家反复咨询，对判断矩阵各层元素的重要程度进行判断，并将重要性程度按 1—9 赋值（见表 7–1）。

表 7–1　重要性标度含义

重要性标度	含义
1	表示 i 与 j 同等重要
3	表示 i 比 j 稍重要
5	表示 i 比 j 明显重要
7	表示 i 比 j 强烈重要
9	表示 i 比 j 极端重要
倒数	若 i 与 j 的重要性之比为 a_{ij}，则 j 与 i 的重要性之比为 $a_{ji}=1/a_{ij}$

三、层次单排序（计算权向量）与一致性检验

在通过德尔菲法对各元素的重要性程度完成量化评价后，选择算法简洁、易于操作的和法计算权重，以表 7–2 的判断矩阵为例解释和法的计算原理。

表 7–2　判断矩阵示例

A_1	B_1　B_2　B_3　…　B_n
B_1	a_{11}　a_{12}　a_{13}　…　a_{1n}
B_2	a_{21}　a_{22}　a_{23}　…　a_{2n}
B_3	a_{31}　a_{32}　a_{33}　…　a_{3n}
…	…　…　…　…　…
B_n	a_{n1}　a_{n2}　a_{n3}　…　a_{nn}

表中，A_1 为 B_1~B_n 的上级准则层。若 B_1 的权重为 w_1，则：

$$w_1=\frac{1}{n}\left(\frac{a_{11}}{a_{11}+a_{21}+\cdots+a_{n1}}+\frac{a_{12}}{a_{12}+a_{22}+\cdots+a_{n2}}+\cdots+\frac{a_{1n}}{a_{1n}+a_{2n}+\cdots+a_{nn}}\right) \quad (7\text{–}1)$$

以此类推：

$$w_i=\frac{1}{n}\sum_{j=1}^{n}\frac{a_{ij}}{\sum_{k=1}^{n}a_{kj}}(i=1,2,3,\cdots,n) \quad (7\text{–}2)$$

i 和 j 分别表示横向指标和竖向指标。

得出权重后，还需要进一步验证判断矩阵的权重顺序是否违反逻辑，若 $X>Y$，$Y>Z$，那么 $X>Z$ 也应当成立，若最终结果违反该逻辑，则表明该判断矩阵违反了一致性准则。因此，为了保证判断矩阵重要性排序的合理性，还需进行一致性检验，步骤如下：

首先，计算一致性指标 $C.I.$。

$$C.I.=\frac{\lambda_{\max}-n}{n-1} \quad (7\text{–}3)$$

其次，根据不同矩阵阶数查表确定相应的平均随机一致性指标 $R.I.$（见表 7–3）。

表 7–3　平均随机一致性指标 $R.I.$ 表

矩阵阶数	1	2	3	4	5	6	7	8	9	10	11	12
$R.I.$	0	0	0.52	0.89	1.12	1.26	1.36	1.41	1.46	1.49	1.52	1.54

最后，计算一致性比例 *C.R.* 并进行判断。

$$C.R.=\frac{C.I.}{R.I.} \tag{7-4}$$

以 0.1 为临界值，若 *C.R.* 大于 0.1，则表明满足一致性要求；反之，则需要进行重新修正。

四、层次总排序

总排序是指每一个判断矩阵各因素针对目标层的相对权重。这一权重的计算采用从上而下的方法，逐层合成。并且，层次总排序也需要进行一致性检验。

第二节　评价因子模型的框架构建

根据层次分析法的应用法则，聚焦本书的研究目标，结合上文扎根理论的梳理结果，构建山地景区旅游高质量发展驱动机制的评价模型框架，该模型框架包含吸引力驱动系统、推动力驱动系统、支持力驱动系统和中介力驱动系统。

吸引力驱动系统包含资源禀赋、自然生态环境、业态与产品、价格水平、人文环境、品牌形象六大子系统。资源禀赋包含“资源的观赏游憩使用价值”“资源的历史文化科学艺术价值”“资源的珍稀奇特程度”“资源的规模、丰度与几率”“资源的完整性”“资源的知名度和影响力”“资源的适游期或使用范围”7 个驱动因子；自然生态环境包含“气候舒适度”“地形地貌独特性”“空气质量”“植被覆盖率”“生物多样性”5 个驱动因子；业态与产品包含“业态与产品的多样性”“业态与产品的独特性”2 个驱动因子；价格水平包含“餐饮价格合理度”“住宿价格合理度”“交通价格合理度”“产品价格合理度”4 个驱动因子；人文环境包含“民族文化丰度”“历史文化丰度”“节庆与赛事活动的多样性”“节庆与赛事活动的独特性”4 个驱动因子；品牌形象包含“知名度”“美誉度”2 个驱动因子。

推动力驱动系统包含旅游目的地所在地区经济发展水平、旅游目的地所在地区旅游发展水平、市场需求、政策推动四大子系统。旅游目的地所在地区经济发展水平包含“旅游目的地所在地区人均 GDP”“旅游目的地所在地区人均可支配收入”2 个驱动因子；旅游目的地所在地区旅游发展水平包含“旅游总收入”“旅游接待总人数”2 个驱动因子；市场需求包含“主观需求”“游客收入水平”“游客闲暇时间”3 个驱动因子；政策推动包含“国家政策推动”“区域政策推动”2 个驱动因子。

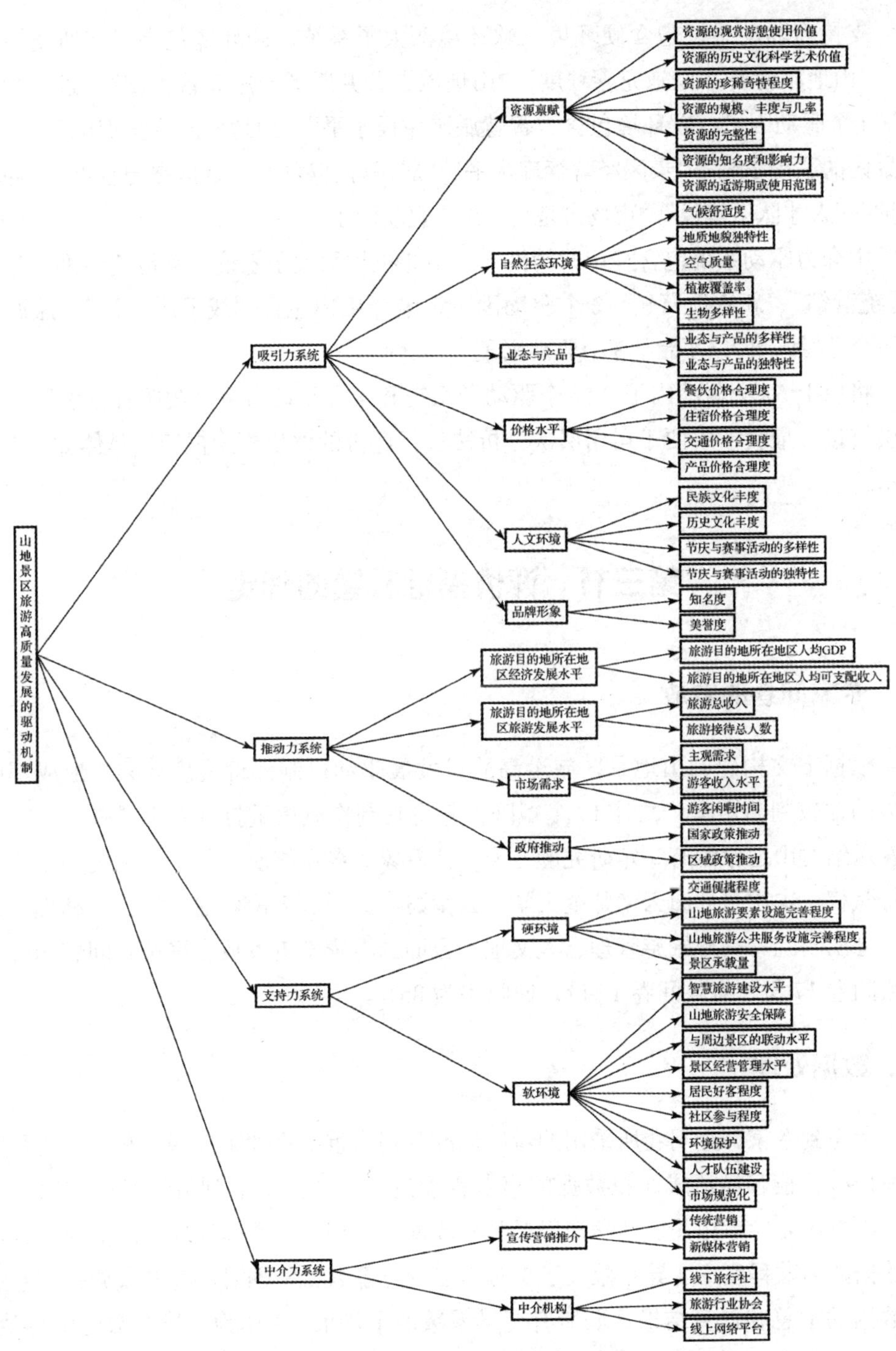

图 7–1　山地景区旅游高质量发展驱动机制评价模型框架

支持力驱动系统包含硬环境、软环境两大子系统。硬环境包含“交通便捷程度”“山地旅游要素设施完善程度”“山地旅游公共服务设施完善程度”“景区承载量”4个驱动因子；软环境包含“智慧旅游建设水平”“山地旅游安全保障”“与周边景区的联动水平”“景区经营管理水平”“居民好客程度”“社区参与程度”“环境保护”“人才队伍建设”“市场规范化”9个驱动因子。

中介力驱动系统包含宣传营销推介、中介机构两大子系统。宣传营销推介包含“传统营销”“新媒体营销”2个驱动因子；中介机构包含“线下旅行社”“旅游行业协会”“线上网络平台”3个驱动因子。

将以上51个驱动因子、14个驱动子系统和4大驱动力系统按照各自隶属关系层层链接，最终形成便于运用层次分析法进行评价的评价模型框架，具体如图7–1所示。

第三节　评价指标权重的确定

一、专家问卷的发放

根据上文构建的山地景区旅游高质量发展驱动机制评价模型框架，形成不同层级的比较判断矩阵，共计19个矩阵，并将其制作成权重打分专家调查问卷，将其发送给对山地旅游有一定研究的专家，让专家为各层级驱动因子、系统的重要性进行赋权。本次总计向云南师范大学、云南财经大学、云南农业大学、桂林理工大学、昆明学院等高校旅游管理、人文地理方面的专家学者发放专家调查问卷20份，回收问卷17份，有效问卷17份，回收率为85%。

二、数据处理

考虑到专家调查问卷所采用的量度标准分别为重要程度（1—9）和不重要程度（1—1/9），很容易造成赋权数据的离散程度过大，从而影响到最终赋权结果，因此，本书还需参考相关统计学知识对赋权数据进行相应的数据处理。以变异系数代表数据的离散程度，变异系数大于1时为强变异系数，根据对所有专家调查问卷赋权数据的汇总和计算结果，取所有变异系数的平均值1.3作为变异系数的临界值。若变异系数大于1.3，那么就表示平均值所具备的代表性较弱，故而选取众数作为最终结果。若变异系数小于 1.3，说明平均值代表性较高，选取平均值作为最终结果（如果平均值大于 1，四舍五入；如果平均值小于 1，选择最接近的评分值）（李婷，2020），详细结果见表 7–4。

表 7–4　山地景区旅游高质量发展驱动机制专家赋权数据处理

序号	“两两相比”的目标层	“两两相比”的因子	众数	频率	平均值	变异系数	取值
1	山地景区旅游高质量发展驱动机制（S）	A1：A2	5.00	0.35	2.07	1.15	2.00
		A1：A3	5.00	0.47	1.54	1.25	2.00
		A1：A4	7.00	0.35	2.45	1.17	2.00
		A2：A3	3.00	0.35	1.87	1.25	2.00
		A2：A4	5.00	0.29	1.90	1.23	2.00
		A3：A4	3.00	0.47	1.59	1.50	3.00
2	吸引力（A1）	B1：B2	5.00	0.47	1.83	1.19	2.00
		B1：B3	3.00	0.29	1.94	1.21	2.00
		B1：B4	7.00	0.41	2.32	1.18	2.00
		B1：B5	5.00	0.47	1.61	1.22	2.00
		B1：B6	1.00	0.29	1.41	1.18	1.00
		B2：B3	5.00	0.24	1.98	1.15	2.00
		B2：B4	5.00	0.35	2.05	1.15	2.00
		B2：B5	3.00	0.29	1.89	1.23	2.00
		B2：B6	3.00	0.35	1.50	1.23	1.00
		B3：B4	3.00	0.41	1.75	1.23	2.00
		B3：B5	5.00	0.53	1.55	1.41	5.00
		B3：B6	3.00	0.29	1.83	1.32	3.00
		B4：B5	3.00	0.29	1.86	1.16	2.00
		B4：B6	0.33	0.29	1.37	1.45	0.33
		B5：B6	0.20	0.41	0.81	1.58	0.20

续表

序号	"两两相比"的目标层	"两两相比"的因子	众数	频率	平均值	变异系数	取值
3	推动力（A2）	B7：B8	0.20	0.24	2.11	1.29	2.00
		B7：B9	0.33	0.29	1.56	1.38	0.33
		B7：B10	0.20	0.29	1.73	1.12	2.00
		B8：B9	0.20	0.24	2.12	1.17	2.00
		B8：B10	0.33	0.18	1.96	1.22	2.00
		B9：B10	5.00	0.35	1.97	1.19	2.00
4	支持力（A3）	B11：B12	3.00	0.24	1.62	1.13	2.00
5	中介力（A4）	B13：B14	5.00	0.41	1.56	1.22	2.00
6	资源禀赋（B1）	C1：C2	3.00	0.47	1.32	1.39	3.00
		C1：C3	0.33	0.24	2.02	1.16	2.00
		C1：C4	3.00	0.41	1.36	1.10	1.00
		C1：C5	5.00	0.41	1.75	1.18	2.00
		C1：C6	0.20	0.41	0.81	1.58	0.20
		C1：C7	3.00	0.41	1.54	1.12	2.00
		C2：C3	0.33	0.47	1.55	1.38	0.33
		C2：C4	3.00	0.47	1.53	1.25	2.00
		C2：C5	3.00	0.59	1.22	1.51	3.00
		C2：C6	0.33	0.35	0.80	1.62	0.33
		C2：C7	0.20	0.35	2.17	1.25	2.00
		C3：C4	3.00	0.24	2.26	1.20	2.00
		C3：C5	5.00	0.29	1.87	1.23	2.00
		C3：C6	1.00	0.47	0.56	1.55	1.00
		C3：C7	1.00	0.24	1.95	1.20	2.00
		C4：C5	3.00	0.41	1.43	1.33	3.00
		C4：C6	0.20	0.41	1.51	1.25	2.00

续表

序号	“两两相比”的目标层	“两两相比”的因子	众数	频率	平均值	变异系数	取值
6	资源禀赋（B1）	C4：C7	0.33	0.29	1.05	1.16	1.00
		C5：C6	0.20	0.47	0.17	1.57	0.20
		C5：C7	0.33	0.47	0.61	1.47	0.33
		C6：C7	5.00	0.35	1.80	1.21	2.00
7	自然生态环境（B2）	C8：C9	3.00	0.35	1.89	1.28	2.00
		C8：C10	3.00	0.29	1.63	1.26	2.00
		C8：C11	3.00	0.35	1.60	1.37	3.00
		C8：C12	0.20	0.24	2.36	1.23	2.00
		C9：C10	3.00	0.35	1.76	1.29	2.00
		C9：C11	3.00	0.24	2.26	1.17	2.00
		C9：C12	1.00	0.24	1.71	1.13	2.00
8	业态与产品（B3）	C13：C14	1.00	0.29	1.56	1.25	2.00
9	价格水平（B4）	C15：C16	1.00	0.35	1.76	1.32	1.00
		C15：C17	1.00	0.29	1.17	1.22	1.00
		C15：C18	0.20	0.41	0.99	1.74	0.20
		C16：C17	5.00	0.29	1.86	1.10	2.00
		C16：C18	0.33	0.47	0.57	1.60	0.33
		C17：C18	0.20	0.35	1.35	1.46	0.20
10	人文环境（B5）	C19：C20	0.20	0.35	1.90	1.31	0.20
		C19：C21	0.33	0.24	0.94	1.24	1.00
		C19：C22	0.33	0.35	1.30	1.29	1.00
		C20：C21	5.00	0.41	1.53	1.22	2.00
		C20：C22	0.33	0.41	1.32	1.28	1.00
		C21：C22	0.33	0.29	1.67	1.14	2.00
11	品牌形象（B6）	C23：C24	0.33	0.35	1.85	1.17	2.00

续表

序号	"两两相比"的目标层	"两两相比"的因子	众数	频率	平均值	变异系数	取值
12	旅游目的地所在地区经济发展水平（B7）	C25：C26	0.33	0.47	1.13	1.28	1.00
13	旅游目的地所在地区旅游发展水平（B8）	C27：C28	1.00	0.41	1.70	1.26	2.00
14	市场需求（B9）	C29：C30	5.00	0.24	1.75	1.12	2.00
		C29：C31	0.20	0.41	0.78	1.67	0.20
		C30：C31	3.00	0.59	1.12	1.56	3.00
15	政策推动（B10）	C32：C33	0.33	0.41	1.24	1.08	1.00
16	硬环境（B11）	C34：C35	0.33	0.53	0.79	1.35	0.33
		C34：C36	0.20	0.47	0.57	1.60	0.20
		C34：C37	0.33	0.35	1.84	1.24	2.00
		C35：C36	3.00	0.47	2.01	1.26	2.00
		C35：C37	3.00	0.41	1.76	1.25	2.00
		C36：C37	3.00	0.41	1.63	1.20	2.00
17	软环境（B12）	C38：C39	0.33	0.35	1.08	1.15	1.00
		C38：C40	3.00	0.41	1.58	1.28	2.00
		C38：C41	3.00	0.47	1.39	1.21	1.00
		C38：C42	0.33	0.41	0.98	1.74	0.33
		C38：C43	3.00	0.35	1.70	1.23	2.00
		C38：C44	0.20	0.35	1.62	1.19	2.00
		C38：C45	3.00	0.35	1.39	1.11	1.00
		C38：C46	0.33	0.35	0.96	1.43	0.33
		C39：C40	0.33	0.35	0.15	1.67	0.33
		C39：C41	0.33	0.47	0.36	1.89	0.33
		C39：C42	0.20	0.47	0.57	2.02	0.20

续表

序号	“两两相比”的目标层	“两两相比”的因子	众数	频率	平均值	变异系数	取值
17	软环境（B12）	C39：C43	5.00	0.29	1.90	1.23	2.00
		C39：C44	1.00	0.29	1.70	1.22	2.00
		C39：C45	3.00	0.41	2.06	1.24	2.00
		C39：C46	3.00	0.24	2.25	1.17	2.00
		C40：C41	0.33	0.29	1.22	1.21	1.00
		C40：C42	3.00	0.24	1.62	1.24	2.00
		C40：C43	0.33	0.35	3.80	2.07	0.33
		C40：C44	0.33	0.35	0.80	1.32	0.33
		C40：C45	3.00	0.41	1.45	1.13	1.00
		C40：C46	3.00	0.41	1.41	1.10	1.00
		C41：C42	0.33	0.35	0.80	1.32	0.33
		C41：C43	3.00	0.29	1.39	1.14	1.00
		C41：C44	0.20	0.41	0.81	1.33	0.20
		C41：C45	3.00	0.29	1.77	1.24	2.00
		C41：C46	1.00	0.35	1.67	1.13	2.00
		C42：C43	3.00	0.41	1.22	1.07	1.00
		C42：C44	3.00	0.47	1.44	1.27	1.00
		C42：C45	3.00	0.35	1.51	1.15	2.00
		C42：C46	0.33	0.41	1.41	1.21	1.00
		C43：C44	0.33	0.29	0.77	1.35	0.33
		C43：C45	0.33	0.35	1.34	1.38	0.33
		C43：C46	0.33	0.29	1.14	1.13	1.00
		C44：C45	0.33	0.29	0.81	1.32	0.33
		C44：C46	3.00	0.29	1.38	1.14	1.00
		C45：C46	0.33	0.35	0.80	1.62	0.33

续表

序号	“两两相比”的目标层	“两两相比”的因子	众数	频率	平均值	变异系数	取值
18	宣传营销推介（B13）	C47：C48	3.00	0.35	1.98	1.31	3.00
19	中介机构（B14）	C49：C50	0.33	0.29	2.01	1.26	2.00
		C49：C51	0.33	0.29	2.17	1.24	2.00
		C50：C51	0.33	0.24	0.47	1.54	0.33

资料来源：作者依据问卷数据整理计算得出。

三、一致性检验

在应用层次分析法进行计算之前，首先要对各层级判断矩阵进行一致性检验，只有满足一致性检验，才能开展进一步的计算。本文运用 yaahp10.1 软件进行一致性检验和权重计算，在录入上表 7-4 的最终取值结果后，运用软件对 *S*/*A*/*B*/*C* 各层级判断矩阵的一致性进行检验，检验结果显示所有判断矩阵的一致性比例均小于 0.1，通过一致性检验，可以进行权重计算。详细结果如表 7-5 至表 7-23 所示。

表 7-5　山地景区旅游高质量发展驱动机制（S）一致性检验结果

山地景区旅游高质量发展驱动机制（S）	A1	A2	A3	A4
A1	1	2.0000	2.0000	2.0000
A2	0.5000	1	2.0000	2.0000
A3	0.5000	0.5000	1	3.0000
A4	0.5000	0.5000	0.3333	1

（一致性比例：0.0806）

表 7-6　吸引力（A1）一致性检验结果

吸引力（A1）	B1	B2	B3	B4	B5	B6
B1	1	2.0000	2.0000	2.0000	2.0000	1.0000
B2	0.5000	1	2.0000	2.0000	2.0000	1.0000

续表

吸引力（A1）	B1	B2	B3	B4	B5	B6
B3	0.5000	0.5000	1	2.0000	5.0000	3.0000
B4	0.5000	0.5000	0.5000	1	2.0000	0.3300
B5	0.5000	0.5000	0.2000	0.5000	1	0.2000
B6	1.0000	1.0000	0.3333	3.0303	5.0000	1

（一致性比例：0.0993）

表 7–7　推动力（A2）一致性检验结果

推动力（A2）	B7	B8	B9	B10
B7	1	2.0000	1.0000	2.0000
B8	0.5000	1	2.0000	2.0000
B9	1.0000	0.5000	1	2.0000
B10	0.5000	0.5000	0.5000	1

（一致性比例：0.0695）

表 7–8　支持力（A3）一致性检验结果

支持力（A3）	B11	B12
B11	1	2.0000
B12	0.5000	1

（一致性比例：0.0000）

表 7–9　中介力（A4）一致性检验结果

中介力（A4）	B13	B14
B13	1	2.0000
B14	0.5000	1

（一致性比例：0.0000）

表 7–10 资源禀赋（B1）一致性检验结果

资源禀赋（B1）	C1	C2	C3	C4	C5	C6	C7
C1	1	3.0000	2.0000	1.0000	2.0000	2.0000	2.0000
C2	0.3333	1	0.3300	2.0000	3.0000	0.3300	2.0000
C3	0.5000	3.0303	1	2.0000	2.0000	1.0000	2.0000
C4	1.0000	0.5000	0.5000	1	3.0000	0.2000	1.0000
C5	0.5000	0.3333	0.5000	0.3333	1	0.2000	0.3300
C6	5.0000	3.0303	1.0000	5.0000	5.0000	1	2.0000
C7	0.5000	0.5000	0.5000	1.0000	3.0303	0.5000	1

（一致性比例：0.0956）

表 7–11 自然生态环境（B2）一致性检验结果

自然生态环境（B2）	C8	C9	C10	C11	C12
C8	1	2.0000	2.0000	3.0000	2.0000
C9	0.5000	1	2.0000	2.0000	2.0000
C10	0.5000	0.5000	1	2.0000	1.0000
C11	0.3333	0.5000	0.5000	1	1.0000
C12	0.5000	0.5000	1.0000	1.0000	1

（一致性比例：0.0203）

表 7–12 业态与产品（B3）一致性检验结果

业态与产品（B3）	C13	C14
C13	1	0.2000
C14	5.0000	1

（一致性比例：0.0000）

表 7-13　价格水平（B4）一致性检验结果

价格水平（B4）	C15	C16	C17	C18
C15	1	2.0000	0.3300	0.2000
C16	0.5000	1	0.2000	0.2000
C17	3.0303	5.0000	1	1.0000
C18	5.0000	5.0000	1.0000	1

（一致性比例：0.0181）

表 7-14　人文环境（B5）一致性检验结果

人文环境（B5）	C19	C20	C21	C22
C19	1	2.0000	1.0000	2.0000
C20	0.5000	1	2.0000	1.0000
C21	1.0000	0.5000	1	2.0000
C22	0.5000	1.0000	0.5000	1

（一致性比例：0.0933）

表 7-15　品牌形象（B6）一致性检验结果

品牌形象（B6）	C23	C24
C23	1	2.0000
C24	0.5000	1

（一致性比例：0.0000）

表 7-16　旅游目的地所在地区经济发展水平（B7）一致性检验结果

旅游目的地所在地区经济发展水平（B7）	C25	C26
C25	1	0.2000
C26	5.0000	1

（一致性比例：0.0000）

表 7-17　旅游目的地所在地区旅游发展水平（B8）一致性检验结果

旅游目的地所在地区旅游发展水平（B8）	C27	C28
C27	1	3.0000
C28	0.3333	1

（一致性比例：0.0000）

表 7-18　市场需求（B9）一致性检验结果

市场需求（B9）	C29	C30	C31
C29	1	1.0000	0.3300
C30	1.0000	1	0.2000
C31	3.0303	5.0000	1

（一致性比例：0.0269）

表 7-19　政策推动（B10）一致性检验结果

政策推动（B10）	C32	C33
C32	1	2.0000
C33	0.5000	1

（一致性比例：0.0269）

表 7-20　硬环境（B11）一致性检验结果

硬环境（B11）	C34	C35	C36	C37
C34	1	2.0000	2.0000	2.0000
C35	0.5000	1	1.0000	2.0000
C36	0.5000	1.0000	1	1.0000
C37	0.5000	0.5000	1.0000	1

（一致性比例：0.0227）

表 7–21　软环境（B12）一致性检验结果

软环境（B12）	C38	C39	C40	C41	C42	C43	C44	C45	C46
C38	1	0.3300	2.0000	0.3300	1.0000	0.3300	0.3300	0.3300	0.2000
C39	3.0303	1	2.0000	2.0000	2.0000	2.0000	1.0000	2.0000	0.3300
C40	0.5000	0.5000	1	0.3300	1.0000	1.0000	0.3300	1.0000	2.0000
C41	3.0303	0.5000	3.0303	1	2.0000	2.0000	1.0000	1.0000	2.0000
C42	1.0000	0.5000	1.0000	0.5000	1	1.0000	0.3300	0.3300	1.0000
C43	3.0303	0.5000	1.0000	0.5000	1.0000	1	0.3300	1.0000	0.3300
C44	3.0303	1.0000	3.0303	1.0000	3.0303	3.0303	1	3.0000	2.0000
C45	3.0303	0.5000	1.0000	1.0000	3.0303	1.0000	0.3333	1	2.0000
C46	5.0000	3.0303	5.0000	0.5000	1.0000	3.0303	0.5000	0.5000	1

（一致性比例：0.0838）

表 7–22　宣传营销推介（B13）一致性检验结果

宣传营销推介（B13）	C47	C48
C47	1	0.3300
C48	3.0303	1

（一致性比例：0.0000）

表 7–23　中介机构（B14）一致性检验结果

中介机构（B14）	C49	C50	C51
C49	1	3.0000	3.0000
C50	0.3333	1	2.0000
C51	0.3333	0.5000	1

（一致性比例：0.0516）

四、权重计算

在对专家问卷的赋权数据进行数据整理并进行一致性检验之后，进一步运用yaahp10.1软件计算出综合层、项目层以及方案层各自隶属指标的最终权重，计算结果见表7–24至表7–26。

表 7–24　综合层指标权重

A	综合层	权重
A1	吸引力	0.3835
A2	推动力	0.2732
A3	支持力	0.2185
A4	中介力	0.1248

表 7–25　项目层指标权重

B	项目层	权重
B1	资源禀赋	0.0909
B2	自然生态环境	0.0730
B3	业态与产品	0.0873
B4	价格水平	0.0350
B5	人文环境	0.0234
B6	品牌形象	0.0740
B7	旅游目的地所在地区经济发展水平	0.0929
B8	旅游目的地所在地区旅游发展水平	0.0647
B9	市场需求	0.0371
B10	政策推动	0.0785
B11	硬环境	0.1457
B12	软环境	0.0728
B13	宣传营销推介	0.0832
B14	中介机构	0.0416

表 7–26　方案层指标权重

C	方案层	权重
C1	资源的观赏游憩使用价值	0.0149
C2	资源的历史文化科学艺术价值	0.0098
C3	资源的珍稀奇特程度	0.0160
C4	资源的规模、丰度与几率	0.0081
C5	资源的完整性	0.0044
C6	资源的知名度和影响力	0.0294
C7	资源的适游期或使用范围	0.0083
C8	气候舒适度	0.0253
C9	地质地貌独特性	0.0177
C10	空气质量	0.0117
C11	植被覆盖率	0.0081
C12	生物多样性	0.0101
C13	业态与产品的多样性	0.0145
C14	业态与产品的独特性	0.0727
C15	餐饮价格合理度	0.0041
C16	住宿价格合理度	0.0025
C17	交通价格合理度	0.0132
C18	产品价格合理度	0.0152
C19	民族文化丰度	0.0078
C20	历史文化丰度	0.0059
C21	节庆与赛事活动的多样性	0.0057
C22	节庆与赛事活动的独特性	0.0039
C23	知名度	0.0493
C24	美誉度	0.0247
C25	旅游目的地所在地区人均 GDP	0.0155
C26	旅游目的地所在地区人均可支配收入	0.0774

续表

C	方案层	权重
C27	旅游总收入	0.0162
C28	旅游接待总人数	0.0486
C29	主观需求	0.0068
C30	游客收入水平	0.0058
C31	游客闲暇时间	0.0245
C32	国家政策推动	0.0523
C33	区域政策推动	0.0262
C34	交通便捷程度	0.0576
C35	山地旅游要素设施完善程度	0.0348
C36	山地旅游公共服务设施完善程度	0.0288
C37	景区承载量	0.0245
C38	智慧旅游建设水平	0.0035
C39	山地旅游安全保障	0.0105
C40	与周边景区的联动水平	0.0040
C41	景区经营管理水平	0.0105
C42	居民好客程度	0.0047
C43	社区参与程度	0.0052
C44	环境保护	0.0138
C45	人才队伍建设	0.0087
C46	市场规范化	0.0119
C47	传统营销	0.0206
C48	新媒体营销	0.0625
C49	线下旅行社	0.0247
C50	旅游行业协会	0.0104
C51	线上网络平台	0.0065

由于后期运用模糊综合评价法进行评价时，所需要运用的是各层级之间的相对权重。因此，根据表 7–24 至表 7–26 的各层级的最终权重，进一步计算层级之间的相对权重，计算结果见表 7–27 至表 7–29。

表 7–27　综合层相对总目标层的指标权重

总目标层	综合层	权重
山地景区旅游高质量发展驱动机制（S）	吸引力（A1）	0.3835
	推动力（A2）	0.2732
	支持力（A3）	0.2185
	中介力（A4）	0.1248

表 7–28　项目层相对综合层的指标权重

综合层	项目层	权重
吸引力（A1）	资源禀赋（B1）	0.2370
	自然生态环境（B2）	0.1904
	业态与产品（B3）	0.2276
	价格水平（B4）	0.0913
	人文环境（B5）	0.0610
	品牌形象（B6）	0.1930
推动力（A2）	旅游目的地区域经济发展水平（B7）	0.3400
	旅游目的地区域旅游发展水平（B8）	0.2368
	市场需求（B9）	0.1358
	政策推动（B10）	0.2873
支持力（A3）	硬环境（B11）	0.6668
	软环境（B12）	0.3332
中介力（A4）	宣传营销推介（B13）	0.6667
	中介机构（B14）	0.3333

表 7-29　方案层相对于项目层的权重

项目层	方案层	权重
资源禀赋（B1）	资源的观赏游憩使用价值（C1）	0.1639
	资源的历史文化科学艺术价值（C2）	0.1078
	资源的珍稀奇特程度（C3）	0.1760
	资源的规模、丰度与几率（C4）	0.0891
	资源的完整性（C5）	0.0484
	资源的知名度和影响力（C6）	0.3234
	资源的适游期或使用范围（C7）	0.0913
自然生态环境（B2）	气候舒适度（C8）	0.3466
	地质地貌独特性（C9）	0.2425
	空气质量（C10）	0.1603
	植被覆盖率（C11）	0.1110
	生物多样性（C12）	0.1384
业态与产品（B3）	业态与产品的多样性（C13）	0.1660
	业态与产品的独特性（C14）	0.8322
价格水平（B4）	餐饮价格合理度（C15）	0.1171
	住宿价格合理度（C16）	0.0714
	交通价格合理度（C17）	0.3771
	产品价格合理度（C18）	0.4343
人文环境（B5）	民族文化丰度（C19）	0.3333
	历史文化丰度（C20）	0.2521
	节庆与赛事活动的多样性（C21）	0.2436
	节庆与赛事活动的独特性（C22）	0.1667
品牌形象（B6）	知名度（C23）	0.6662
	美誉度（C24）	0.3338

续表

项目层	方案层	权重
旅游目的地所在地区经济发展水平（B7）	旅游目的地所在地区人均 GDP（C25）	0.1668
	旅游目的地所在地区人均可支配收入（C26）	0.8332
旅游目的地所在地区旅游发展水平（B8）	旅游总收入（C27）	0.2504
	旅游接待总人数（C28）	0.7512
市场需求（B9）	主观需求（C29）	0.1833
	游客收入水平（C30）	0.1563
	游客闲暇时间（C31）	0.6604
政策推动（B10）	国家政策推动（C32）	0.6662
	区域政策推动（C33）	0.3338
硬环境（B11）	交通便捷程度（C34）	0.3953
	山地旅游要素设施完善程度（C35）	0.2388
	山地旅游公共服务设施完善程度（C36）	0.1977
	景区承载量（C37）	0.1682
软环境（B12）	智慧旅游建设水平（C38）	0.0481
	山地旅游安全保障（C39）	0.1442
	与周边景区的联动水平（C40）	0.0549
	景区经营管理水平（C41）	0.1442
	居民好客程度（C42）	0.0646
	社区参与程度（C43）	0.0714
	环境保护（C44）	0.1896
	人才队伍建设（C45）	0.1195
	市场规范化（C46）	0.1635
宣传营销推介（B13）	传统营销（C47）	0.2476
	新媒体营销（C48）	0.7512

续表

项目层	方案层	权重
中介机构（B14）	线下旅行社（C49）	0.5938
	旅游行业协会（C50）	0.2500
	线上网络平台（C51）	0.1563

五、权重结果分析

（一）综合层权重结果分析

根据综合层的最终权重结果，综合层的四大指标权重得分排序为吸引力（0.3835）> 推动力（0.2732）> 支持力（0.2185）> 中介力（0.1248）。吸引力权重得分最高，说明吸引力对山地景区旅游高质量发展最为重要。山地景区的吸引力是决定是否能诱发游客山地旅游动机、产生山地旅游需求、开展山地旅游活动的重要前提。山地景区所具备的吸引客源市场的能力，也决定了该景区是否存在产生可观经济与社会效益的潜力，从而进一步影响政府对该山地景区发展的政策倾斜以及企业的资金投入程度。可以说，山地景区的吸引力是山地景区旅游高质量发展的基础，是山地景区最为重要的内在驱动力。推动力所指代的实际上就是宏观政策、经济、旅游、市场等对山地景区的推动作用，山地景区的开发建设本就是迎合市场需求，在山地旅游市场供给小于需求的不匹配矛盾背景下，在区域经济发展与旅游业发展的多重推动下，政府通过宏观调控，推动具有市场竞争潜力的山地景区开发建设，而具体推动开发哪个山地，则要根据山地所具备的吸引力程度而定。因此，虽然推动力对于山地景区旅游高质量发展来说十分重要，但相对于吸引力来说可能要略逊一筹。支持力更多集中在景区的硬件设施与软件服务方面，对于一个山地来说，吸引力和推动力决定了其是否能开发、是否能发展，支持力主要影响的是景区的日常运转与游客满意程度，支持力本质上是景区提质增效的过程，从顺序上来说应当是先“开发”后“提质”，因此支持力权重得分要略低于吸引力与推动力。中介力权重得分最低，但并不代表不重要，只是相对于吸引力、推动力以及支持力来说，中介力更多的是起到中间引导作用。

（二）项目层权重结果分析

吸引力系统所包含的6个指标当中，指标权重排行前三的分别为资源禀赋（0.2370）> 业态与产品（0.2276）> 品牌形象（0.1930），这三个指标的权重之和达到了0.6576，说明这三个指标是吸引力系统的主要驱动子系统。资源禀赋决定了山地资源是否具有开发价值，是否能够开发为旅游产品，依托其所开发的旅游产品是否具有市场竞争力；业态与产品是景区的核心要素，是依托景区自然与人文资源，通过创意策划所形成的供游客休闲、体验、娱乐的各类旅游消费项目，是游客的主要消费对象，也是景区主要的效益来源，多样化和特色化的业态产品对游客具有较大的吸引力；品牌形象是景区在旅游客源市场的感知投射，景区知名度越高、美誉度越好，对客源市场的影响力越大，在科学技术发达、信息高速传播的现代，游客很容易从各种渠道获取景区的基本信息以及游客对该景区的游后评价，这些很大程度上会影响游客的出游决策。自然生态环境（0.1904）、价格水平（0.0913）、人文环境（0.0610）排名后三位，其中自然生态环境虽然排名倒数第三，但其权重与排名第三的品牌形象相距甚微，说明自然生态环境也是山地景区吸引力系统的重要组成，原因在于虽然旅游市场需求正在由传统观光向多元化体验转变，但游客开展山地旅游活动的主要目的是希望亲近自然，因此优良的自然生态环境是迎合游客山地旅游目的的关键，这也是人文环境的权重相对较低的原因。而随着我国经济的快速发展，游客的收入水平也随之提升，有着更强的消费能力，因此价格水平对游客的影响慢慢地不再具有决定性的影响。

推动力系统包含的4个指标中，旅游目的地区域经济发展水平（0.3400）权重得分最高，政策推动（0.2873）次之，旅游目的地区域旅游发展水平（0.2368）排名第三，市场需求（0.1358）最低。旅游作为综合性产业，其产业触角涉及交通、农业、制造业、工业等诸多产业，尤其是在国家大力提倡全域旅游和产业融合的背景下，旅游目的地区域经济发展水平越高也意味着相关产业发展水平较高。一方面这些产业会对山地景区旅游发展起到带动效应，另一方面政府也能够有更多的财政资金用于推动旅游发展。政府政策对山地旅游在区域旅游发展中的重视会加大对山地景区发展在财政、金融、土地等多方面的政策倾斜，从而推动山地景区发展，而这些政策倾斜很大程度上要依赖区域良好的经济发展水平，否则也只是巧妇难为无米之炊。山地旅游作为旅游业态之一，旅游目的地所在地区旅游发展水平越高，越能够为游客营造优质的旅游氛围，提供更为完善的旅游设施与服务。市场需求虽然在推动力系统当中权重得分较低，但并不意味着其不重要、不关键，之所以得分较低是因为尽管我国山地旅游市场需求在不断增长，但目前绝大部分市场需求更多集中围绕于名山大岳，对于普通山地景区旅游发展的推动力相对薄弱，本书所构建的山地景区旅游高质量发展驱动机制着眼的不仅是名山大岳，而是所有的山地景区，因此市场需求的权重相对来说较低。

支持力系统中，两个子系统的权重得分分别为硬环境（0.6668）>软环境（0.3332），硬环境的得分是软环境的 2 倍左右，说明硬环境的重要性程度要远高于软环境。硬环境指代的是基础硬件设施，这些基础硬件设施是开展旅游活动所必须具备的，山地的地形地貌本就复杂，因此对于这些基础硬件设施的需求也就更大，缺乏这些基础硬件设施，山地旅游活动将难以开展。而软环境更多指代的是山地景区的管理、服务等，管理、服务等方面的薄弱更多会影响游客的旅游体验。相比来说，硬环境对于山地景区的重要性还是要大于软环境。

中介力系统中，两个子系统的权重得分分别为宣传营销推介（0.6667）>中介机构（0.3333），宣传营销推介的权重得分要远高于中介机构。宣传营销推介是景区与客源市场实现信息传递的初始渠道，绝大部分游客往往通过景区依托传统媒体、新媒体等手段所开展的宣传营销活动而初识景区。中介机构则更多承担景区旅游线路设计与产品销售的任务。游客初识景区是“因”，游客购买旅游产品是“果”，先“因”后“果”，因此宣传营销推介的重要性相对来说要高于中介机构。

（三）方案层权重结果分析

根据表 7–29，在资源禀赋层面，资源的知名度和影响力以及资源的珍稀奇特程度权重占比较大，分别为 0.3234 和 0.1760，说明这两个因子是山地资源价值的关键体现。由于山地存在垂直梯度效应，气候、温度等随海拔高度变化而变化，而休闲、度假、康养等业态是山地旅游的重要组成部分，对这些业态的开发来说，气候舒适度尤为重要，因此气候舒适度在自然生态环境系统中权重最高，为 0.3466；我国山地景区众多，是否拥有独特的地质地貌有助于在诸多山地景区当中脱颖而出，增强市场竞争力，因此地质地貌独特性在自然生态环境中排名第二，权重为 0.2425。业态与产品的独特性在业态与产品系统中权重为 0.8322，远远高于业态与产品的多样性，主要原因在于现代山地旅游市场业态旅游产品诸多，但业态与产品雷同的问题同样严重，对于山地景区来说，拥有独特的业态和产品无疑对游客的吸引力更为巨大。在人文环境系统当中，民族文化丰度和历史文化丰度权重之和为

0.5854，说明在国家大力推动文旅融合的发展趋势下，山地景区也应当加强对旅游产品文化内涵的提升。在品牌形象系统当中，知名度的权重是美誉度的2倍左右，山地景区是否知名对于诱发游客旅游动机的能力更强。旅游目的地所在地区人均可支配收入与旅游接待总人数在旅游目的地所在地区经济发展水平与旅游发展水平中权重占比较高，说明这两个因子更能反映旅游目的地所在地区经济发展水平与旅游发展水平。我国经济发展势头良好，国民生活水平与收入水平逐年提升，对于大多数游客来说，经济能力已不再是制约其旅游出行的主要因素，在繁忙的生活工作中是否拥有足够的闲暇时间才是制约游客开展旅游活动的主要因素，因此游客的闲暇时间在市场需求系统中权重最高。区域政策推动往往是在国家政策的引领下制定的，因此国家政策推动在政策推动系统中相对于区域政策推动来说更为重要。在硬环境系统中，交通便捷程度的权重最高为0.3953，对于任何景区来说，交通的可进入性都尤为关键，山地本就地形复杂，因此山地景区交通的便捷度更是至关重要。山地的生态敏感性则决定了环境保护在软环境系统中的重要性程度较高。新媒体相比于传统媒体来说具有传播速度更快、传播范围更大、受众群体更广等诸多优点，运用新媒体开展旅游营销的效果、效率往往要优于传统媒体，因此在宣传营销推介系统中新媒体营销的权重相比传统营销更高。在中介机构系统中，线下旅行社的权重要高于旅游行业协会与线上网络平台，很大原因在于尽管目前旅游市场散客化、自由行的趋势明显，但团队游仍然是山地景区的主要客源，线下旅行社是旅游线路的设计者、旅游团队的组织者，因此线下旅行社所发挥的连接景区与客源市场的作用相对更强。

第四节　山地景区旅游高质量发展驱动机制评价模型的应用

一、指标测度方法

在构建山地景区旅游高质量发展驱动机制评价模型后，还需要明确各个指标的测度评分方法，以便对各个指标进行量化，从而通过计算获得每个指标的最终得分。本书主要采用两种测度方法，第一种就是通过对山地景区现实发展情况的资料数据收集，获得客观数据，这些资料数据主要通过实地考察、网站公报以及景区管委会提供获得。第二种方法就是，通过专家问卷以及游客问卷对指标的现实发展状况进行评价，通过大量的问卷调查，实现主观数据的客观表征。各个指标的测度方法如表 7–30 所示。

表 7–30　指标评价方式

总目标层	综合层	项目层	方案层	评价方式
山地景区旅游高质量发展驱动机制（S）	吸引力（A1）	资源禀赋（B1）	资源的观赏游憩使用价值（C1）	实地调研 + 专家问卷
			资源的历史文化科学艺术价值（C2）	实地调研 + 专家问卷
			资源的珍稀奇特程度（C3）	实地调研 + 专家问卷
			资源的规模、丰度与几率（C4）	实地调研 + 专家问卷
			资源的完整性（C5）	实地调研 + 专家问卷
			资源的知名度和影响力（C6）	实地调研 + 专家问卷
			资源的适游期或使用范围（C7）	实地调研 + 专家问卷
		自然生态环境（B2）	气候舒适度（C8）	实地调研 + 游客问卷
			地质地貌独特性（C9）	实地调研 + 专家问卷
			空气质量（C10）	根据现实数据打分
			植被覆盖率（C11）	根据现实数据打分
			生物多样性（C12）	资料收集 + 专家问卷
		业态与产品（B3）	业态与产品的多样性（C13）	实地调研 + 游客问卷 + 专家问卷
			业态与产品的独特性（C14）	实地调研 + 游客问卷 + 专家问卷
		价格水平（B4）	餐饮价格合理度（C15）	实地调研 + 游客问卷
			住宿价格合理度（C16）	实地调研 + 游客问卷
			交通价格合理度（C17）	实地调研 + 游客问卷
			产品价格合理度（C18）	实地调研 + 游客问卷

续表

总目标层	综合层	项目层	方案层	评价方式
山地景区旅游高质量发展驱动机制（S）	吸引力（A1）	人文环境（B5）	民族文化丰度（C19）	实地调研＋专家问卷＋游客问卷
			历史文化丰度（C20）	实地调研＋专家问卷＋游客问卷
			节庆与赛事活动的多样性（C21）	实地调研＋游客问卷＋专家问卷
			节庆与赛事活动的独特性（C22）	实地调研＋游客问卷＋专家问卷
		品牌形象（B6）	知名度（C23）	游客问卷
			美誉度（C24）	游客问卷
	推动力（A2）	旅游目的地所在地区经济发展水平（B7）	旅游目的地所在地区人均 GDP（C25）	根据现实数据打分
			旅游目的地所在地区人均可支配收入（C26）	根据现实数据打分
		旅游目的地所在地区旅游发展水平（B8）	旅游总收入（C27）	根据现实数据打分
			旅游接待总人数（C28）	
		市场需求（B9）	主观需求（C29）	游客问卷
			游客收入水平（C30）	
			游客闲暇时间（C31）	
		政策推动（B10）	国家政策推动（C32）	资料收集＋景区工作人员访谈
			区域政策推动（C33）	资料收集＋景区工作人员访谈
	支持力（A3）	硬环境（B11）	交通便捷程度（C34）	资料收集＋游客问卷
			山地旅游要素设施完善程度（C35）	实地调研＋游客问卷
			山地旅游公共服务设施完善程度（C36）	实地调研＋游客问卷
			景区承载量（C37）	专家打分

续表

总目标层	综合层	项目层	方案层	评价方式
山地景区旅游高质量发展驱动机制（S）	支持力（A3）	软环境（B12）	智慧旅游建设水平（C38）	资料收集 + 专家问卷 + 游客问卷
			山地旅游安全保障（C39）	资料收集 + 实地调研 + 专家问卷 + 游客问卷
			与周边景区的联动水平（C40）	资料收集 + 实地调研 + 专家问卷
			景区经营管理水平（C41）	资料收集 + 实地调研 + 专家问卷
			居民好客程度（C42）	游客问卷
			社区参与程度（C43）	根据现实数据打分
			环境保护（C44）	资料收集 + 实地调研 + 游客问卷
			人才队伍建设（C45）	资料收集 + 实地调研 + 专家问卷
			市场规范化（C46）	资料收集 + 实地调研 + 游客问卷
	中介力（A4）	宣传营销推介（B13）	传统营销（C47）	资料收集 + 专家问卷
			新媒体营销（C48）	资料收集 + 专家问卷
		中介机构（B14）	线下旅行社（C49）	资料收集 + 专家问卷
			旅游行业协会（C50）	资料收集 + 专家问卷
			线上网络平台（C51）	资料收集 + 专家问卷

二、指标赋分标准

参考吴小同（2020）、何哲峰（2018）等研究，将本书的指标赋分等级分为高质量（8~10 分］、较高质量（6~8 分］、一般质量（4~6 分］、较低质量（2~4 分］以及低质量 [0~2 分] 五个等级。

空气质量、植被覆盖率、旅游目的地所在地区人均 GDP、旅游目的地所在地区人均可支配收入、旅游总收入、旅游接待总人数、国家政策推动、区域政策推动、社区参与程度 9 个指标主要参考相关标准、已有研究文献、景区工作人员访谈进行打分（见表 7–31），其余指标主要依据专家和游客问卷咨询结果进行打分。

表 7–31　部分指标打分标准与参考依据

序号	名称	高质量（8~10 分］	较高质量（6~8 分］	一般质量（4~6 分］	较低质量（2~4 分］	低质量[0~2 分］	参考依据
1	空气质量	一级	二级	三级	四级	五级	毕剑（2016）、环境空气质量标准（GB 3095—2012）
2	植被覆盖率	植被覆盖率≥ 90%	植被覆盖率在 70%~90%	植被覆盖率在 50%~70%	植被覆盖率在 30%~50%	植被覆盖率<30%	周爽（2019）、旅游资源分类、调查与评价（GB/T 18972—2017）
3	旅游目的地所在地区人均 GDP	人均 GDP＞10000 美元	人均 GDP 在 4000 ～ 10000 美元之间	人均 GDP 在 1000 ～ 4000 美元之间	人均 GDP 在 800 ～ 1000 美元之间	人均 GDP＜800 美元	安俊梅（2008）
4	旅游目的地所在地区人均可支配收入	可支配收入占其人均 GDP 的 30% 以上	可支配收入占其人均 GDP 的 25% 以上	可支配收入占其人均 GDP 的 20% 以上	可支配收入占其人均 GDP 的 15% 以上	可支配收入低于人均 GDP 的 15%	王润洁（2011）
5	旅游总收入	10%~12.5%	8.5%~10%	7%~8.5%	5%~7%	5% 以下	王润洁（2011）
6	旅游接待总人数	年接待量在 50 万人次以上	年接待量在 30 万人次以上	年接待量在 20 万人次以上	年接待量在 10 万人次以上	年接待量在 3 万人次以上	景区工作人员访谈
7	国家政策推动	力度大	力度较大	力度一般	力度较小	力度很小	景区工作人员访谈
8	区域政策推动	力度大	力度较大	力度一般	力度较小	力度很小	王润洁（2011）
9	社区参与程度	居民参与占比在 80% 以上	居民参与占比在 60%~80%	居民参与占比在 40%~60%	居民参与占比在 20%~40%	居民参与占比在 20% 以下	王润洁（2011）

资料来源：作者依据相关标准及文献整理汇总得出。

三、模糊综合评价法的应用

由于本书的山地景区旅游高质量发展驱动机制评价模型的诸多指标采用了专家问卷和游客问卷的形式进行评分，主观性较大，因此需要通过模糊综合评价法将主观评价定量化。根据前文由层次分析法得出的山地景区旅游高质量发展驱动机制评价指标权重值建立权重矩阵 P 和方案层隶属度矩阵 Z；项目层隶属矩阵为 L，项目层权重矩阵与隶属矩阵的乘积为项目层隶属度矩阵 Q；综合层隶属矩阵为 D，综合层权重矩阵与隶属矩阵的乘积为综合层隶属度矩阵 U；总目标层隶属矩阵为 T，总目标层权重矩阵与隶属矩阵的乘积为总目标层隶属度矩阵 R。

（一）指标权重矩阵的构建

1. 总目标层权重矩阵的构建

P=（吸引力，推动力，支持力，中介力）=（P_1，P_2，P_3，P_4）

2. 综合层权重矩阵的构建

吸引力 P_1=（资源禀赋，自然生态环境，业态与产品，价格水平，人文环境，品牌形象）=（P_{11}，P_{12}，P_{13}，P_{14}，P_{15}，P_{16}）

推动力 P_2=（旅游目的地所在地区经济发展水平，旅游目的地所在地区旅游发展水平，市场需求，政策推动）=（P_{21}，P_{22}，P_{23}，P_{24}）

支持力 P_3=（硬环境，软环境）=（P_{31}，P_{32}）

中介力 P_4=（宣传营销推介，中介机构）=（P_{41}，P_{42}）

3. 项目层权重矩阵的构建

资源禀赋 P_{11}=（资源的观赏游憩使用价值，资源的历史文化科学艺术价值，资源的珍稀奇特程度，资源的规模、丰度与几率，资源的完整性，资源的知名度和影响力，资源的适游期或使用范围）=（p_{111}，p_{112}，p_{113}，p_{114}，p_{115}，p_{116}，p_{117}）

自然生态环境 P_{12}=（气候舒适度，地形地貌独特性，空气质量，植被覆盖率，生物多样性）=（p_{121}，p_{122}，p_{123}，p_{124}，p_{125}）

业态与产品 P_{13}=（业态与产品的多样性，业态与产品的独特性）=（p_{131}，p_{132}）

价格水平 P_{14}=（餐饮价格合理度，住宿价格合理度，交通价格合理度，产品价格合理度）=（p_{141}，p_{142}，p_{143}，p_{144}）

人文环境 P_{15}=（民族文化丰度，历史文化丰度，节庆与赛事活动的多样性，节庆与赛事活动的独特性）=（p_{151}，p_{152}，p_{153}，p_{154}）

品牌形象 P_{16}=（知名度，美誉度）=（p_{161}，p_{162}）

旅游目的地所在地区经济发展水平 P_{21}=（旅游目的地所在地区人均 GDP，旅游目的地所在地区人均可支配收入）=（p_{211}，p_{212}）

旅游目的地所在地区旅游发展水平 P_{22}=(旅游总收入，旅游接待总人数)=(p_{221}，p_{222})

市场需求 P_{23}=（主观需求，游客收入水平，游客闲暇时间）=（p_{231}，p_{232}，p_{233}）

政策推动 P_{24}=（国家政策推动，区域政策推动）=（p_{241}，p_{242}）

硬环境 P_{31}=（交通便捷程度，山地旅游要素设施完善程度，山地旅游公共服务设施完善程度，景区承载量）=（p_{311}，p_{312}，p_{313}，p_{314}）

软环境 P_{32}=(智慧旅游建设水平，山地旅游安全保障，与周边景区的联动水平，景区经营管理水平，居民好客程度，社区参与程度，环境保护，人才队伍建设，市场规范化）=（p_{321}，p_{322}，p_{323}，p_{324}，p_{325}，p_{326}，p_{327}，p_{328}，p_{329}）

宣传营销推介 P_{41}=（传统营销，新媒体营销）=（p_{411}，p_{412}）

中介机构 P_{42}=（线下旅行社，旅游行业协会，线上网络平台）=（p_{421}，p_{422}，p_{423}）

（二）项目层模糊综合判断

1. 项目层隶属矩阵的构建

用 L_1~L_{14} 分别代表项目层 14 个指标的隶属矩阵，发展等级按照五级划分，可用 a_{ij}，b_{ij}，c_{ij}，　，n_{ij} 表示。

$$
资源禀赋 L_1 = \begin{bmatrix} a_{11}a_{12}a_{13}a_{14}a_{15} \\ a_{21}a_{22}a_{23}a_{24}a_{25} \\ a_{31}a_{32}a_{33}a_{34}a_{35} \\ a_{41}a_{42}a_{43}a_{44}a_{45} \\ a_{51}a_{52}a_{53}a_{54}a_{55} \\ a_{61}a_{62}a_{63}a_{64}a_{65} \\ a_{71}a_{72}a_{73}a_{74}a_{75} \end{bmatrix}
$$

$$自然生态环境\ L_2 = \begin{bmatrix} b_{11}b_{12}b_{13}b_{14}b_{15} \\ b_{21}b_{22}b_{23}b_{24}b_{25} \\ b_{31}b_{32}b_{33}b_{34}b_{35} \\ b_{41}b_{42}b_{43}b_{44}b_{45} \\ b_{51}b_{52}b_{53}b_{54}b_{55} \end{bmatrix}$$

...

$$中介机构\ L_{14} = \begin{bmatrix} n_{11}n_{12}n_{13}n_{14}n_{15} \\ n_{21}n_{22}n_{23}n_{24}n_{25} \\ n_{31}n_{32}n_{33}n_{34}n_{35} \end{bmatrix}$$

2. 项目层指标模糊综合判断

$$资源禀赋\ Q_1=P_{11}\cdot L_1=(p_{111},\ p_{112},\ p_{113},\ p_{114},\ p_{115},\ p_{116},\ p_{117})\cdot \begin{bmatrix} a_{11}a_{12}a_{13}a_{14}a_{15} \\ a_{21}a_{22}a_{23}a_{24}a_{25} \\ a_{31}a_{32}a_{33}a_{34}a_{35} \\ a_{41}a_{42}a_{43}a_{44}a_{45} \\ a_{51}a_{52}a_{53}a_{54}a_{55} \\ a_{61}a_{62}a_{63}a_{64}a_{65} \\ a_{71}a_{72}a_{73}a_{74}a_{75} \end{bmatrix}$$

$$=(q_{11},\ q_{12},\ q_{13},\ q_{14},\ q_{15})$$

$$自然生态环境\ Q_2=P_{12}\cdot L_2=(p_{121},\ p_{122},\ p_{123},\ p_{124},\ p_{125})\cdot \begin{bmatrix} b_{11}b_{12}b_{13}b_{14}b_{15} \\ b_{21}b_{22}b_{23}b_{24}b_{25} \\ b_{31}b_{32}b_{33}b_{34}b_{35} \\ b_{41}b_{42}b_{43}b_{44}b_{45} \\ b_{51}b_{52}b_{53}b_{54}b_{55} \end{bmatrix}$$

$$=(q_{21},\ q_{22},\ q_{23},\ q_{24},\ q_{25})$$

$$中介机构\ Q_{14}=P_{42}\cdot L_{14}=(p_{421},\ p_{422},\ p_{423})\cdot \begin{bmatrix} n_{11}n_{12}n_{13}n_{14}n_{15} \\ n_{21}n_{22}n_{23}n_{24}n_{25} \\ n_{31}n_{32}n_{33}n_{34}n_{35} \end{bmatrix}$$

$$=(q_{141},\ q_{142},\ q_{143},\ q_{144},\ q_{145})$$

（三）综合层模糊综合判断

1. 综合层隶属矩阵的构建

用 D_1~D_4 分别代表综合层 4 个指标的隶属矩阵

$$吸引力\ D_1=\begin{bmatrix} q_{11}q_{12}q_{13}q_{14}q_{15} \\ q_{21}q_{22}q_{23}q_{24}q_{25} \\ q_{31}q_{32}q_{33}q_{34}q_{35} \\ q_{41}q_{42}q_{43}q_{44}q_{45} \\ q_{51}q_{52}q_{53}q_{54}q_{55} \\ q_{61}q_{62}q_{63}q_{64}q_{65} \end{bmatrix}$$

$$中介力\ D_4=\begin{bmatrix} q_{131}q_{132}q_{133}q_{134}q_{135} \\ q_{141}q_{142}q_{143}q_{144}q_{145} \end{bmatrix}$$

2. 综合层指标模糊综合判断

$$吸引力\ U_1=P_1\cdot D_1=(p_{11},\ p_{12},\ p_{13},\ p_{14},\ p_{15},\ p_{16})\cdot\begin{bmatrix} q_{11}q_{12}q_{13}q_{14}q_{15} \\ q_{21}q_{22}q_{23}q_{24}q_{25} \\ q_{31}q_{32}q_{33}q_{34}q_{35} \\ q_{41}q_{42}q_{43}q_{44}q_{45} \\ q_{51}q_{52}q_{53}q_{54}q_{55} \\ q_{61}q_{62}q_{63}q_{64}q_{65} \end{bmatrix}$$

$$=(u_{11},\ u_{12},\ u_{13},\ u_{14},\ u_{15})$$

$$中介力\ U_4=P_4\cdot D_4=(p_{41},\ p_{42})\cdot\begin{bmatrix} q_{131}q_{132}q_{133}q_{134}q_{135} \\ q_{141}q_{142}q_{143}q_{144}q_{145} \end{bmatrix}=(u_{41},\ u_{42},\ u_{43},\ u_{44},\ u_{45})$$

（四）总目标层模糊综合判断

1. 总目标层隶属矩阵的构建

用 T_1 代表总目标层的隶属矩阵

$$山地景区旅游高质量发展驱动机制\ T_1=\begin{bmatrix} u_{11}u_{12}u_{13}u_{14}u_{15} \\ u_{21}u_{22}u_{23}u_{24}u_{25} \\ u_{31}u_{32}u_{33}u_{34}u_{35} \\ u_{41}u_{42}u_{43}u_{44}u_{45} \end{bmatrix}$$

2. 总目标层模糊综合判断

$$R_1=P\cdot T_{1=}(p_1,\ p_2,\ p_3,\ p_4)\cdot\begin{bmatrix}u_{11}u_{12}u_{13}u_{14}u_{15}\\u_{21}u_{22}u_{23}u_{24}u_{25}\\u_{31}u_{32}u_{33}u_{34}u_{35}\\u_{41}u_{42}u_{43}u_{44}u_{45}\end{bmatrix}=(r_1,\ r_2,\ r_3,\ r_4,\ r_5)$$

(五)最终结果计算

设赋值矩阵为 W，并取中间值对各指标赋值 W=（9，7，5，3，1），总目标层的最终得分为 $H_1=R_1\cdot W$；综合层指标吸引力、推动力、支持力和中介力的高质量发展水平的最终得分为 $H_{1i}=U_i\cdot W$（i=1，2，3，4）。

以此类推，可以计算出项目层、方案层各指标最终得分。

第八章

玉龙雪山景区旅游高质量发展驱动机制现状分析与评价

本章为实证案例研究，主要目的在于运用具体案例对第六章和第七章所构建山地景区旅游高质量发展驱动机制以及综合评价模型进行检验。本研究选取玉龙雪山景区作为研究案例，首先对其基本概况与发展历程进行了简介与分析，随后基于第六章所架构的山地景区旅游高质量发展驱动机制概念框架，对玉龙雪山景区旅游高质量发展驱动机制的现状进行分析；运用第七章构建的山地景区旅游高质量发展驱动机制综合评价模型对玉龙雪山景区旅游高质量发展驱动机制的现状进行评价；最后，分析玉龙雪山景区旅游发展存在的主要问题。

第一节　玉龙雪山景区旅游发展历程

玉龙雪山景区位于云南省丽江市玉龙县境内，总面积415平方公里，主峰扇子陡高5596米，距丽江古城15公里，既是丽江的区域象征，也是旅游区构成的主体和中心。有13座5000米以上的高峰，又称玉龙十三峰，由南向北纵向排列，如扇面向古城展开，共发育有19条现代冰川，是北半球最靠近赤道且终年积雪的山脉，属于国家级重点风景名胜区、国家5A级旅游景区。景区内气候条件多样，由于其纬度较低、海拔较高，又受季风季候影响，因此立体气候特征显著，从山脚到峰顶呈现垂直自然景观。冰山雪堆覆盖面积达1万多公顷，是一座天然固体水库。白水河与黑水河是景区内部主要水系，除此之外还包括诸多高山湖泊。生物多样性明显，动植物种类繁多，被誉为我国的高山动植物资源宝库。

玉龙雪山景区是全国著名的山地旅游目的地，一直以来都是云南省、丽江市山地旅游的标杆。近年来，相继获得了数十项国家级、省级荣誉。纵观玉龙雪山景区的发展历程，大致可以将其划分为1984—1992年（起步阶段）、1992—1999年（基础夯实阶段）、1999—2007年（快速提升阶段）以及2007年至今（提质增效阶段）四个阶段。

一、起步阶段（1984—1992年）

为了保护玉龙雪山的生态环境、生物多样性以及独特的地质地貌，1984年玉龙雪山被设立为省级自然保护区。1988年，被评为国家重点风景名胜区。这个阶段的玉龙雪山景区除了原生态的自然景观外，其他的旅游设施基本上一片空白，旅游开发建设还未提上日程。但即便如此，玉龙雪山独特的地貌、旖旎的自然风光也吸引了不少国内外游客、科研学者等自发前来登山、观光和考察。

二、基础夯实阶段（1992—1999年）

1992年，为了更好地对玉龙雪山景区的旅游开发实行统一管理，玉龙雪山旅游开发办应运而生。次年，玉龙雪山景区被设立为省级旅游开发区，景区的总体规划也在该年编制完成，促成了第一次滇西北旅游现场办公会在丽江召开，玉龙雪山景区正式进入了有规划的开发建设阶段。1994年10月，滇西北旅游规划会议决定将丽江作为全省的重点旅游区开发，并建设玉龙雪山和泸沽湖两个省级旅游度假区，对玉龙雪山景区开发建设具有决定性的推动作用。1994年，玉龙雪山的云杉坪索道开始建设，同年投入运营，是滇西北第一条旅游客运索道。截至1995年，景区利用省旅游开发基金1000万元借款，先后完成了省级旅游区启动区的3.5平方公里水、电、路、排污、通信等基础设施建设，逐步完成前期开发准备工作。同年，丽江玉龙雪山省级旅游开发区管理委员会正式成立，负责景区的统一管理与规划工作。1996年冰川公园索道开始建设，该索道于1999年正式运行，是亚洲海拔最高的旅游观光索道，这标志着玉龙雪山景区基础夯实阶段结束，开始进入快速发展阶段。

三、快速发展阶段（1999—2007年）

高投入、高产出是这一阶段的特征。玉龙雪山景区先后开发了冰川公园、云杉坪、牦牛坪等景点，先后成立了玉龙雪山高尔夫俱乐部、东巴走廊、白鹿旅行社、风光图片社、玉龙旅游股份有限公司等旅游骨干企业。1999年世博会开始，玉龙雪山景区旅游接待人数一下子从几万人次上升到50万人次左右，2001年旅游区被评为首批全国4A级旅游景区，游客接待量首次突破100万人次。2003年8月8日“蓝月谷”项目开始建设，到2004年游客接待量超过了180万人次。2007年，旅游区实行环境综合治理，对景区内不符合规划的违规建筑进行了拆除。实施旅游反哺农业改革，2700多名社区居民撤出旅游服务业。2007年被评为国家首批5A级旅游景区，门票收入达到1.4亿元，玉龙雪山旅游区逐步形成了以5A级旅游景区品牌引领景区建设发展的“玉龙雪山模式”。

四、提质增效阶段（2007年至今）

高创收、高效益是这一阶段的特点。2008年，玉龙雪山景区以及周边7个景区实行门票的串联整合，形成“大玉龙”旅游区，成为丽江旅游发展的核心品牌。“大玉龙”旅游区整合是丽江旅游业的开创性事件。通过玉龙雪山景区与玉龙雪山南麓“纳西文化走廊”七个景区的整合，形成了优质旅游资源，开创了丽江城区以北“大旅游”时代。这一阶段，景区实现了由内到外的整体性提升，开展了智慧景区建设、标准化体系建设、旅游反哺农业、厕所革命、索道5S改造等系统改造升级工作，景区每年产值超过20亿元，品牌价值超过150亿元，步入提质增效的旅游阶段，且仍在持续当中。

第二节　玉龙雪山景区旅游高质量发展驱动机制现状

一、吸引力驱动系统现状

（一）资源禀赋

根据玉龙雪山景区管委会提供的资料，结合国家标准《旅游资源分类、调查与评价》（GB/T 18972—2017）的旅游资源分类标准，玉龙雪山景区共拥有8大主类、21大亚类，拥有率分别为100%和91.3%。自然与人文旅游资源分别占资源总数的60.7%与39.3%，自然旅游资源比重大于人文旅游资源。可以看出，玉龙雪山景区的自然旅游资源以地文、水域和生物景观占比较大，地文景观约占自然旅游资源比重的45.5%，主要以冰蚀景观为主，峰、崖、坡、台、岭等为辅；水域景观以海洋性冰川为主，且类型齐全；生物景观类中高寒草甸景观最为突出，如牦牛坪、云杉坪、画眉坪等。人文资源以东巴文化为主，少数民族神话及遗址类资源众多。

（二）自然生态环境

1. 气候舒适度

玉龙雪山景区平均气温在12.6℃左右，年日照时数平均约2530小时，低纬气候特点明显，气温年变化小，适游期较长。区内海拔悬殊大，立体气候十分明显。季风气候特点突出，干湿季分明，每年11月至次年4月，日照充足，空气湿度小，温差大；5月至10月，降水较多，故夏无酷暑。

2. 地质地貌独特性

玉龙雪山是横断山系沙鲁里山脉西支的主峰，属滇西大地槽的一部分，大地构造上属年轻的石灰岩断块褶皱山，直到燕山运动和喜马拉雅运动时才发展成型，角峰、冰斗、冰川槽谷和各种冰碛物较典型，直达丽江盆地边缘。其中，5000米雪线上下分别分布着冰斗、角峰、刀脊、侧碛堤、冰碛丘陵等为主的冰蚀冰碛地貌。4000米的雪线上，形成了许多不同时期的冰川堆积物、冰塔林和冰川侵蚀地形，冰川类型齐全。山上角峰尖锐如剑，与溶蚀作用形成的溶洞、溶隙、溶沟相配套；山下甘海子冰川堆积物厚度逾百米，现代冰川舌仍在活动之中。景区内冰川地貌层次分明，在同类型风景中，具有较强的代表性和科考观赏的可达性。

3. 空气质量

据玉龙雪山景区管委会所提供的资料，玉龙雪山景区空气质量达到了Ⅰ类环境空气质量标准。

4. 植被覆盖率

参考吴小同（2020）对玉龙雪山的相关研究，玉龙雪山景区的植被覆盖率为51.37%。

5. 生物多样性

玉龙雪山景区内地衣、蕨、藻类植物种类丰富，且价值较高，种子植物种数占全国种数的23%。拥有国家重点保护的珍稀濒危植物20多种。药材植物资源有800多种，素有“药物王国”之称，药材开发潜力较大。拥有鸟类288种，占云南省鸟类种数的37.6%，其中国家一级保护鸟类6种。兽类有56种，约占云南兽类种数的20%，其中包括国家重点保护的珍稀濒危动物15种。

（三）业态与产品

玉龙雪山景区的业态产品较为单一，仍然以观光旅游业态为主。而以玉龙雪山景区为中心所形成的“大玉龙”旅游区的业态产品则相对丰富。其中观光游憩类业态产品包括高山草甸、雪山观光、玉湖村、玉柱擎天等特色建筑景观群等。休闲度假类业态产品包括东巴谷康养小镇、裸美乐大峡谷康养项目、度假酒店等。运动康体类业态产品包括滑草场、滑雪场、徒步、攀登、户外远足、高尔夫球场等。科研科考类业态产品包括冰川公园科考基地、冰川地质博物馆、高原草甸植物科普馆等。文化艺术类业态产品包括《印象·丽江》实景演艺、《雪山神话》舞台表演、丽江雪山音乐节、火把节、三多节、花山节、国际东巴文化节、玉峰寺佛教文化传习所、东巴谷民俗村、特色民族工艺等。娱乐体验类业态产品包括旅拍摄影基地、峡谷玻璃栈道、山地骑马体验等。

（四）价格水平

根据实地调研以及网上查询，玉龙雪山景区周边餐饮与住宿的价格不一，呈现多层次与立体化特征。高端酒店、精品民宿、星级饭店、主题餐厅等价格水平较高，更多面向和服务于高消费群体，但这类餐饮住宿主体数量不多。更多的住宿和餐饮价格更倾向于平民化水平，住宿价格以100~300元/晚水平居多，餐饮价格以40~80元/人水平居多，处于大部分游客的消费能力之内。景区门票现为50元/人，冰川公园、云杉坪以及牦牛坪三条索道的价格分别为140元/人、60元/人、65元/人，景区内部观光车价格为20元/人。《印象·丽江》演出票价为280元/人。除了以上单项票价外，在网络平台上还有出售诸多优惠套票，如进山费+古城往返大巴+大索道+《印象·丽江》门票+餐食（356元/人）、进山费+索道+餐食（179元/人）、大索道+景区内环保车+《印象·丽江》门票（318元/人）等，这些优惠套票更受市场欢迎。

（五）人文环境

玉龙雪山景区文化集中表现为“圣山”“情山”“名山”文化。“三山”文化的积淀和衍生，是玉龙雪山景区文化的精华，也是玉龙雪山景区文旅融合的基础。除此之外，还包括特色鲜明的纳西族文化民俗（歌舞服饰、丧葬嫁娶、宗教祭祀、节庆活动等）以及独具魅力的东巴文化（文字、经书、音乐、绘画、歌舞等），其独特性、代表性、完好性、现实性、艺术性、魅力性、可展示性和参与性极强。

（六）品牌形象建设

玉龙雪山景区作为国家首批5A级旅游景区，早期依托自身独特珍稀的山地资源和景观，已初步塑造了精品山地景区的品牌形象。近年来，依靠《印象·丽江》

《丽江千古情》等知名实景歌舞演艺、纳西民族文化以及东巴文化，进一步树立了自身的旅游文化品牌。先后获得首批全国旅游扶贫示范项目、全国旅游服务质量升级试点等 80 多项省部级以上荣誉。除了获得了诸多的品牌荣誉之外，长期的游客问卷调查也显示游客对于玉龙雪山景区的满意度达到了 95% 以上。可以说，玉龙雪山景区的品牌形象拥有较高的知名度与美誉度。

二、推动力驱动系统现状

（一）旅游目的地所在地区经济发展水平

丽江市地处云南滇西北区域，其区域经济发展一直稳居云南各市州前列。现有官方统计数据显示，丽江市国民生产总值从 2008 年的 101.10 亿元增长至 2018 年的 350.76 亿元，增长率高达 246.94%；人均 GDP 从 2008 年的 8460.25 元增长至 2018 年的 27064.81 元，增长率高达 219.91%；人均可支配收入从 2008 年的 7836.69 元增长至 2018 年的 21644 元，增长率高达 176.19%（见图 8–1）。可见，丽江市的区域经济发展一直以稳定高速的态势持续发展，旅游业作为综合性产业，对于区域经济发展水平有着较大的依赖，丽江市良好的经济发展现状与前景将很大程度上推动区域旅游业的发展，从而推动玉龙雪山景区——丽江旅游代表性景区的高质量发展。

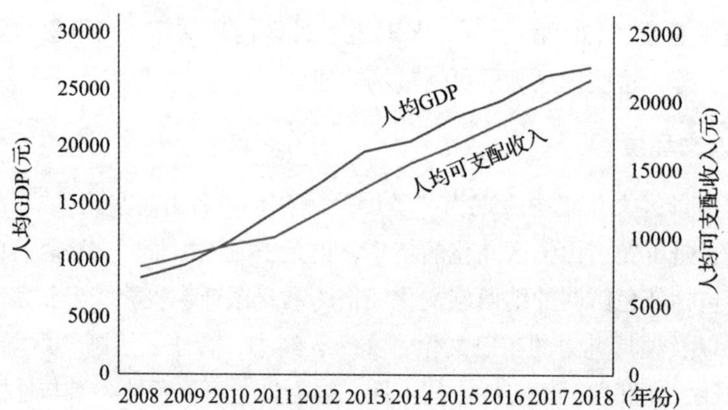

图 8–1　丽江市 2008—2018 年人均 GDP 与人均可支配收入时序演化

资料来源：依据《丽江市国民经济和社会发展统计公报》整理绘制得出。

（二）旅游目的地所在地区旅游发展水平

丽江旅游始于 20 世纪 90 年代初，历经 20 余年的发展，目前，丽江旅游业已成为丽江的支柱性经济产业，一直保持着良好的发展，旅游发展水平稳居云南省前列。2008—2018 年期间，旅游总收入从 2008 年的 69.54 亿元增长至 998.45 亿元，旅游接待总人数从 2008 年的 625.493 万人次增长至了 4643.3 万人次（见图 8–2），丽江旅游业的良好发展为玉龙雪山景区旅游的发展奠定了坚实的基础，助推了玉龙雪山景区旅游的高质量发展。

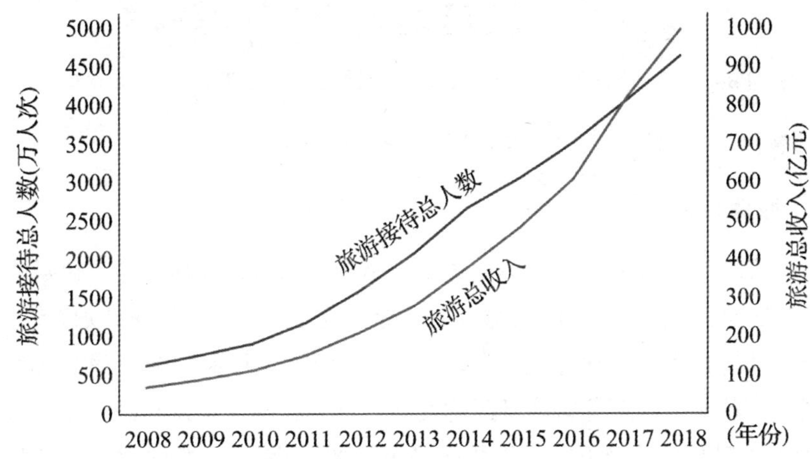

图 8–2　丽江市 2008—2018 年旅游总收入与旅游接待总人数时序演化

资料来源：作者依据《丽江市国民经济和社会发展统计公报》整理绘制得出。

（三）市场需求

丽江旅游发展一直以来都是稳中有进，玉龙雪山景区作为丽江旅游的一张“世界级”名片，一直以来吸引着来自全国乃至世界各地的游客纷至沓来。自 1994 年玉龙雪山景区正式投入运营以来，景区的接待人数以及旅游收入增长迅猛，游客接待人数从 1994 年的 0.5 万人次增长至 2019 年的 502 万人次，门票收入从 1994 年的 0.0006 亿元增长至 2019 年的 3.75 亿元。20 多年以来，玉龙雪山景区总计接待了海内外游客 5316.48 万人次，创造门票收入达 43.94 亿元，可见玉龙雪山景区有着良好的市场需求以及发展前景（见图 8–3）。

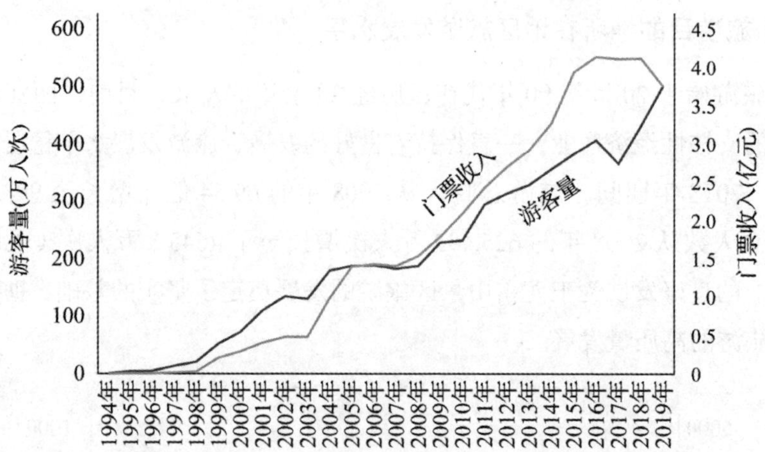

图 8-3　玉龙雪山景区 1994—2019 年门票收入与接待游客量的时序演化

资料来源：作者依据玉龙雪山景区管理委员会提供的资料整理绘制得出。

（四）政策推动

自云南省政府正式决定开发建设玉龙雪山景区以来，先后制定了包括《玉龙雪山风景名胜区总体规划》《丽江玉龙雪山旅游标准化试点具体工作计划》《玉龙纳西族自治县玉龙雪山保护管理条例》《丽江玉龙雪山景区环保资金管理办法》等诸多政策、规划、条例推动玉龙雪山景区的发展。近来，丽江市发布的《丽江市加快推进旅游产业转型升级实施方案》更是明确提出要围绕“一寨、一村、一镇、一城、两湖、两山”等重点，编制丽江市世界级旅游目的地发展长远规划，巩固提升玉龙雪山、丽江古城的品质，擦亮这两张世界级的名片，进一步明确了玉龙雪山景区在丽江旅游中的战略性地位。

三、支持力驱动系统现状

（一）硬环境

1. 交通便捷程度

从对外交通来看，2010 年丽江火车站正式开通，2019 年正式开通动车。1995 年丽江市第一个机场三义机场正式建成并投入运营，2015 年丽江的第二个机场也投入运营，至此，丽江的航空交通趋于成熟。动车站与机场的建设大大缩短了远程游客赴丽江旅游的时间成本。除此之外，丽江市连接周边城市的公路网络也不断完善，国道、省道、高速公路大大提升了周边城市游客自驾前往丽江旅游的便利度。

从内部交通来看，主要以公路为主，自2006年以来，玉龙雪山景区开始实施“绿色交通”工程，构建了连接景区内各景点的环保专线，并修建了冰川公园栈道、云杉坪栈道和牦牛坪栈道。在索道方面，玉龙雪山景区现建设有冰川公园大索道、云杉坪索道以及牦牛坪索道三大索道。近年来，景区对三条索道进行技术改造，三条索道每小时的接待量达到了2340人次，每天接待量达到20000人次以上。

2. 山地旅游要素设施完善程度

玉龙雪山景区受制于其特殊环境，同时也是基于对玉龙雪山景区生态环境承载力的综合考量，景区内餐饮及住宿设施数量较少，更多的餐饮及住宿设施分布在景区周边，尤以丽江古城附近居多。多数游客会选择在丽江古城附近留宿，通过景区旅游专线、自驾、网约车等方式从丽江古城前往玉龙雪山景区开展旅游活动。

3. 山地旅游公共服务设施完善程度

玉龙雪山景区公共服务设施较为完善。建设有7个生态停车场，停车位893个；32个卫生间，厕位710个；50公里交通标线、停车位画线。配备有触摸屏、影视介绍设备、语音导游设备、无障碍设施等设施。设立有专门的邮电服务点，公共图形标识、安全提示系统完善，森林消防管网铺设达到50公里。配备垃圾桶360个、污水处理厂2个，铺设了长达50多公里的景区给水管网，拥有容量高达3000立方米以上的蓄水池，能够充分满足景区的垃圾清运、污水处理以及用水需求。

4. 景区承载量

玉龙雪山景区年接待游客量呈逐年上升趋势，虽然带来了可观的经济效益，但同时也对景区的生态环境造成了极大的压力。因此，自2018年5月22日起玉龙雪山景区对冰川公园实行容量控制，每天仅接待游客1万人次。

（二）软环境

1. 智慧旅游建设水平

玉龙雪山景区管委会开发建设了“数字玉龙”信息化管理系统，实现对景区内核心景点的全面监控。同时，玉龙雪山景区还开发了三维虚拟空间场景软件项目，强化了景区的远程防控指挥能力，充分提升了整个景区的管理水平。目前景区共安装有500多个监控探头，覆盖整个景区，监控系统实现了互联网管理，能连接到各个管理者的办公网络，通过2个大屏幕指挥中心，能够实现对客流、车流、秩序的日常监管、调控，紧急情况下也可远程指挥。

2. 山地旅游安全保障

玉龙雪山景区开发建设了集管理、监控与救援于一体的综合网络应用平台，实现整个景区的安全无死角。目前，景区共设有安全巡逻队、急救中心、救援队，共制定安全应急标准37个，开展应急标准演练累计20次，救援队共5支，人数共计105人；制定了集救援、运输、医疗于一体的安全保障机制，设置有紧急庇护所与医疗点，配备有完善的消防设施与应急救援装备，对于景区内的安全防护装置、预警装置也进行定期的检查修缮。

3. 与周边景区的联动水平

2008年景区推出了“大玉龙”景区整合项目，将玉龙雪山景区和南片“纳西文化走廊”7个景区的经营权整合，自此，改变了景区散、小、弱、差和无序经营、低价恶性竞争的局面，以玉龙雪山国家首批5A级旅游景区为龙头，突出重点，资源共享，合理配置，风险共担，利益共享，统一营销，独立管理。延长了游客在丽江的停留天数，带动了丽江旅游各要素的综合增长，“大玉龙”的联合运营模式已经成为国内同类旅游景区旅游营销合作模式的典范。

4. 景区经营管理水平

玉龙雪山景区内设立有游客中心、信息中心、质量监督中心、治安巡逻队、应急救援队、环保环卫队等机构与队伍，形成了较为完善的景区管理体系，并配合政府职能部门在景区设立分部分局。对景区企业和个体经营户进行双轨管理，实行风景名胜区准营证及施工建设“准入制”。在环境保护、旅游、游客服务、安全及森林防火等全方面实行标准化管理，开展智慧厕所、智慧停车场、智慧垃圾桶、规范化工作场所管理建设，并制定对应标准引领发展质量，编制《智慧厕所管理标准》《智慧停车场管理标准》《工作场所4D管理规范》等标准，固化成果。

5. 居民好客程度

根据对所发放的游客问卷有关居民好客程度的评价结果统计，53.13%的游客认为玉龙雪山景区的当地居民非常好客，31.94%的游客认为玉龙雪山景区的当地居民较为好客（见图8–4）。因此，在游客感知视角下玉龙雪山景区当地居民的居民好客程度总体来说较为良好。

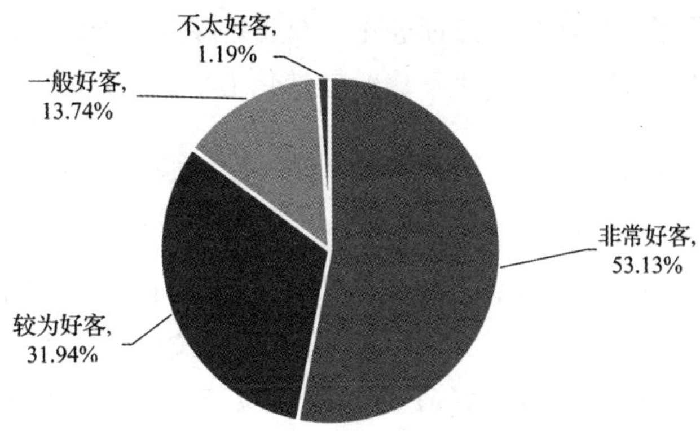

图 8-4 游客对玉龙雪山景区居民好客程度评价结果统计

6. 社区参与程度

玉龙雪山景区一直以来都在积极探索旅游业反哺社区之路，自 2007 年 8 月玉龙雪山社区实施旅游业反哺农业项目以来，旅游业反哺农业工作已开展到第三期（5 年 / 期），成效显著，当地居民人均可支配收入已超过 20000 元。同时，为有效解决社区剩余劳动力的就业问题，在玉龙雪山管委会协调下，景区企业为符合旅游服务条件的社区群众提供了 703 个就业岗位，实现平均每户有一人在景区就业的目标。玉龙雪山景区旅游反哺有效解决了“保景与富民”的结构性难题，实现了景区与社区的共同发展，构建了和谐的“社景”关系。总体来说，玉龙雪山景区社区参与率达到了 80% 以上。

7. 环境保护

玉龙雪山景区目前实施有环境整治、绿洲效应、冷湖效应、绿色交通、森林消防五大环保工程。拆除了不符合规划的建筑和设施，并进行整治，对景区的裸露面进行绿化和植被恢复，大力推广覆土建筑，保留生态原貌。修建了 12 个人工湖用以维持景区湿度与气温的平衡。购置环保大巴，建立环保专线运输。建设有 2 个污水处理厂，能充分满足景区的污水处理需求。景区内垃圾处理清运率、污水处理合格率、危险品无害化处理率、开发项目环保合法率、环境质量达标率、环保问题纠错率均达到了 100%。景区地面水质达到Ⅱ类标准，空气质量达到一级标准，噪声控制在Ⅰ类标准内，景区生活污水处理达到国家一级标准。

8. 人才队伍建设

定期开展质量分析会议加强对玉龙雪山景区管理人员管理知识、技能的培训，熟悉标准化管理条例，确保管理标准在景区能够得到严格执行贯彻。除此之外，还积极开展对景区员工的标准化、专业化服务技能培训工作，截至目前累计培训5000余人次，景区员工对旅游标准化工作以及其岗位职责知晓率达到90%以上。

9. **市场规范水平**

建立联合执法检查机制，会同政府相关职能部门，对“大玉龙”景区、企业、事业单位进行综合执法监督检查。建立由企业、游客中心、管委会构成的三级投诉处理机制，在各景点公示投诉、咨询、救援电话。实施员工首问负责制，在各个景点设置专门点位接受和处理游客咨询与投诉。建立三级联动的景区社会秩序处理机制，由村委会、社区办事处、管委会共同协调处理突发事件和日常维稳工作，并在游客集中区域设置治安亭。

四、中介力驱动系统现状

（一）宣传营销推介

与国内中央、省电视台以及知名门户网站建立长期合作关系，在现代最热门的短视频App上发布景区视频。在北京、上海、广州、深圳等一线城市的交通枢纽竖立制作精美的大型广告牌，进行广告宣传。通过举办玉龙雪山国际摄影大赛、中瑞姊妹峰节、国际东巴文化旅游节等文化交流活动，策划“徒步虎跳峡”“南国雪山探秘”等户外体育探险活动，在国外知名杂志定期开设专栏，在国际航班上免费赠送多语种旅游宣传资料等途径，吸引海外媒体、旅行商和国际游客。

（二）中介机构

根据景区管委会及相关部门提供资料显示，丽江市当前共拥有199家旅行社，作为丽江本地的旅行社，其业务基本都涉及玉龙雪山景区。除本地旅行社外，玉龙雪景区还积极开拓省外客源市场，在国内一线城市设立办事处，并与当地的知名旅游机构合作，形成旅游分销体系，为景区吸引了大量的客源市场。除此之外，诸如携程、去哪儿网、马蜂窝、途牛、飞猪等国内大型线上网络旅游平台均有对玉龙雪山景区的宣传简介，同时也出售玉龙雪山景区的相关旅游产品，在玉龙雪山景区与客源市场之间发挥了巨大的中介效应。

第三节　玉龙雪山景区旅游高质量发展驱动机制现状评价

一、评级数据采集与分析

（一）专家问卷

由于前文所构建的山地景区旅游高质量发展驱动机制评价模型中有26个指标专业性较强，因此选择发放专家咨询问卷，由专家运用其专业知识与丰富的实践经验为玉龙雪山景区旅游高质量发展驱动机制评价模型中这26个指标的现状进行打分。总计发放专家问卷20份，回收问卷17份，有效问卷16份，回收率85%，有效率94.1%，专家打分结果如表8–1所示。

表8–1　专家问卷评价结果统计

序号	指标	高质量	较高质量	一般质量	较低质量	低质量
1	资源的观赏游憩使用价值	7	9	0	0	0
2	资源的历史文化科学艺术价值	3	10	3	0	0
3	资源的珍稀奇特程度	3	11	2	0	0
4	资源的规模、丰度与几率	2	12	2	0	0
5	资源的完整性	1	10	5	0	0
6	资源的知名度和影响力	6	10	0	0	0
7	资源的适游期或使用范围	5	6	5	0	0
8	地质地貌独特性	8	5	3	0	0
9	生物多样性	2	7	7	0	0
10	业态与产品的多样性	0	8	5	3	0
11	业态与产品的独特性	0	10	6	0	0
12	民族文化丰度	0	9	6	1	0
13	历史文化丰度	1	6	4	5	0

续表

序号	指标	高质量	较高质量	一般质量	较低质量	低质量
14	节庆与赛事活动的多样性	1	3	9	3	0
15	节庆与赛事活动的独特性	1	2	11	2	0
16	景区承载量	3	10	3	0	0
17	智慧旅游建设水平	0	10	6	0	0
18	山地旅游安全保障	1	9	5	1	0
19	与周边景区的联动水平	0	7	5	4	0
20	景区经营管理水平	1	12	3	0	0
21	人才队伍建设	0	3	13	0	0
22	传统营销	3	6	6	1	0
23	新媒体营销	1	8	6	1	0
24	线下旅行社	2	11	3	0	0
25	旅游行业协会	0	2	11	3	0
26	线上网络平台	3	12	1	0	0

资料来源：作者依据专家问卷整理得出。

（二）游客问卷

本文通过线上线下两种渠道收集游客问卷，其中线上问卷334份，线下问卷189份，总计发放问卷523份，其中剔除信息不全等问卷18份，合计有效问卷505份，有效率为96.6%。首先运用SPSS软件对所收集问卷的信效度进行分析，以确保问卷的可靠性和有效性。根据分析结果，Cronbach α 系数为0.975，大于0.9，CITC值均高于0.5（李秋成，等，2015），删除题项后信度系数值并不会明显提高，综合以上结果，说明问卷的可信度较高（见表8–2）。随后，进一步应用SPSS软件对问卷进行KMO指数和Bartlett球形检验，结果显示得到KMO指数统计量为0.968>0.6，Bartlett球形检验值为276，显著性Sig.值为0.000<0.001，表明问卷的效度较高（见表8–3）。

表 8-2 游客问卷 Cronbach 信度分析结果

名称	校正项总计相关性（CITC）	项已删除的 α 系数	Cronbach α 系数
气候舒适度	0.688	0.975	0.975
业态与产品的多样性	0.738	0.974	
业态与产品的独特性	0.692	0.975	
餐饮价格合理度	0.809	0.974	
住宿价格合理度	0.800	0.974	
交通价格合理度	0.825	0.974	
产品价格合理度	0.829	0.974	
民族文化丰度	0.797	0.974	
历史文化丰度	0.758	0.974	
节庆与赛事活动的多样性	0.826	0.974	
节庆与赛事活动的独特性	0.831	0.974	
知名度	0.594	0.975	
美誉度	0.690	0.975	
山地旅游的意愿	0.825	0.974	
游客收入水平	0.784	0.974	
游客闲暇时间	0.723	0.975	
交通便捷程度	0.775	0.974	
旅游要素设施完善程度	0.847	0.974	
旅游公共服务设施完善程度	0.804	0.974	
智慧旅游建设水平	0.850	0.974	
旅游安全保障	0.824	0.974	
居民好客程度	0.814	0.974	
环境保护	0.752	0.974	
市场规范化	0.824	0.974	
标准化 Cronbach α 系数：0.975			

资料来源：依据游客问卷，运用 SPSS 软件计算得出。

表 8–3　游客问卷 KMO 指数和 Bartlett 球形检验分析结果

KMO 取样适切性量数	0.968	
巴特利特球形度检验	球形值	7949.553
	自由度	276.000
	显著性	0.000

资料来源：依据游客问卷，运用 SPSS 软件计算得出。

对游客的来源地、性别、年龄、职业、学历、旅游目的以及月收入等基本信息进行统计，发现游客来源以云南本地占比最大，达到了 26.53%，省外客源以四川和贵州两地居多，分别占比 15.84% 和 13.86%，最主要的原因可能在于四川和贵州两地与云南毗邻，游客前往云南旅游的交通较为方便，时间与经济成本也相对较低（见图 8–5）。性别方面，以女性游客居多，男女游客占比分别为 41.79% 和 58.21%（见图 8–6）。年龄层面，以 41~50 岁的客源群体占比最大，达到 44.18%，18~25 岁的客源群体次之，占比为 27.46%；41~50 岁的客源群体可能经济水平相对更高，而 18~25 岁的客源群体可能闲暇时间相对更多（见图 8–7）。游客的职业以私营企业员工和学生占比较多，分别为 27.31% 和 23.88%（见图 8–8）；离退休和农民占比较少，原因可能是离退休人员很大程度上因为年龄较大和身体素质较低，无法适应玉龙雪山景区的高海拔，而农民则可能因为经济水平较低而无法承担旅行的消费。游客学历以高中及以下、大专或本科层次为主，硕士及以上数量较少，仅为 14.62%（见图 8–9）。游客的出游目的以观光游览最多，占比达 53.71%，休闲度假次之，占比 26.19%（见图 8–10）。游客月收入水平以 4001~6000 元居多，2000 元及以下的占比 13.28%（见图 8–11）。

根据对游客满意度以及重游意愿的调查，统计分析后发现 85.37% 的游客对此次玉龙雪山景区旅游感到较满意和很满意（见图 8–12），85.07% 的游客表示愿意和很愿意再次来玉龙雪山景区旅游，总体来说，游客满意度与重游意愿较高（见图 8–13）。

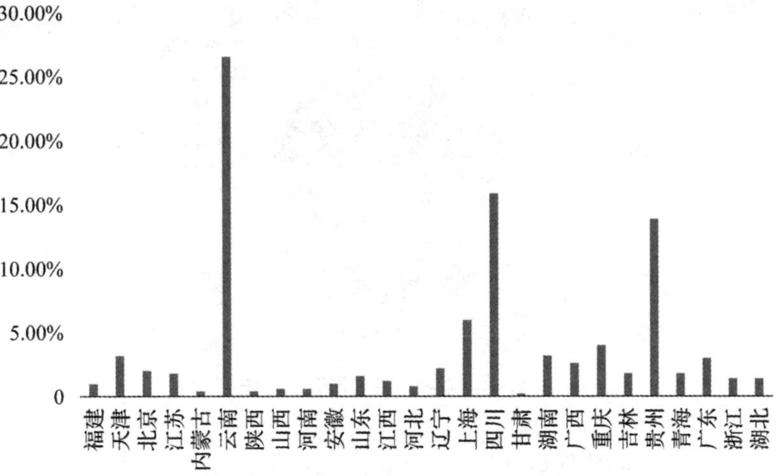

图 8-5　游客问卷的游客客源地统计

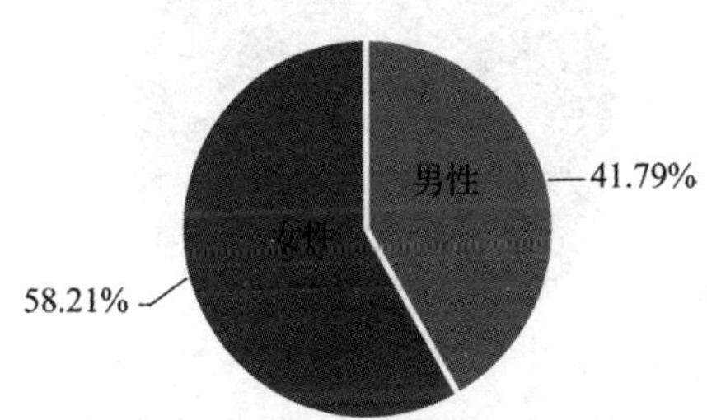

图 8-6　游客问卷的游客性别统计

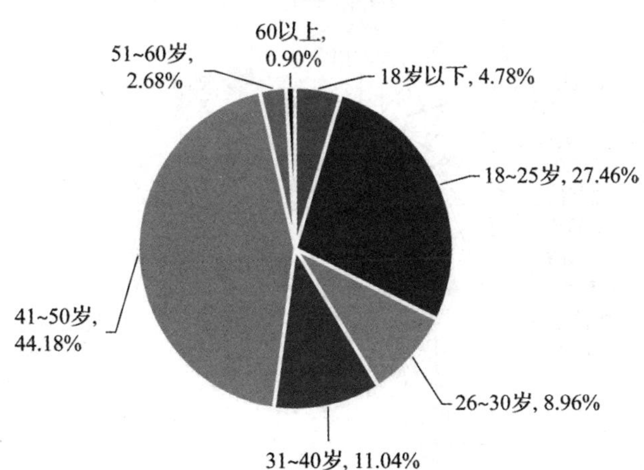

图 8-7　游客问卷的游客年龄段统计

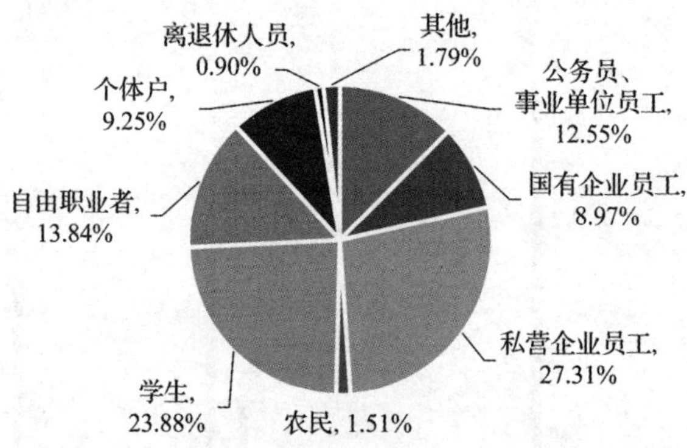

图 8-8　游客问卷的游客职业统计

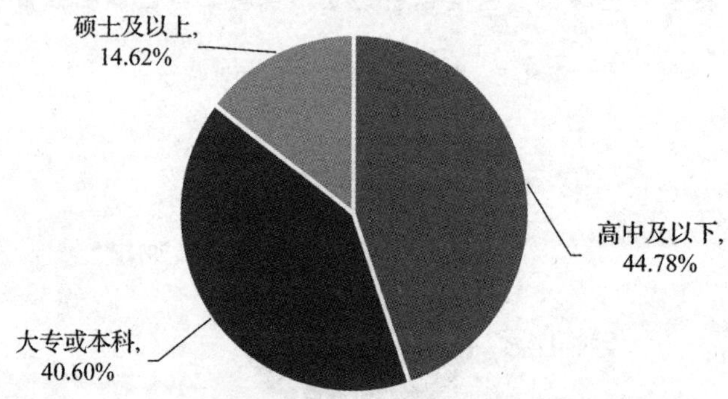

图 8-9　游客问卷的游客学历统计

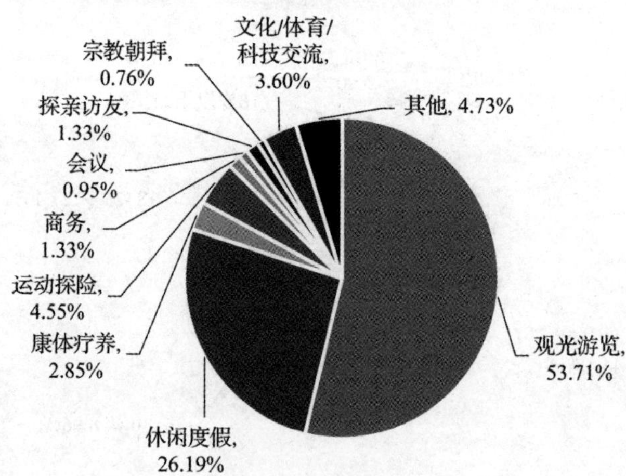

图 8-10　游客问卷的游客出游目的统计

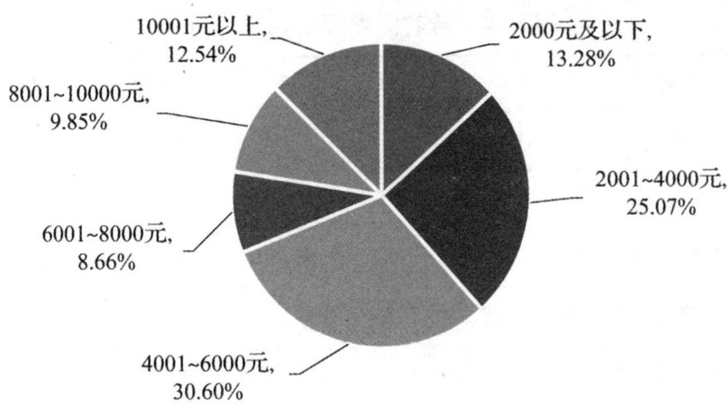

图 8-11　游客问卷的游客收入水平统计

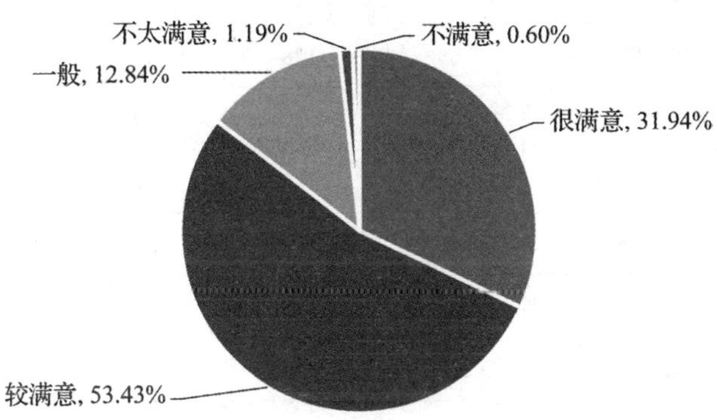

图 8-12　游客问卷的游客满意度统计

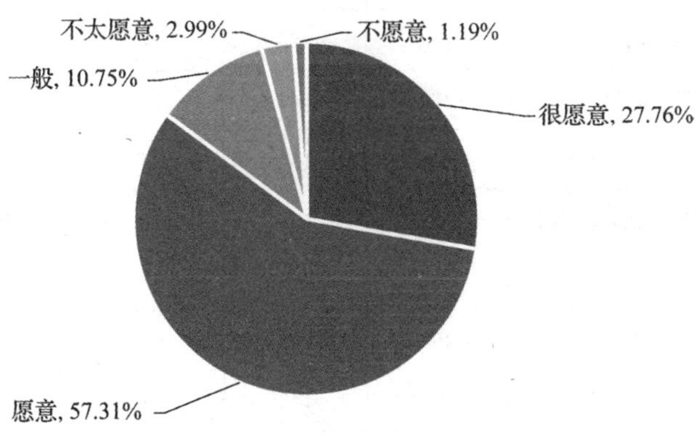

图 8-13　游客问卷的游客重游意愿统计

游客打分问卷与专家打分问卷相似，同样对所涉指标按照 5 级评价，对 505 份游客问卷的打分情况进行汇总，汇总结果如表 8-4 所示。

表 8-4 游客问卷评价结果统计

序号	名称	高质量	较高质量	一般质量	较低质量	低质量
1	气候舒适度	140	298	56	9	2
2	业态与产品的多样性	142	277	72	11	3
3	业态与产品的独特性	301	166	30	8	0
4	周边餐饮价格是否合理	243	133	107	21	2
5	周边住宿价格是否合理	246	145	96	17	2
6	周边交通价格是否合理	244	142	95	21	3
7	产品价格是否合理	226	136	109	30	5
8	民族文化丰度	68	128	294	15	0
9	历史文化丰度	60	121	294	27	3
10	节庆与赛事活动的多样性	18	130	78	276	3
11	节庆与赛事活动的独特性	26	118	95	263	3
12	知名度	338	145	20	3	0
13	美誉度	335	134	32	3	2
14	山地旅游的意愿	273	134	87	11	0
15	游客旅游消费预算	161	270	65	6	3
16	游客闲暇时间	140	289	54	15	6
17	交通便捷程度	273	143	77	11	2
18	旅游要素设施完善程度	78	158	249	18	2
19	旅游公共服务设施完善程度	265	139	92	9	0
20	智慧旅游建设水平	267	179	57	0	2
21	旅游安全保障	268	162	69	6	0
22	居民好客程度	309	148	42	6	0
23	环境保护	154	253	84	14	0
24	市场规范化	273	143	77	11	2

资料来源：作者依据游客问卷整理得出。

（三）专家 + 游客问卷

由于业态与产品的多样性、业态与产品的独特性、民族文化丰度、历史文化丰度、节庆与赛事活动的多样性、节庆与赛事活动的独特性、智慧旅游建设水平、山地旅游安全保障 8 个指标由专家和游客共同评价，因此对这 8 个指标的专家和游客评价结果进行汇总，汇总结果如表 8–5 所示。

表 8–5　专家与游客综合评价结果统计

序号	指标	问卷对象	高质量	较高质量	一般质量	较低质量	低质量
1	业态与产品的多样性	专家	0	8	5	3	0
		游客	142	277	72	11	3
2	业态与产品的独特性	专家	0	10	6	0	0
		游客	301	166	30	8	0
3	民族文化丰度	专家	0	9	6	1	0
		游客	68	128	294	15	0
4	历史文化丰度	专家	1	6	4	5	0
		游客	60	121	294	27	3
5	节庆与赛事活动的多样性	专家	1	3	9	3	0
		游客	18	130	78	276	3
6	节庆与赛事活动的独特性	专家	1	2	11	2	0
		游客	26	118	95	264	3
7	智慧旅游建设水平	专家	0	10	6	0	0
		游客	267	179	57	0	2
8	山地旅游安全保障	专家	1	9	5	1	0
		游客	268	161	69	6	0

资料来源：作者依据专家和游客问卷整理得出。

（四）资料收集与实际调查

评价指标体系中空气质量、植被覆盖率、旅游目的地所在地区人均 GDP、旅游目的地所在地区人均可支配收入、旅游总收入、旅游接待总人数、国家政策推动、区域政策推动、景区承载量、社区参与程度10个指标主要通过实地调研、资料搜集、景区工作人员访谈等进行数据的获取与评价，因此本课题组成员于2020年7月30—31日、10月12—18日、12月27—30日先后3次前往玉龙雪山景区进行实地调研与资料收集，获得了玉龙雪山景区管委会、丽江玉龙旅游股份有限公司等相关负责人的大力支持，获得了相关资料。同时，结合对景区工作人员的访谈以及吴小同（2020）、李婷（2020）对玉龙雪山的研究成果，对标上文构建的评价标准，对以上指标进行评价，如表8-6所示。

表8-6 部分指标的评价结果

序号	指标	高质量	较高质量	一般质量	较低质量	低质量
1	空气质量	一级				
2	植被覆盖率			植被覆盖率为51.37%		
3	旅游目的地所在地区人均GDP		人均GDP在4000～10000美元之间			
4	旅游目的地所在地区人均可支配收入	可支配收入占其人均GDP的30%以上				
5	旅游总收入			年增长率8%		
6	旅游接待总人数	5402.35万人次，大于50万人次				
7	国家政策推动			国家政策对景区发展的推动一般		
8	区域政策推动		区域政策对景区发展的推动较高			
9	社区参与程度	居民参与占比达80%以上				

资料来源：依据实地调研、资料搜集、景区工作人员访谈以及参考相关文献得出。

二、模糊数学综合评价

（一）权重矩阵构建

将上文运用层次分析法得到的各个指标的权重代入权重矩阵当中。

1. 总目标层权重矩阵的构建

P =（吸引力，推动力，支持力，中介力）=（0.3835，0.2732，0.2185，0.1248）

2. 综合层权重矩阵的构建

吸引力 P_1=（资源禀赋，自然生态环境，业态与产品，价格水平，人文环境，品牌形象）=（0.2370，0.1904，0.2276，0.0913，0.0610，0.1930）

推动力 P_2=（旅游目的地所在地区经济发展水平，旅游目的地所在地区旅游发展水平，市场需求，政策推动）=（0.3400，0.2368，0.1358，0.2873）

支持力 P_3=（硬环境，软环境）=（0.6668，0.3332）

中介力 P_4=（宣传营销推介，中介机构）=（0.6667，0.3333）

3. 项目层权重矩阵的构建

资源禀赋 P_{11}=（资源的观赏游憩使用价值，资源的历史文化科学艺术价值，资源的珍稀奇特程度，资源的规模、丰度与几率，资源的完整性，资源的知名度和影响力，资源的适游期或使用范围）=（0.1639，0.1078，0.1760，0.0891，0.0484，0.3234，0.0913）

自然生态环境 P_{12}=（气候舒适度，地形地貌独特性，空气质量，植被覆盖率，生物多样性）=（0.3466，0.2425，0.1603，0.1110，0.1384）

业态与产品 P_{13}=（业态与产品的多样性，业态与产品的独特性）=（0.1660，0.8322）

价格水平 P_{14}=（餐饮价格合理度，住宿价格合理度，交通价格合理度，产品价格合理度）=（0.1171，0.0714，0.3771，0.4343）

人文环境 P_{15}=（民族文化丰度，历史文化丰度，节庆与赛事活动的多样性，节庆与赛事活动的独特性）=（0.3333，0.2521，0.2436，0.1667）

品牌形象 P_{16}=（知名度，美誉度）=（0.6662，0.3338）

旅游目的地所在地区经济发展水平 P_{21}=（旅游目的地所在地区人均 GDP，旅游目的地所在地区人均可支配收入）=（0.1668，0.8332）

旅游目的地所在地区旅游发展水平 P_{22}=（旅游总收入，旅游接待总人数）=

（0.2504，0.7512）

市场需求 P_{23}=（主观需求，游客收入水平，游客闲暇时间）=（0.1833，0.1563，0.6604）

政策推动 P_{24}=（国家政策推动，区域政策推动）=（0.6662，0.3338）

硬环境 P_{31}=（交通便捷程度，山地旅游要素设施完善程度，山地旅游公共服务设施完善程度，景区承载量）=（0.3953，0.2388，0.1977，0.1682）

软环境 P_{32}=（智慧旅游建设水平，山地旅游安全保障，与周边景区的联动水平，景区经营管理水平，居民好客程度，社区参与程度，环境保护，人才队伍建设，市场规范化）=（0.0481，0.1442，0.0549，0.1442，0.0646，0.0714，0.1896，0.1195，0.1635）

宣传营销推介 P_{41}=（传统营销，新媒体营销）=（0.2476，0.7512）

中介机构 P_{42}=（线下旅行社，旅游行业协会，线上网络平台）=（0.5938，0.2500，0.1563）

（二）方案层隶属度矩阵构建

根据上文对方案层指标的评价结果，构建方案层隶属度矩阵 Z_i（i=1，2，3，　，51），构建规则如下：

针对专家问卷评价结果，如对“资源的观赏游憩使用价值”该指标，16 名专家中有 7 名专家认为“质量高”，有 9 名专家认为“质量较高”，那么该指标的隶属度矩阵就为（7/16，9/16，0，0，0）。

针对游客问卷评价结果，如对“气候舒适度”该指标，505 名游客中 140 名游客认为“质量高”、298 名游客认为“质量较高”、56 名游客认为“质量一般”、9 名游客认为“质量较低”、2 名游客认为“质量低”，那么该指标的隶属度矩阵就为（140/505，298/505，56/505，9/505，2/505）。

针对专家和游客综合问卷评价结果，如对“业态与产品的多样性”该指标，16 名专家中有 8 名专家认为“质量较高”，有 5 名专家认为“质量一般”，有 3 名专家认为“质量较低”，那么该指标的专家评价隶属度矩阵就为（0，8/16，5/16，3/16，0）。505 名游客中 142 名游客认为“质量高”、277 名游客认为“质量较高”、72 名游客认为“质量一般”、11 名游客认为“质量较低”、3 名游客认为“质量低”，那么该指标的游客评价隶属度矩阵就为（142/505，277/505，72/505，11/505，3/505）。该指标的综合隶属度矩阵就为专家评价隶属度矩阵与游客评价隶属度矩阵的平均值。

针对实地调研、数据收集、景区工作人员访谈等方法获得的结果，如“空气质量”该指标，被评价为“质量高”，那么该指标的隶属度矩阵就为（1，0，0，0，0）。

（三）项目层模糊综合判断

1. 项目层隶属矩阵的构建

$$资源禀赋\ L_1=\begin{pmatrix}0.4375 & 0.5625 & 0.0000 & 0.0000 & 0.0000\\ 0.1875 & 0.6250 & 0.1875 & 0.0000 & 0.0000\\ 0.1875 & 0.6875 & 0.1250 & 0.0000 & 0.0000\\ 0.1250 & 0.7500 & 0.1250 & 0.0000 & 0.0000\\ 0.0625 & 0.6250 & 0.3125 & 0.0000 & 0.0000\\ 0.3750 & 0.6250 & 0.0000 & 0.0000 & 0.0000\\ 0.3125 & 0.3750 & 0.3125 & 0.0000 & 0.0000\end{pmatrix}$$

$$自然生态环境\ L_2=\begin{pmatrix}0.2772 & 0.5901 & 0.1109 & 0.0178 & 0.0040\\ 0.5000 & 0.3125 & 0.1875 & 0.0000 & 0.0000\\ 1.0000 & 0.0000 & 0.0000 & 0.0000 & 0.0000\\ 0.0000 & 0.0000 & 1.0000 & 0.0000 & 0.0000\\ 0.1250 & 0.4375 & 0.4375 & 0.0000 & 0.0000\end{pmatrix}$$

$$业态与产品\ L_3=\begin{pmatrix}0.1406 & 0.5243 & 0.2275 & 0.1046 & 0.0030\\ 0.2980 & 0.4769 & 0.2172 & 0.0079 & 0.0000\end{pmatrix}$$

$$价格水平\ L_4=\begin{pmatrix}0.4812 & 0.2634 & 0.2119 & 0.0416 & 0.0040\\ 0.4871 & 0.2871 & 0.1901 & 0.0337 & 0.0040\\ 0.4832 & 0.2812 & 0.1881 & 0.0416 & 0.0059\\ 0.4475 & 0.2693 & 0.2158 & 0.0594 & 0.0099\end{pmatrix}$$

$$人文环境\ L_5=\begin{pmatrix}0.0673 & 0.4080 & 0.4786 & 0.0461 & 0.0000\\ 0.0907 & 0.3073 & 0.4161 & 0.1830 & 0.0030\\ 0.0491 & 0.2225 & 0.3585 & 0.3670 & 0.0030\\ 0.0570 & 0.1793 & 0.4378 & 0.3229 & 0.0030\end{pmatrix}$$

$$品牌形象\ L_6=\begin{pmatrix}0.6693 & 0.2871 & 0.0396 & 0.0059 & 0.0000\\ 0.6634 & 0.2653 & 0.0634 & 0.0059 & 0.0040\end{pmatrix}$$

$$旅游目的地所在地区经济发展水平\ L_7=\begin{pmatrix}0.0000 & 1.0000 & 0.0000 & 0.0000 & 0.0000\\ 1.0000 & 0.0000 & 0.0000 & 0.0000 & 0.0000\end{pmatrix}$$

旅游目的地所在地区旅游发展水平 $L_8 = \begin{pmatrix} 0.0000 & 0.0000 & 1.0000 & 0.0000 & 0.0000 \\ 1.0000 & 0.0000 & 0.0000 & 0.0000 & 0.0000 \end{pmatrix}$

市场需求 $L_9 = \begin{pmatrix} 0.5406 & 0.2653 & 0.1723 & 0.0218 & 0.0000 \\ 0.3188 & 0.5347 & 0.1287 & 0.0119 & 0.0059 \\ 0.2772 & 0.5723 & 0.1069 & 0.0297 & 0.0119 \end{pmatrix}$

政策推动 $L_{10} = \begin{pmatrix} 0.0000 & 0.0000 & 1.0000 & 0.0000 & 0.0000 \\ 0.0000 & 1.0000 & 0.0000 & 0.0000 & 0.0000 \end{pmatrix}$

硬环境 $L_{11} = \begin{pmatrix} 0.5406 & 0.2832 & 0.1525 & 0.0218 & 0.0040 \\ 0.1545 & 0.3129 & 0.4931 & 0.0356 & 0.0040 \\ 0.5248 & 0.2752 & 0.1822 & 0.0178 & 0.0000 \\ 0.1875 & 0.6250 & 0.1875 & 0.0000 & 0.0000 \end{pmatrix}$

软环境 $L_{12} = \begin{pmatrix} 0.2644 & 0.4897 & 0.2439 & 0.0000 & 0.0020 \\ 0.2966 & 0.4416 & 0.2246 & 0.0372 & 0.0000 \\ 0.0000 & 0.4375 & 0.3125 & 0.2500 & 0.0000 \\ 0.0625 & 0.7500 & 0.1875 & 0.0000 & 0.0000 \\ 0.6119 & 0.2931 & 0.0832 & 0.0119 & 0.0000 \\ 1.0000 & 0.0000 & 0.0000 & 0.0000 & 0.0000 \\ 0.3050 & 0.5010 & 0.1663 & 0.0277 & 0.0000 \\ 0.0000 & 0.1875 & 0.8125 & 0.0000 & 0.0000 \\ 0.5406 & 0.2832 & 0.1525 & 0.0218 & 0.0040 \end{pmatrix}$

宣传营销推介 $L_{13} = \begin{pmatrix} 0.1875 & 0.3750 & 0.3750 & 0.0625 & 0.0000 \\ 0.0625 & 0.5000 & 0.3750 & 0.0625 & 0.0000 \end{pmatrix}$

中介机构 $L_{14} = \begin{pmatrix} 0.1250 & 0.6875 & 0.1875 & 0.0000 & 0.0000 \\ 0.1875 & 0.7500 & 0.0625 & 0.0000 & 0.0000 \\ 0.0000 & 0.1250 & 0.6875 & 0.1875 & 0.0000 \end{pmatrix}$

2. 模糊综合判断

资源禀赋 $Q_1=P_{11} \cdot L_1$

$$= \begin{pmatrix} 0.1639 \\ 0.1078 \\ 0.1760 \\ 0.0891 \\ 0.0484 \\ 0.3234 \\ 0.0913 \end{pmatrix}^T \cdot \begin{pmatrix} 0.4375 & 0.5625 & 0.0000 & 0.0000 & 0.0000 \\ 0.1875 & 0.6250 & 0.1875 & 0.0000 & 0.0000 \\ 0.1875 & 0.6875 & 0.1250 & 0.0000 & 0.0000 \\ 0.1250 & 0.7500 & 0.1250 & 0.0000 & 0.0000 \\ 0.0625 & 0.6250 & 0.3125 & 0.0000 & 0.0000 \\ 0.3750 & 0.6250 & 0.0000 & 0.0000 & 0.0000 \\ 0.3125 & 0.3750 & 0.3125 & 0.0000 & 0.0000 \end{pmatrix}$$

=（0.2889，0.6140，0.0970，0.0000，0.0000）

自然生态环境 $Q_2=P_{12} \cdot L_2$

$$=\begin{pmatrix}0.3466\\0.2425\\0.1603\\0.1110\\0.1384\end{pmatrix}^T \cdot \begin{pmatrix}0.2772 & 0.5901 & 0.1109 & 0.0178 & 0.0040\\0.5000 & 0.3125 & 0.1875 & 0.0000 & 0.0000\\1.0000 & 0.0000 & 0.0000 & 0.0000 & 0.0000\\0.0000 & 0.0000 & 1.0000 & 0.0000 & 0.0000\\0.1250 & 0.4375 & 0.4375 & 0.0000 & 0.0000\end{pmatrix}$$

=（0.3949，0.3408，0.2554，0.0062，0.0014）

业态与产品 $Q_3=P_{13} \cdot L_3$

$$=\begin{pmatrix}0.1660\\0.8322\end{pmatrix}^T \cdot \begin{pmatrix}0.1406 & 0.5243 & 0.2275 & 0.1046 & 0.0030\\0.2980 & 0.4769 & 0.2172 & 0.0079 & 0.0000\end{pmatrix}$$

=（0.2714，0.4839，0.2185，0.0240，0.0005 ）

价格水平 $Q_4=P_{14} \cdot L_4$

$$=\begin{pmatrix}0.1171\\0.0714\\0.3771\\0.4343\end{pmatrix}^T \cdot \begin{pmatrix}0.4812 & 0.2634 & 0.2119 & 0.0416 & 0.0040\\0.4871 & 0.2871 & 0.1901 & 0.0337 & 0.0040\\0.4832 & 0.2812 & 0.1881 & 0.0416 & 0.0059\\0.4475 & 0.2693 & 0.2158 & 0.0594 & 0.0099\end{pmatrix}$$

=（0.4677，0.2743，0.2031，0.0488，0.0073 ）

人文环境 $Q_5=P_{15} \cdot L_5$

$$=\begin{pmatrix}0.3333\\0.2521\\0.2436\\0.1667\end{pmatrix}^T \cdot \begin{pmatrix}0.0673 & 0.4080 & 0.4786 & 0.0461 & 0.0000\\0.0907 & 0.3073 & 0.4161 & 0.1830 & 0.0030\\0.0491 & 0.2225 & 0.3585 & 0.3670 & 0.0030\\0.0570 & 0.1793 & 0.4378 & 0.3229 & 0.0030\end{pmatrix}$$

=（0.0667，0.2975，0.4247，0.2047，0.0020 ）

品牌形象 $Q_6=P_{16} \cdot L_6$

$$=\begin{pmatrix}0.6662\\0.3338\end{pmatrix}^T \cdot \begin{pmatrix}0.6693 & 0.2871 & 0.0396 & 0.0059 & 0.0000\\0.6634 & 0.2653 & 0.0634 & 0.0059 & 0.0040\end{pmatrix}$$

=（0.6673，0.2799，0.0475，0.0059，0.0013）

旅游目的地所在地区经济发展水平 $Q_7=P_{21} \cdot L_7$

$$=\begin{pmatrix}0.1668\\0.8332\end{pmatrix}^T \cdot \begin{pmatrix}0,.0000 & 1.0000 & 0.0000 & 0.0000 & 0.0000\\1.0000 & 0.0000 & 0.0000 & 0.0000 & 0.0000\end{pmatrix}$$

=（0.8332，0.1668，0.0000，0.0000，0.0000）

旅游目的地所在地区旅游发展水平 $Q_8=P_{22}\cdot L_8$

$$=\begin{pmatrix}0.2504\\0.7512\end{pmatrix}^T\cdot\begin{pmatrix}0.0000&0.0000&1.0000&0.0000&0.0000\\1.0000&0.0000&0.0000&0.0000&0.0000\end{pmatrix}$$

=（0.7512，0.0000，0.2504，0.0000，0.0000）

市场需求 $Q_9=P_{23}\cdot L_9$

$$=\begin{pmatrix}0.1833\\0.1563\\0.6604\end{pmatrix}^T\cdot\begin{pmatrix}0.5406&0.2653&0.1723&0.0218&0.0000\\0.3188&0.5347&0.1287&0.0119&0.0059\\0.2772&0.5723&0.1069&0.0297&0.0119\end{pmatrix}$$

=（0.3320，0.5101，0.1223，0.0255，0.0088）

政策推动 $Q_{10}=P_{24}\cdot L_{10}$

$$=\begin{pmatrix}0.6662\\0.3338\end{pmatrix}^T\cdot\begin{pmatrix}0.0000&0.0000&1.0000&0.0000&0.0000\\0.0000&1.0000&0.0000&0.0000&0.0000\end{pmatrix}$$

=（0.0000，0.3338，0.6662，0.0000，0.0000）

硬环境 $Q_{11}=P_{31}\cdot L_{11}$

$$=\begin{pmatrix}0.3953\\0.2388\\0.1977\\0.1682\end{pmatrix}^T\cdot\begin{pmatrix}0.5406&0.2832&0.1525&0.0218&0.0040\\0.1545&0.3129&0.4931&0.0356&0.0040\\0.5248&0.2752&0.1822&0.0178&0.0000\\0.1875&0.6250&0.1875&0.0000&0.0000\end{pmatrix}$$

=（0.3859，0.3462，0.2456，0.0206，0.0025）

软环境 $Q_{12}=P_{32}\cdot L_{12}$

$$=\begin{pmatrix}0.0481\\0.1442\\0.0549\\0.1442\\0.0646\\0.0714\\0.1896\\0.1195\\0.1635\end{pmatrix}^T\cdot\begin{pmatrix}0.2644&0.4897&0.2439&0.0000&0.0020\\0.2966&0.4416&0.2246&0.0372&0.0000\\0.0000&0.4375&0.3125&0.2500&0.0000\\0.0625&0.7500&0.1875&0.0000&0.0000\\0.6119&0.2931&0.0832&0.0119&0.0000\\1.0000&0.0000&0.0000&0.0000&0.0000\\0.3050&0.5010&0.1663&0.0277&0.0000\\0.0000&0.1875&0.8125&0.0000&0.0000\\0.5406&0.2832&0.1525&0.0218&0.0040\end{pmatrix}$$

=（0.3216，0.4020，0.2472，0.0287，0.0007）

宣传营销推介 $Q_{13}=P_{41}\cdot L_{13}$

$$= \begin{pmatrix} 0.2476 \\ 0.7512 \end{pmatrix}^T \cdot \begin{pmatrix} 0.1875 & 0.3750 & 0.3750 & 0.0625 & 0.0000 \\ 0.0625 & 0.5000 & 0.3750 & 0.0625 & 0.0000 \end{pmatrix}$$

$= (0.1094, 0.6403, 0.2337, 0.0155, 0.0000)$

中介机构 $Q_{14}=P_{42} \cdot L_{14}$

$$= \begin{pmatrix} 0.5938 \\ 0.2500 \\ 0.1563 \end{pmatrix}^T \cdot \begin{pmatrix} 0.1250 & 0.6875 & 0.1875 & 0.0000 & 0.0000 \\ 0.1875 & 0.7500 & 0.0625 & 0.0000 & 0.0000 \\ 0.0000 & 0.1250 & 0.6875 & 0.1875 & 0.0000 \end{pmatrix}$$

$= (0.1406, 0.5743, 0.2383, 0.0469, 0.0000)$

（四）综合层模糊综合判断

1. 综合层隶属矩阵

$$吸引力\ D_1 = \begin{pmatrix} 0.2889 & 0.6140 & 0.0970 & 0.0000 & 0.0000 \\ 0.3949 & 0.3408 & 0.2554 & 0.0062 & 0.0014 \\ 0.2714 & 0.4839 & 0.2185 & 0.0240 & 0.0005 \\ 0.4677 & 0.2743 & 0.2031 & 0.0488 & 0.0073 \\ 0.0667 & 0.2975 & 0.4247 & 0.2047 & 0.0020 \\ 0.6673 & 0.2799 & 0.0475 & 0.0059 & 0.0013 \end{pmatrix}$$

$$推动力\ D_2 = \begin{pmatrix} 0.8332 & 0.1668 & 0.0000 & 0.0000 & 0.0000 \\ 0.7512 & 0.0000 & 0.2504 & 0.0000 & 0.0000 \\ 0.3320 & 0.5101 & 0.1223 & 0.0255 & 0.0088 \\ 0.0000 & 0.3338 & 0.6662 & 0.0000 & 0.0000 \end{pmatrix}$$

$$支持力\ D_3 = \begin{pmatrix} 0.3859 & 0.3462 & 0.2456 & 0.0206 & 0.0025 \\ 0.3216 & 0.4020 & 0.2472 & 0.0287 & 0.0007 \end{pmatrix}$$

$$中介力\ D_4 = \begin{pmatrix} 0.1094 & 0.6403 & 0.2337 & 0.0155 & 0.0000 \\ 0.1406 & 0.5743 & 0.2383 & 0.0469 & 0.0000 \end{pmatrix}$$

2. 模糊综合判断

吸引力 $U_1=P_1 \cdot D_1$

$$= \begin{pmatrix} 0.2370 \\ 0.1904 \\ 0.2276 \\ 0.0913 \\ 0.0610 \\ 0.1930 \end{pmatrix}^T \cdot \begin{pmatrix} 0.2889 & 0.6140 & 0.0970 & 0.0000 & 0.0000 \\ 0.3949 & 0.3408 & 0.2554 & 0.0062 & 0.0014 \\ 0.2714 & 0.4839 & 0.2185 & 0.0240 & 0.0005 \\ 0.4677 & 0.2743 & 0.2031 & 0.0488 & 0.0073 \\ 0.0667 & 0.2975 & 0.4247 & 0.2047 & 0.0020 \\ 0.6673 & 0.2799 & 0.0475 & 0.0059 & 0.0013 \end{pmatrix}$$

$= (0.3810, 0.4177, 0.1750, 0.0247, 0.0014)$

推动力 $U_2=P_2 \cdot D_2$

$$=\begin{pmatrix}0.3400\\0.2368\\0.1358\\0.2873\end{pmatrix}^T \cdot \begin{pmatrix}0.8332 & 0.1668 & 0.0000 & 0.0000 & 0.0000\\0.7512 & 0.0000 & 0.2504 & 0.0000 & 0.0000\\0.3320 & 0.5101 & 0.1223 & 0.0255 & 0.0088\\0.0000 & 0.3338 & 0.6662 & 0.0000 & 0.0000\end{pmatrix}$$

=（0.5063，0.2219，0.2673，0.0035，0.0012）

支持力 $U_3=P_3 \cdot D_3$

$$=\begin{pmatrix}0.6668\\0.3332\end{pmatrix}^T \cdot \begin{pmatrix}0.3859 & 0.3462 & 0.2456 & 0.0206 & 0.0025\\0.3216 & 0.4020 & 0.2472 & 0.0287 & 0.0007\end{pmatrix}$$

=（0.3645，0.3648，0.2461，0.0233，0.0019）

中介力 $U_4=P_4 \cdot D_4$

$$=\begin{pmatrix}0.6667\\0.3333\end{pmatrix}^T \cdot \begin{pmatrix}0.1094 & 0.6403 & 0.2337 & 0.0155 & 0.0000\\0.1406 & 0.5743 & 0.2383 & 0.0469 & 0.0000\end{pmatrix}$$

=（0.1198，0.6183，0.2352，0.0259，0.0000）

（五）总目标层模糊综合判断

1. 总目标层隶属矩阵

玉龙雪山景区旅游高质量发展驱动机制

$$T_1=\begin{pmatrix}0.3810 & 0.4177 & 0.1750 & 0.0247 & 0.0014\\0.5063 & 0.2219 & 0.2673 & 0.0035 & 0.0012\\0.3645 & 0.3648 & 0.2461 & 0.0233 & 0.0019\\0.1198 & 0.6183 & 0.2352 & 0.0259 & 0.0000\end{pmatrix}$$

2. 模糊综合判断

玉龙雪山景区旅游高质量发展驱动机制

$$R_1=P \cdot T_1=\begin{pmatrix}0.3835\\0.2732\\0.2185\\0.1248\end{pmatrix}^T \cdot \begin{pmatrix}0.3810 & 0.4177 & 0.1750 & 0.0247 & 0.0014\\0.5063 & 0.2219 & 0.2673 & 0.0035 & 0.0012\\0.3645 & 0.3648 & 0.2461 & 0.0233 & 0.0019\\0.1198 & 0.6183 & 0.2352 & 0.0259 & 0.0000\end{pmatrix}$$

=（0.3790，0.3777，0.2233，0.0188，0.0013）

（六）最终结果计算

设赋值向量为 W（9，7，5，3，1）。总目标层的最终得分按照 $R_1 \cdot WT$ 计算得出；综合层的最终得分按照 $U_i \cdot WT$（i=1，2，3，4）分别计算得出；项目层的

最终得分按照 $Q_i \cdot WT$（i=1，2，3　，14）分别计算得出；方案层的最终得分按照 $Z_i \cdot WT$（i=1，2，3　，51）分别计算得出。各层级最终得分汇总如表 8–7 所示。

表 8–7　玉龙雪山景区旅游高质量发展驱动机制评价得分汇总

总目标层	得分	综合层	得分	项目层	得分	方案层	得分
玉龙雪山景区旅游高质量发展驱动机制（S）	7.2287	吸引力（A1）	7.3035	资源禀赋（B1）	7.3831	资源的观赏游憩使用价值（C1）	7.8750
						资源的历史文化科学艺术价值（C2）	7.0000
						资源的珍稀奇特程度（C3）	7.1250
						资源的规模、丰度与几率（C4）	7.0000
						资源的完整性（C5）	6.5000
						资源的知名度和影响力（C6）	7.7500
						资源的适游期或使用范围（C7）	7.0000
				自然生态环境（B2）	7.2368	气候舒适度（C8）	7.2376
						地质地貌独特性（C9）	7.6250
						空气质量（C10）	9.0000
						植被覆盖率（C11）	5.0000
						生物多样性（C12）	6.3750
				业态与产品（B3）	6.9942	业态与产品的多样性（C13）	6.3897
						业态与产品的独特性（C14）	7.1300
				价格水平（B4）	7.2984	餐饮价格合理度（C15）	7.3624
						住宿价格合理度（C16）	7.4495
						交通价格合理度（C17）	7.3881
						产品价格合理度（C18）	7.1802

续表

总目标层	得分	综合层	得分	项目层	得分	方案层	得分
玉龙雪山景区旅游高质量发展驱动机制（S）	7.2287			人文环境（B5）	5.4232	民族文化丰度（C19）	5.9931
						历史文化丰度（C20）	5.5994
						节庆与赛事活动的多样性（C21）	4.8953
						节庆与赛事活动的独特性（C22）	4.9290
				品牌形象（B6）	8.2217	知名度（C23）	8.2495
						美誉度（C24）	8.1663
		推动力（A2）	7.4576	旅游目的地所在地区经济发展水平（B7）	8.6664	旅游目的地所在地区人均GDP（C25）	7.0000
						旅游目的地所在地区人均可支配收入（C26）	9.0000
				旅游目的地所在地区旅游发展水平（B8）	8.0128	旅游总收入（C27）	5.0000
						旅游接待总人数（C28）	9.0000
				市场需求（B9）	7.2557	主观需求（C29）	7.6495
						游客收入水平（C30）	7.2970
						游客闲暇时间（C31）	7.1366
				政策推动（B10）	5.6676	国家政策推动（C32）	5.0000
						区域政策推动（C33）	7.0000
		支持力（A3）	7.1363	硬环境（B11）	7.1884	交通便捷程度（C34）	7.6792
						山地旅游要素设施完善程度（C35）	6.1564
						山地旅游公共服务设施完善程度（C36）	7.6139
						景区承载量（C37）	7.0000

续表

总目标层	得分	综合层	得分	项目层	得分	方案层	得分
玉龙雪山景区旅游高质量发展驱动机制（S）	7.2287	支持力（A3）	7.1363	软环境（B12）	7.0319	智慧旅游建设水平（C38）	7.0290
						山地旅游安全保障（C39）	6.9953
						与周边景区的联动水平（C40）	5.3750
						景区经营管理水平（C41）	6.7500
						居民好客程度（C42）	8.0099
						社区参与程度（C43）	9.0000
						环境保护（C44）	7.1663
						人才队伍建设（C45）	5.3750
						市场规范化（C46）	7.6792
		中介力（A4）	6.6600	宣传营销推介（B13）	6.6811	传统营销（C47）	6.1250
						新媒体营销（C48）	6.8750
				中介机构（B14）	6.6179	线下旅行社（C49）	7.2500
						旅游行业协会（C50）	4.8750
						线上网络平台（C51）	7.0000

（七）评价结果分析

根据上文的等级划分标准，得分在（8–10]分区间内的为高质量等级，（6–8]分为较高质量等级，（4–6]分为一般质量等级，（2–4]分为较低质量等级，[0–2]分为低质量等级。玉龙雪山景区旅游高质量发展驱动机制现状评分为7.2287分，属于较高质量等级，说明玉龙雪山景区旅游高质量发展驱动机制仍存在一定提升空间。从综合层的得分结果来看，四大动力系统的得分排名顺序为推动力（7.4576）> 吸引力（7.3035）> 支持力（7.1363）> 中介力（6.6600），都处于较高质量等级，其中推动力、吸引力、支持力得分都高于7分，中介力得分低于7分，说明玉龙雪山景区旅游高质量发展驱动机制的四大动力系统中中介力系统最弱。项目层的14

项指标当中，品牌形象（8.2217）、旅游目的地所在地区经济发展水平（8.6664）、旅游目的地所在地区旅游发展水平（8.0128）3项指标得分超过8分，处于高质量等级；资源禀赋（7.3831）、自然生态环境（7.2368）、业态与产品（6.9942）、价格水平（7.2984）、市场需求（7.2557）、硬环境（7.1884）、软环境（7.0319）、宣传营销推介（6.6811）、中介机构（6.6179）9项指标属于较高质量等级；只有人文环境（5.4232）、政策推动（5.6676）2项指标等级较低，属于一般质量等级，说明玉龙雪山景区有必要进一步优化人文环境、强化政策推动。方案层共有51项指标，其中有7项指标得分水平处于高质量等级，占指标总数的13.72%；有34项指标得分水平处于较高质量等级，占指标总数的66.67%；有10项指标得分水平处于一般质量等级，占指标总数的19.61%；较高质量等级和高质量等级指标之和占比达到了80.39%，由此可见玉龙雪山景区旅游高质量发展驱动机制总体上发展现状较为良好，但仍有大部分驱动因子未达到高质量等级，依然需要进一步改进提升（见图8-14）。

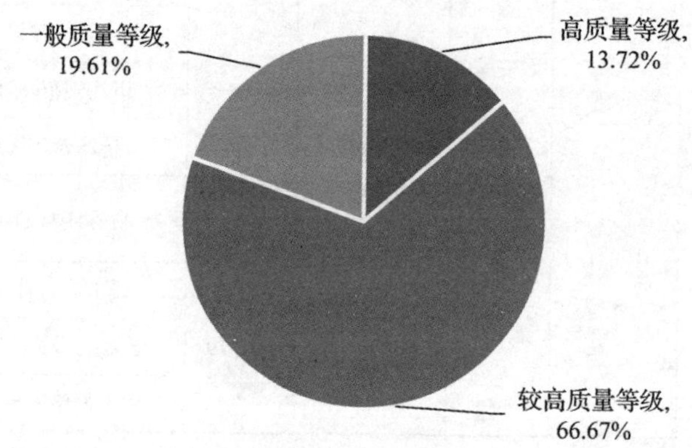

图8-14　玉龙雪山景区旅游高质量发展驱动机制方案层得分等级占比

资料来源：作者依据计算结果整理绘制。

第四节　玉龙雪山景区旅游发展存在的主要问题

根据上文的评价结果，可以发现人文环境、业态与产品的多样性、与周边景区的联动水平、旅游总收入以及人才队伍建设这几个指标在所有指标中得分靠后。并且，根据本书对山地景区旅游高质量发展的定义，山地景区旅游高质量发展最终要实现提高山地景区旅游者旅游体验感和满意度、提高山地景区运营管理效率、提高山地景区社区居民生活质量水平、带动区域社会和谐与经济发展的目标。而这几个指标恰恰对实现高质量发展的目标具有重要影响，如人文环境与业态产品的多样性对山地旅游者旅游体验感和满意度有着关键影响；人才队伍建设对景区运营管理效率有着重大影响；旅游总收入以及与周边景区的联动水平对于提高社区居民生活质量水平、带动区域社会和谐与经济发展发挥着不可忽视的作用。因此，结合山地景区旅游高质量发展的理念以及上文的评价结果，可以总结出玉龙雪山景区旅游发展目前主要存在着人文资源开发利用不足、业态产品相对传统单一、与周边景区联动效果有待加强、旅游收入来源单一以及人才队伍多样化水平不足等问题。

一、人文资源开发利用不足

上文对人文环境的评价分数在所有项目层指标中最低，仅为 5.4232，在人文环境下属四个指标中，评价得分排名分别为民族文化丰度（5.9931）、历史文化丰度（5.5994）、节庆与赛事活动的多样性（4.8953）、节庆与赛事活动的独特性（4.9290），说明玉龙雪山景区的人文资源开发利用程度较低。通过玉龙雪山景区资源的调查分类发现，玉龙雪山景区自然与人文旅游资源分别占资源总数的 60.7% 与 39.3%，自然旅游资源比重大于人文旅游资源。同时，通过玉龙雪山景区的实地调研了解到，玉龙雪山景区现在对游客最具吸引力的旅游产品主要以冰川公园、云杉坪、牦牛坪、蓝月谷、《印象·丽江》为主，而冰川公园、云杉坪、牦牛坪、蓝月谷均是依赖于景区内优质的自然资源所开发打造的，唯有《印象·丽江》是依托人文资源所打造的，由此可见景区内对于自然资源的开发利用程度要远远高于人文资源。在旅游消费需求出现转向以及文旅融合趋势渐显的旅游市场下，单单依靠景区内独特多样的自然资源显然不是长久之计，玉龙雪山景区还需要思考如何将景区内的民族与历史人文资源进行创造性的设计与利用，进一步打造一批高质量、高影响力、高知名度的民族演艺产品、节庆产品、文创产品、体育赛事等，为景区赋予更多的人文内涵，将文化符号融于旅游产品当中，使游客在旅途过程中不仅能领略自然风光，更能接受到文化的熏陶，从而学习知识、陶冶情操、开阔视野、体验民族风情。唯有如此，玉龙雪山景区才能更加富有竞争力，对客源市场的吸引力才能进一步提高。

二、业态产品相对传统单一

根据对玉龙雪山景区的实地调研发现，玉龙雪山景区目前仍然以雪山风光、高山草甸、亲水栈道等观光游憩旅游为主，山上的文化旅游产品、休闲度假产品、娱乐体验产品、运动康体产品等较少。游客问卷也普遍反映玉龙雪山景区的资源较为独特，但产品业态则相对单一和普通。除此之外，对玉龙雪山景区业态与产品的评分结果也相对较低，仅为 6.9942。造成这个问题最主要的原因在于玉龙雪山景区的生态相对敏感，十分脆弱，在以绿色生态发展为第一导向的经济发展政策背景下，着实不宜开发大型建设性项目，只能依托山上资源建设一些对生态环境危害较小的辅助性设施。除此之外，玉龙雪山景区多数区域地势复杂、坡度较陡，对于项目的开发建设也形成了一定的难度，因此，目前景区内住宿和餐饮设施只建设有一个度假酒店和一个雪厨自助餐厅，仅能满足小部分高消费游客需求，远远无法满足大众旅游需求。大部分的文化旅游产品、休闲度假产品、娱乐体验产品都集中在玉龙雪山景区山脚下的其他 7 个景区内，这些景区由于海拔较低、地势较为平坦，故而产品业态和旅游设施相较于玉龙雪山景区山上更为丰富，但由于玉龙雪山景区产生的“遮蔽效应”过强，使得这些景区知名度都不高，官方又缺乏对这些景区的宣传，使得这些景区无法进入游客的视线，往往很多游客仅在玉龙雪山景区游玩后即离去，游客也就无法体验到这些景区内的产品及业态。

三、与周边景区联动效果有待加强

玉龙雪山景区与周边景区的联动水平的评分结果较低，仅为 5.3750，说明玉龙雪山景区与周边景区之间的合作联动仍然存在较大的提升空间。玉龙雪山景区周边另有玉水寨、东巴谷、白沙壁画等其他 7 个景区，相隔距离并不远，真正形成了景区集聚态势。2008 年，玉龙雪山景区正式推行“大玉龙”发展模式，游客可以通过购买联票，实现一票游玩玉龙雪山以及周边其他 7 个景区。该模式的提出体现了当地政府以及玉龙雪山景区对景区联动重要性的充分认识，希望能够让游客在丽江的停留时间延长，从而创造更高的经济效益。该模式确实起到了一定预想中的效果，也为国内其他景区提供了经验借鉴，但目前大玉龙景区的联动效果依然还需要进一步提升。在对玉龙雪山景区以及周边景区的实地调研中发现，玉龙雪山景区的游客量即使在淡季依然较多，但周边景区的游客相比玉龙雪山景区来说便显得寥寥无几，说明玉龙雪山景区的绝大多数游客并没有向周边景区流动。景区与景区之间的旅游专线数量少、频次低，使得游客从一个景区前往另一个景区的便捷度较低，从而消磨了游客的游玩欲望。除此之外，当地政府对周边景区的宣传推介不加重视，这些景区自身又缺乏足够的资金进行自我宣传，进一步造成了景区联动效果下降。

四、旅游收入来源单一

玉龙雪山景区旅游总收入指标评分结果仅为5.0000，处于一般质量水平。之所以得分不高，并非是因为其旅游收入总量过低，而是因为其旅游收入增长率开始出现下降趋势。根据玉龙雪山景区管理委员会提供的资料以及对玉龙雪山景区工作人员的咨询得知，玉龙雪山景区的旅游收入来源绝大部分均来自景区门票收入、索道收入、旅游观光车收入等，其他方面的旅游收入来源十分少，这就可能导致玉龙雪山景区旅游收入增长后劲乏力。景区内的娱乐、体验、休闲、度假等产品较少，游客往往只是在游览观光完冰川公园、云杉坪、牦牛坪、蓝月谷等景点后就径直下山，没有其他特色化、多样化的产品能够吸引游客消费。除此之外，餐饮、住宿、购物等场所也相对较少，无法提供游客就餐、留宿的基础条件，使得景区失去餐饮、住宿、购物等收入来源。山上主要景点基本一日即能游完，即便游客一日之内无法完全游遍所有景点，但由于次日景区门票即会失效，且从山下再次上山游览观光又会消耗更多的金钱与时间成本，所以除了有特殊原因，一般游客不会选择二次山上，所以绝大多数游客在玉龙雪山景区停留的时间一般就只有一日左右，缺少足够的时间进行其他消费。受制于玉龙雪山景区的开发空间着实有限，无法大规模建设餐饮、住宿设施，因此景区要想进一步扩充收入来源，最合理的途径就是积极地去探索开发一些非建设性旅游休闲、娱乐、体验产品，设计销售具有玉龙雪山特色、纳西民族文化内涵的文创旅游商品，给予游客更多的消费选择。

五、人才队伍多样化水平不足

前文的评价结果显示，玉龙雪山景区人才队伍建设指标得分仅为5.3750，说明玉龙雪山景区人才队伍建设还有很大的提升空间。根据景区管委会所提供的资料、实地调研情况以及对景区的工作人员访谈，玉龙雪山景区对于管理人员、服务人员的专业技能培训以及标准化培训工作已相对成熟，景区从业人员基本都具备符合岗位工作要求的工作素养。之所以得分较低，主要原因在于人才队伍的多样化水平不足。目前，山地旅游市场竞争愈发激烈，对于山地景区的高智慧化、高创意化、高体验化的要求越来越高，这些都需要具备专业知识的人才设计、策划、运营以及操作。玉龙雪山景区现有的人才队伍足以支撑景区日常的运营、管理以及服务，但对于景区未来的高智慧化、高创意化、高体验化发展的支撑能力却力有未逮，因此玉龙雪山亟须进一步丰富人才队伍，建设一支多样化、专业化的复合型人才队伍。

第九章

山地景区旅游转型策略与高质量发展驱动机制优化对策

第一节 山地景区旅游转型发展的 SWOT 分析

基于山地景区旅游发展历程、问题以及转型发展条件分析，提出山地景区旅游转型发展 SWOT 分析矩阵模型，如图 9-1 所示。

内部竞争环境 / 外部竞争环境	优势 资源优势 市场优势	劣势 （1）资源利用不足，产品单一 （2）门票经济依赖 （3）基础设施设落后，服务质量低下整合营销不足
机遇 消费主体与消费结构变化 政府支持 科技创新	优势机遇 （1）积极利用资源优势，开发山地新业态，顺应新消费需求 （2）运用外部大数据计数，寻找市场新的消费增长点	劣势机遇 （1）开发新兴山地旅游产品，顺应市场需求 （2）利用政府资金支持，加强基础设施建设、提高服务质量 （3）利用新媒体，加强营销
挑战 国际竞争 新冠肺炎疫情	优势挑战 加强特色资源开发，打造国际知名品牌，应对国际竞争与新冠肺炎疫情挑战	劣势挑战 加强旅游资源开发、提高基础设施建设、服务质量、创新营销，摆脱门票依赖，提高旅游质量，以应对国际竞争与新冠肺炎疫情挑战

图 9-1 山地景区旅游 SWOT 分析矩阵模型

在山地景区旅游转型SWOT矩阵模型分析的基础上，结合玉龙雪山景区旅游发展状况，在实地调研与相关资料搜集的基础上，分析玉龙雪山景区旅游转型发展的优势、劣势、机遇与挑战，并结合旅游转型水平评价，提出玉龙雪山景区旅游转型战略。

一、旅游转型发展SWOT分析

（一）优势分析

1. 资源禀赋高，为旅游业态转型提供了良好的资源条件

玉龙雪山是国家第二批风景名胜区、首批国家5A级旅游景区，其旅游资源丰富，主要包括冰川旅游资源、生物资源、水文资源、气候与气象资源、遗址遗迹与建筑设施资源、少数民族文化旅游资源，为玉龙雪山景区旅游转型发展提供了良好的资源条件。

（1）冰川旅游资源。玉龙雪山是中国最南的雪山，处于亚热带高原季风气候区，受到季风气候的影响，降雨充沛，玉龙雪山山顶终年白雪皑皑，为冰川形成提供了气候条件。玉龙雪山景区现有19条现代冰川，属于海洋性冰川，其覆盖面积达到1万公顷左右，主要的冰川带位于4000米的雪线之上（王世金，等，2008）。玉龙雪山冰川地貌各异，受到冰雪消融与冰面崎岖地质的影响，形成了冰瀑布、冰塔林、冰桥、冰洞、冰墙、冰盆等特有的山地冰雪自然地理现象，被誉为“冰川博物馆”（李铁松，1999）。

（2）生物资源。玉龙雪山以其丰富多样的动植物景观位列全球生物多样性十大热点地区之一，被称为天然的“生物博物馆”。玉龙雪山是亚热带高原季风气候区的极高山，扇子陡是海拔最高处，高达5596米，纬度低、海拔高的特征使玉龙雪山景区内包含了中亚热带、温带到寒带等7种地带类型的植物资源：包括种子植物3200余种、药材植物800多种、藻类植物196种、苔藓植物175种。此外，景区内的丽江铁杉、棕背杜鹃、领春木等20余种植物被列为国家重点珍稀濒危保护植物（李婷，2020）。依托丰富的植物资源，良好的生态环境，许多动物聚居于此，据统计，玉龙雪山景区共有59种经济动物，其中云豹、滇金丝猴、鹦鹉、雪豹、大小灵猫等动物被列为国家重点保护珍稀濒危动物。

（3）水文资源。玉龙雪山是一座天然的固体水库，包括了江、泉、河、瀑等多种类型的水文资源。金沙江纵切虎跳峡一跃而过，水流湍急，峡谷绵长；拉伯束

吉、注古等泉水叮咚；黑水河、白水河静静流淌，静谧祥和，从远处眺望，与玉龙雪山构成一幅美丽的山水中国画。其中白水河又称为蓝月谷，因湖水表面呈湛蓝色、形似月牙，故以《消失的地平线》文中的蓝月谷命名，得以闻名。

（4）气候与气象资源。玉龙雪山景区位于亚热带高原季风气候区，受到海拔高差大、纬度低、季风气候的影响，山底气候常年四季如春，适游期比较长。玉龙雪山景区绝对高差形成了高山立体气候，包含了亚热带气候带至冰川积雪带等6个气候带。登上冰川公园，可以欣赏到云海环绕山峰、日照金山、晴霞五色、夜月双辉等美景。

（5）遗址遗迹与建筑设施资源。玉龙雪山发展历史悠久，留下了丰富的遗址遗迹与建筑设施资源。其东麓的甘海子是古冰川遗迹，大量的冰碛埋藏在草甸之下。甘海子在纳西语中意为长刀设卡扫地的地方，是纳西王国和木里王国的古战场遗址。此外，玉湖雪嵩村的洛克故居，经过修复之后，以陈列馆的形式向游人开放。

（6）少数民族文化资源。玉龙雪山景区是承载纳西族文化的重要场域，纳西族是丽江市的主要少数民族，拥有本民族特有的语言文字，其诗文、乐文、绘画、雕塑等艺术名扬中外。东巴文化与纳西文化紧密相依，是纳西文化的重要内容之一，东巴文化内容形式多样，包括了东巴文字、东巴舞蹈、绘画、东巴祭祀等多种形式（李婷，2020），其中纳西东巴“祭祀”经典收藏颇多，共有典籍60多卷本，包括《普迟吾路兆笮》《巴俄崇仁兆笮》《梅生土遮》等多部经典。相传玉龙雪山景区云杉坪景点是纳西东巴古籍《鲁般鲁饶》故事的发源地。

（7）其他文化类旅游资源。玉龙雪山景区不仅少数民族文化旅游资源丰富，其摄影文化旅游资源、影视基地文化旅游资源亦是大放光彩。一方面摄影文化旅游业态主要是依托玉龙雪山景区内丰富的自然景观美景，成为各路摄影家的绝佳的取景地，另一方面由于玉龙雪山“情山、圣山”的名头，“玉龙第三国”绝美的爱情故事传说吸引了无数的新婚恋人来此拍摄婚纱照。玉龙雪山景区也充分利用摄影文化资源，抓住商机，景区内的甲子村成立了婚纱摄影公司。

同时玉龙雪山景区是多部影视作品拍摄的取景地，比较知名的有《木府风云》《天龙八部》《北京青年》《斗破苍穹》，其影视基地文化资源内涵深厚，吸引无数游客前来观赏。

目前，玉龙雪山景区对冰川旅游资源、生物旅游资源、水文资源、气候与气象旅游资源等观光类旅游资源开发程度较高，但是对玉龙雪山景区遗址遗迹与建筑设施资源、东巴纳西民族传统手工品与艺术特色景观资源开发程度较低，丰富的文化旅游资源与旅游现状之间的差距为推进玉龙雪山由低级观光旅游向高级生态观光、深度文化体验旅游转型提供了资源基础。

2. 立体化的交通体系，为旅游转型发展带来了客源市场

玉龙雪山景区已形成内外通达的立体交通体系：外部交通由铁路、公路、航空三网联合，内部交通包括旅游慢行栈道、索道以及旅游观光车 3 种交通方式。

（1）铁路。2019 年，丽江高铁通线，昆明直达丽江只需 3 个小时，结束了“8 小时卧铺”的历史，大大缩短了到达丽江的时间。昆丽高铁途经大理，形成昆明—大理—丽江完整的黄金旅游线，在一定程度上扩大了丽江旅游的知名度，吸引更多去往昆明、大理的游客前往丽江，一睹玉龙雪山景区的雄浑壮阔。

（2）公路。2013 年，大丽高速公路通车，实现昆明沿杭瑞高速（G56）、大丽高速（G5611）可直达丽江，路程时间约 6 小时。此外，从丽江市进入玉龙雪山景区的路面已经全部硬化，公路等级提升至三级，沿线道路景观化，旅游标识牌完善、规范，成为去玉龙雪山景区一道美丽的风景线。目前，丽江市已在人流量多的地方如丽江火车站、丽江飞机场、丽江古城开通了直达玉龙雪山景区的旅游专线，游客可选择自驾或者机场乘坐大巴到达景区，为游客到达玉龙雪山景区提供了极大交通便利。

（3）航空。1995 年丽江三义机场建成。2016 年丽江三义机场实施了第三期改扩建工程，对提升旅客吞吐量、增建停机位、新建航站楼、停机坪等基础设施做出一定要求。目前三义机场开通了飞往首尔、曼谷、台湾、香港、深圳、西安、上海、重庆、广州等 50 个城市的航线，其中国内城市 47 个，海外城市 3 个。2019 年丽江三义机场实现旅客吞吐量 717.39 万人次，为玉龙雪山景区带来了巨大的客流量。

（4）慢行栈道。玉龙雪山景区旅游观光栈道、步行栈道主要集中在牦牛坪、云杉坪、冰川公园、白水河沿线，游客既能慢慢步行于栈道之中，细细观赏高山草甸景观、生态森林景观、雪山地质地貌景观、高山湖泊景观，又能达到强身健体、提升自身身体素质的目的。玉龙雪山景区内的索道主要使用木质材料，采用隔空铺设的方式，最大限度地减少对生态环境的破坏。

（5）索道。玉龙雪山景区内一共建有三条索道：一是云杉坪索道，建于 1994 年，是丽江市建造最早的索道，全长 901 米，垂直高差 254 米；二是冰川公园大索道，索道全长 2914 米，索道使用透明玻璃材质，晴天无雾时，游客们可坐乘索道观赏玉龙雪山垂直地带性资源景观；三是牦牛坪索道，采用露天开放设计创意，使游客更紧密地与玉龙雪山接触，欣赏玉龙雪山高山草甸风光、雪域风光、森林气象风光。

（6）旅游观光车。由于玉龙雪山景区各个景点之间的距离较远，景区在甘海子游客中心、牦牛坪、蓝月谷、冰川公园索道处设置雪山观光停靠点，游客可自行选择乘车或者步行的方式到达景点。

随着玉龙雪山景区外部交通体系的形成，其客源市场辐射范围不断扩大，推进玉龙雪山景区由省内知名景区向全国甚乃至界级的游览胜地转变。同时景区内部交通方式的多样化，为游客游览景区提供了多样化的选择，加深了游客的体验层次与深度，能够更加深入地了解玉龙雪山景区景观与文化，为转变传统走马观光式旅游提供了便利的出行条件。

3. 依托丽江市、云南省区位优势，为旅游转型发展提供区位便利

玉龙雪山景区旅游转型发展区位优势明显，从地市级旅游范围看，玉龙雪山景区受到丽江区位影响明显：丽江市作为滇西北旅游圈的中心地，北有香格里拉、东临泸沽湖、西靠老君山、南临大理，旅游辐射圈范围大；从省级旅游范围看，玉龙雪山景区位于云南省西北部，在一定程度上受到云南旅游区位影响：习近平总书记考察云南时，提出要将云南打造成面向东南亚、南亚的辐射中心，在“一带一路”倡议和“长江经济带”等重大国家战略推动下，建立起云南全方位开放新格局。

4. 品牌优势为玉龙雪山景区旅游转型发展提供了缓冲期

玉龙雪山景区是全国首批5A级旅游景区，曾获得全国文明景区、全国旅游标准化示范单位等荣誉称号（李婷，2020），并在2019年入选全国5A级旅游景区前100强。其中《印象·丽江雪山篇》实景演出在玉龙雪山景区甘海子演出，演出以玉龙雪山为背景，以少数民族文化为载体，集聚10个少数民族的500多个村民，为游客展现原汁原味的“雪山印象”，一改传统商业演出“依附性”的缺陷，成为玉龙雪山景区旅游核心吸引力之一，为传播纳西族等少数民族文化、打造玉龙雪山旅游品牌发挥了极大的作用。2015年，《印象·丽江》荣获“国家产业示范基地”称号。

玉龙雪山景区经过多年的发展，已经成为国内知名的游览胜地，其品牌质量受到中国质量认证中心的认可，2016年，玉龙雪山景区位列“全国知名品牌创建示范区以及积极参与区域品牌价值评价工作”的119个园区中云南地区的第一名，其品牌优势明显。转型发展是一条曲折前进的道路，没有强大的品牌影响力作为支撑，很有可能半途失败，强有力的品牌优势为玉龙雪山景区旅游转型发展提供了缓冲期。

（二）劣势分析

1. 生态环境恶化，冰川带消退

随着全球气候变暖，对玉龙雪山景区的降水、温度、日照等气候条件带来一定的影响，造成冰川消融、水资源补给降低、自然景观破坏等危害。其中景区冰川消融程度较大，1957 年玉龙雪山冰川带共有 19 条，面积达到 11.6 平方公里，2009 年冰川带数量减少至 15 条，面积下降至 4.22 平方公里，冰川带数量下降约 21%，面积减少了约 61.9%。尽管玉龙雪山景区采取了景区限流、拆除违法建筑以及采用绿色交通、绿色设施减少碳排放等措施加强对生态环境的保护，但是冰川环境的脆弱性决定了玉龙雪山景区旅游发展局限于浅层次冰川观光旅游，无法开展深度冰川体验旅游活动（邹琼，等，2019；王世金，2012）。因此，如何利用外部科技发展平衡生态环境保护与创新旅游产品业态是玉龙雪山景区转型需要考虑的一个关键问题。

2. 旅游产品项目科普教育意义开展不够，与游客互动不足

现阶段玉龙雪山景区旅游产品项目主要的问题是科普教育旅游产品发展程度不够，与游客互动不足：一是玉龙雪山景区产品项目科普教育意义不够。游客在景区内除了欣赏高山、湖泊景观、观看《印象·丽江》实景演出，对玉龙雪山动植物、少数民族文化没有更深层次的认知，尽管现在景区内建有冰川博物馆（位于甘海子游客中心旁），对玉龙雪山资源、企业发展历程与文化、旅游区概况、冰川地貌、景区旅游资源类型等相关知识做了简要介绍，但是介绍形式仍以文字叙述为主，对游客吸引力不强。此外，冰川博物馆引进了 VR 实景体验项目，能够加强游客对玉龙雪山景区的感知体验，但笔者两次前往均未开放，项目开放率不高。再者，景区内有关于景点的简要介绍，如冰川公园、甘海子、蓝月湖、白水河等，大都只停留在名称的由来上，对形成此景点的物理、化学原理却无更多介绍，如蓝月湖景点简介只有名称由来的传说，并未进一步解释蓝月湖为什么呈现“蓝色”的原因，科普教育旅游仅停留在表层。二是景区各个项目与游客之间互动性差，游客只是被动的接受者，如作为景区内比较大型的实景演出项目《印象·丽江》，在展现“茶马古帮”、纳西民族“酒文化”、玉龙雪山“爱情”、民族宗教信仰等等方面表现了巨大的文化张力，但是这种文化张力是“玉龙雪山”单方面的“输出”，游客只是演出的“观看者”，与游客之间的互动几乎是没有的，游客观看以后对演出所蕴含的玉龙雪山的文化内涵接受程度不高。

3. 景区旅游国际化程度较低，境外游客人数占比小

现阶段玉龙雪山景区客源市场仍呈现国内市场为主、国际市场为辅的发展趋势，境外游客人数占国内外游客人数比例小，主要原因有：一是景区国际宣传营销力度不够。目前，通过谷歌浏览器搜索“玉龙雪山”，出现的条目数约有 400 多万条，不及泰山、黄山、长白山均数的 1/10，这与玉龙雪山景区举办山地国际活动少、没有国际头衔、国际影响力小是分不开的。二是景区基础设施建设国际化程度低，如景区“温馨提示”牌只有中英两种文字，并且不是全文翻译，景区停车场、休息亭等基础设施也只能满足国内游客需求。三是景区不重视对境外人数的统计管理，目前已经进入大数据、云计算的时代，大数据分析能够为景区科学决策规划提供依据。但是玉龙雪山景区统计数据仍然只包括游客人数和游客收入两项，对境外游客人数并未有专门的统计数据。

4. 景区产品定制化程度不高

玉龙雪山景区旅游产品线路组合以冰川公园、蓝月谷、《印象·丽江》为主，辅之以牦牛坪、云杉坪景点，旅游产品线路可以概括为“看山、看水、看树、看演出”，景区旅游仍然停留于“供方”市场状态，难以根据游客个性化的需求制订旅游产品线路，尽管玉龙雪山景区积极打造婚纱摄影、影视基地、露营自驾等新产品业态，但是在实际的“携程、驴妈妈”等旅游电商平台销售中并未展现相关旅游产品线路，游客在实际的旅游过程中，只能被动接受现有旅游产品线路，无法根据自身的需要进行线路组合搭配。

5. 景区外部地理空间、文化空间融合程度低

目前，玉龙雪山景区外部空间拓展范围包括：在小范围内，玉龙雪山联合周边景点构建成大玉龙景区发展空间格局；在丽江市范围内，大玉龙雪山景区联合包括丽江古镇在内的其他景点构成了“大滇西旅游环线”北线支环；在国际范围内，玉龙雪山景区与瑞士马特宏峰结为友好山峰。在受到规划、政策以及战略支持的宏观背景的支持下，制定了“大玉龙雪山景区”联票制度，形成了成熟的“大滇西旅游环线北环”支环旅游线路，但是玉龙雪山景区外部空间拓展仍然存在交通联结度低、文化融合程度低等问题：一方面玉龙雪山景区与外部空间景点之间的通达性程度低，各景点之间距离远，交通不便，没有直达景点的公交与旅游大巴；另一方面体现在文化空间融合程度低，丽江市所特有的纳西文化并没有在“大玉龙雪山景区”“大滇西旅游环线北线”支环中得到有效充分体现，景点之间各自为政，文化融合程度低。此外，玉龙雪山景区与“马特宏峰”之间的国际交流活动较少，国际文化交流程度较低。

（三）机遇分析

1. 旅游转型发展相关政策支持

2016年，国务院印发《“十三五”旅游发展规划的通知》，此后丽江市、云南省相继出台《丽江市旅游产业转型升级三年（2016—2018）行动计划》《云南省人民政府关于加快推进旅游转型升级的若干意见》等政策，对加强丽江旅游产业供给侧结构改革、优化产品结构、扩大有效供给、提升旅游品质做出要求，对云南省旅游提出向国际化、高端化、特色化转型发展目标。此外，玉龙县作为全国首批旅游强县，重视扩大旅游产业规模、提升旅游产业质量，2020 年，入选为云南省省级旅游示范区之列，依托“全域旅游”发展相关政策，为玉龙雪山景区旅游转型发展提供了良好的政策环境。

玉龙雪山景区旅游发展受到了政策大力支持，2017 年出台制定了《丽江玉龙雪山景区环保资金管理办法》《丽江玉龙雪山省级旅游开发区管理委员会工程项目实施管理办法》等相关政策（吴小同，2020）。此外，2018 年丽江市召关于国有景区门票下降的新闻发布会，对降低玉龙雪山景区门票做出要求，为玉龙雪山景区摆脱门票经济依赖提供了政策条件。

2. 大滇西旅游环线中重要节点

丽江市是连接云南、四川两省，迪庆、大理、凉山的中心地，在大滇西旅游环线中地位日益凸显。2020 年，丽江市在政府工作报告中提出要全力推进大滇西旅游环线建设，通过“3 大环线、6 小环线”精品自驾游线路设计，助力文化旅游产业高质量发展。玉龙雪山景区作为 6 小环线之北环节点（大玉龙雪山—虎跳峡旅游环线串联古城—白沙古镇—玉龙雪山—大具—虎跳峡—拉市海—古城线路系列景区、风景道）中的一个重要节点，迎来了重大的发展机遇，为推进玉龙雪山景区衍生新产品、新业态、高质量服务提供了发展平台。

3. 休闲旅游时代的到来、多元旅游业态涌现

目前中国旅游市场步入转型发展阶段的关键时期，由观光旅游市场向休闲旅游市场转型，旅游市场需求的变化，文化旅游、绿色旅游、研学旅游、夜经济旅游以及科普旅游等多元旅游业态兴起，推动旅游景区供给转型，玉龙雪山景区若顺势而为，转变以浅层次观光为主的山地景区定位，提高旅游发展质量，向复合型的旅游目的地转型，将会迎来更为光明的市场发展前景。

4. 带薪休假制度完善，人均可支配收入提高

为了更好地激发文化和旅游消费潜力，2019 年，国务院出台《关于改善节假日旅游出行环境促进旅游消费的实施意见》，进一步完善职工带薪休假制度，保证职工旅游错峰出行。此外，居民人均可支配收入增加：2019 年，居民可支配收入达到 30733 元，是 2013 年居民人均可支配收入的 1.6 倍之多（2013 年居民人均可支配收入为18310.8元）①。带薪休假制度完善与可支配收入增加满足了出游所必需的“有闲有钱”条件，将转变“一日观光游”的旅游市场现状，为小长期度假旅游、休闲旅游发展提供可能。玉龙雪山景区正面临着“一日游”短期经济效应限制，若能继续大刀阔斧推进旅游转型发展，将会吸引更加多元的旅游消费市场。

此外，玉龙雪山景区旅游转型发展还存在外部科技成熟发展机遇，在第三章第二节已具体分析，故不再赘述。

（四）挑战分析

1. 旅游市场的高质量需求对旅游发展提出更高的要求

旅游从“无”—“贵族旅游”—“大众旅游”—“休闲旅游”的不断深入发展，旅游需求从“有就行”向“满足个性化、定制化”转变，推动着旅游景区供给侧由“有没有”向“好不好”转型。玉龙雪山作为传统的山地旅游景区之一，面临着“资源红利”消失的困境，而旅游市场朝着个性定制化、需求高品质化的特征转变，给玉龙雪山景区旅游的转型发展带来了挑战。

2. 国内其他山地旅游景区实施转型升级，对景区开拓国际市场造成威胁

从国内范围来看，许多同类型山地景区加旅游转型升级步伐，积极开拓国际客源市场，已经取得一定的成效，如前文所提的长白山、泰山、黄山景区，对玉龙雪山景区旅游发展造成一定的威胁：一方面这几个景区的国际知名度大于玉龙雪山景区，已经开拓了较为稳定的客源市场；另一方面各个景区实施转型升级，由单一景区向世界旅游目的地转型，国际旅游市场进一步扩大，对玉龙雪山景区扩大国际市场份额产生一定的威胁。此外，玉龙雪山景区受到国际山地旅游地竞争威胁，在前文分析山地景区旅游发展存在的问题中已描述，故不再赘述。

二、基于评价和SWOT分析的转型发展战略

基于玉龙雪山景区旅游转型发展SWOT分析结果，根据优势、劣势、机遇、挑战不同的组合情况，制订玉龙雪山转型发展战略表，如表9-1所示。

---

① 数据来源：《2020年中国统计年鉴》。

表 9–1　玉龙雪山景区旅游转型发展战略分析

内部环境 外部环境	优势（Strength） 1. 资源优势 2. 交通优势 3. 区位优势 4. 品牌优势	劣势（Weakness） 1. 生态环境恶化，冰川带消退 2. 产品科普教育程度低，与游客互动不足 3. 国际化程度低，境外游客占比小 4. 定制化程度低，一日票经济明显 5. 景区外部地理、文化空间融合程度低
机会（Opportunity） 1. 政策支持 2. 大滇西环线战略支持 3. 休闲旅游时代到来 4. 带薪休假、经济发展 5. 科技发展	S+O（增长型战略） （1）发挥政策支持、区位优势 （2）整合资源优势 （3）发挥交通优势，利用大滇西旅游机遇	W+O（扭转型战略） （1）依托政策，环境整治 （2）借助多元旅游业态发展机遇，提升产品教育科普意义以及定制化水平 （3）利用科技发展、大滇西旅游环线机遇，促进外部地理、文化空间融合
挑战（Threaten） 1. 市场需求层次提高 2. 国内竞争 3. 国际竞争	S+T（多种经营战略） （1）利用资源优势，开发多元产品，满足国内外游客需求 （2）利用品牌优势，扩大国际知名度	W+T（防御型战略） （1）学习国内外山地旅游发展经验，降低外部风险 （2）举办国际山地活动，提升景区知名度 （3）加强生态环境意识，提高产品层次

资料来源：笔者根据玉龙雪山景区旅游转型战略分析内容整理。

基于旅游转型发展战略分析，结合玉龙雪山景区旅游转型发展现状与旅游发展未来趋势，选择玉龙雪山景区现阶段转型战略：在现阶段，玉龙雪山景区旅游转型发展处于中等水平，其旅游转型发展资源优势、品牌影响力优势明显，且外部转型政策、旅游消费结构升级以及科技发展等机遇提供了良好的转型环境，此阶段玉龙雪山景区应采取增长型战略。

增长型战略要求玉龙雪山景区要积极发挥优势、利用机会。一是充分利用《“十三五”旅游发展规划》《云南省人民政府关于加快推进旅游转型升级的若干意见》《丽江市旅游产业加快转型升级三年行动计划》等政策支持，发挥区位优势以及品牌优势，为加快玉龙雪山景区旅游转型发展提供区位与品牌支持，为转型发展留足空间；二是发挥资源禀赋优势，在对现有冰川旅游资源、生物资源、气候与气象资源、水文资源开发的基础上，加大对遗址遗迹与建筑设施资源、少数民族资源以及影视基地旅游资源开发，丰富旅游产品业态，顺应休闲时代、带薪休假、人民可支配收入提高的宏观背景下新时代旅游发展需求；三是积极发挥交通优势，利用其便利的铁路、公路、航空立体交通体系，在“大滇西旅游环线”中占据重要的交通节点位置、利用“大滇西旅游环线”战略发展机会，提高玉龙雪山景区旅游知名度，加强与周边景点的合作与开发。

第二节 山地景区旅游转型系统构建

根据山地景区旅游转型发展评价内容与SWOT分析，构建山地景区旅游转型发展系统，系统包括要素系统、外部空间系统、动力系统、支撑机制，统称为ESDM系统（其中E代表要素Elements、S代表外部空间Space、D代表动力Dynamic、M代表机制Mechanism）。

$$ESDM=\{E_1, E_2\ \ , E_n, S_1, S_2\ \ , S_n, D_1, D_2\ \ , D_n, M_1, M_2\ \ , M_n, \text{Rel}, \text{O}\}\quad (n \geqslant 2) \tag{9-1}$$

其中 E_n、S_n、M_n、D_n 分别代表要素、空间、机制、动力子系统的要素，n 代表子系统要素的数量，Rel表示各个子系统之间的关联关系，O代表旅游转型发展目标。其中要素系统、外部空间系统是景区旅游转型发展的基本内容，动力系统是驱动要素系统、外部空间系统转型的重要力量，机制系统是促进要素系统、外部空间系统转型有效落地的保障（见图9–2）。

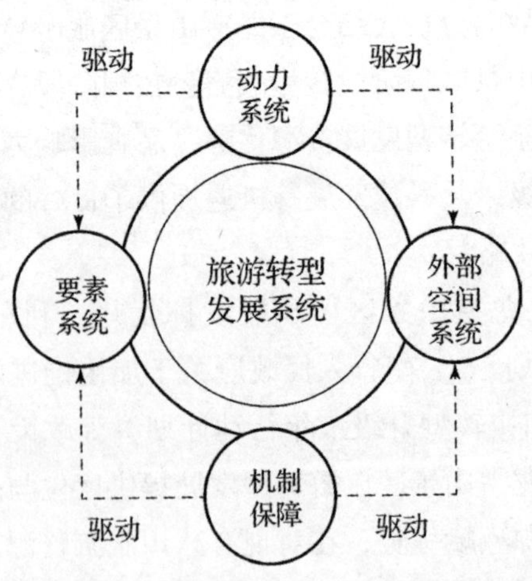

图9–2 山地景区旅游转型发展系统构建

一、旅游转型发展要素系统

结合山地景区旅游转型发展主要内容，将旅游转型发展要素系统划分为产品子系统、管理子系统、内部空间子系统、客源市场子系统。各个子系统之间的关系（见图 9-3）。要素系统在旅游转型发展系统中起到基础性的作用。其基本构建思路是以客源市场子系统为落脚点，加强山地景区管理、丰富景区产品业态、优化景区内部空间，吸引国际游客、满足游客高层次需求，同时景区管理子系统、景区产品子系统、景区内部空间子系统之间相互作用、相互协调，构成良性循环体系，其中管理子系统为产品子系统提供产品营销、品牌塑造等作用，产品子系统为景区合作管理充实产品内容；产品子系统为内部空间子系统空间布局提供产品支撑，内部空间子系统为产品项目提供合理空间布局。

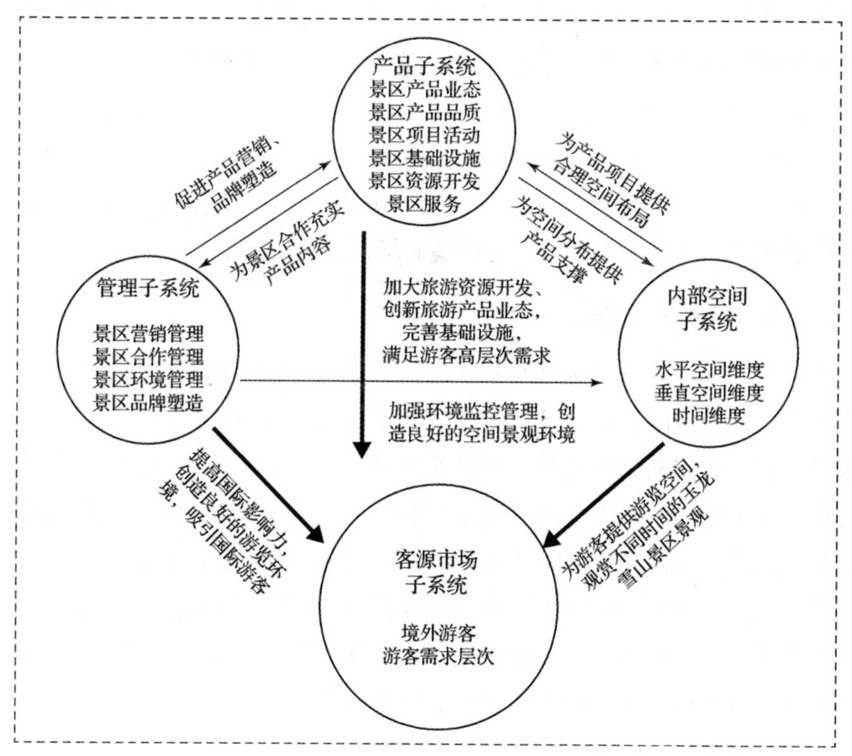

图 9-3 山地景区旅游转型发展要素系统

（一）产品子系统

山地产品子系统既包括有形产品，又包括无形产品，有形产品包括山地景区产品业态、山地景区项目活动、山地景区基础设施、山地景区资源开发，无形产品包括山地景区服务。其中山地景区资源特色化开发是核心要素，景区产品业态、景区项目活动都围绕景区资源开发延伸发展，景区基础设施和景区服务起到辅助作用，为景区资源开发“核心吸引力”锦上添花。

结合玉龙雪山景区转型发展水平实证研究以及SWOT分析，玉龙雪山景区旅游产品子系统存在产品科普教育内涵程度较低、产品生态质量不高以及产品项目定制化、互动程度不高等问题。

（二）管理子系统

山地景区管理子系统是对山地景区内部的各项工作进行有效组织与合理安排，是提高景区工作效率的重要保证，为游客创造良好的游览环境，是吸引客源市场的重要因素。山地景区管理子系统中主要包含山地景区营销要素、山地景区合作要素、山地景区环境管理要素、山地景区品牌塑造要素四个要素。山地景区管理对扩大景区国际知名度，加强外部合作，减少竞争风险，提升内部环境监测与保护力度，提高山地景区国际影响力起到积极的作用。

结合玉龙雪山景区转型发展水平实证研究以及SWOT分析，玉龙雪山管理子系统存在景区国际知名度不高、生态环境破坏两方面的问题。

（三）内部空间子系统

山地景区内部空间子系统是对景区内部空间的合理规划布局，对景区范围之外的空间不涉及。山地旅游转型发展内部空间子系统主要目的是建设三维立体空间体系，横纵交错，时间轴无线延伸，为客源市场子系统提供游览空间。山地内部空间子系统包括水平空间、垂直空间以及景区时间三个维度，其中最重要的是山地景区垂直空间，打造垂直差异化空间景观是区别于其他类型景区的标志。

结合玉龙雪山景区转型发展水平实证研究以及SWOT分析，玉龙雪山景区对垂直维度的开发水平相比水平维度、时间全时化开发水平要低，在时间全时化中生态旅游发展程度相对较低，应加快这两个要素的转型。

（四）客源市场子系统

客源市场子系统是整个转型要素系统的落脚点，加快山地景区管理子系统、产品子系统、内部空间子系统的转型最终目的要作用于客源市场子系统，归根结底，可以说没有市场需求层次的变化以及吸引国际游客、增加外汇收入的动力需求，山地景区供给侧的转型改革不会迫在眉睫。客源市场子系统主要包括景区国际游客人数、景区客源市场需求层次要素两个方面。

结合玉龙雪山景区转型发展水平实证研究以及 SWOT 分析，目前旅游市场需求层次不断提高，国际游客人数占比较少是玉龙雪山景区旅游客源市场子系统发展的现状。

二、旅游转型发展外部空间

山地景区旅游转型发展外部空间主要是对山地景区外部空间横向的“扩张”，转变单一景点发展模式，与其他景区合作，消除景区与景区之间行政区域限制，建立大旅游区域发展格局。外部空间包括两个方面，一是文化空间，通过文化的力量将山地景区与外部景区紧密结合；另一种是地理空间，通过完善交通、标识等基础设施建设，在物质形态上实现山地景区外部空间有效衔接。

结合玉龙雪山景区旅游转型发展 SWOT 分析结果，目前玉龙雪山景区外部地理、文化空间融合程度较低。

三、旅游转型发展动力

结合山地景区旅游转型发展 SWOT 分析结果，山地景区旅游转型发展动力主要包括山地景区积极利用旅游转型发展条件所形成的外部驱动力与景区解决自身存在的发展问题，形成转型发展的内生驱动力（D），其中山地景区旅游转型外部驱动力包括旅游消费主体与消费结构发生变化、政府大力支持、科技创新发展以及国际竞争四个方面，内部驱动力包括山地景区资源利用不足，旅游产品单一、山地景区门票依赖严重、基础设施建设落后，旅游服务质量亟须提升以及山地景区整合营销能力低四个方面，在内外驱动力的共同作用下，形成山地景区国际化、高端化、特色化、智慧化以及立体化水平提升的表征状态（S），最终得到来自社会、政府以及市场等各个方面积极响应（R），这是山地景区旅游转型发展动力系统的完整构建过程，简称为山地景区旅游转型 DSR 动力分析模型。

结合玉龙雪山景区旅游转型发展水平评价以及 SWOT 分析结果，将 DSR 模型引入玉龙雪山景区旅游转型发展动力系统中（见图 9–4）。分析玉龙雪山景区旅游转型动力，主要包括驱动力分析、状态分析以及响应分析三个方面。

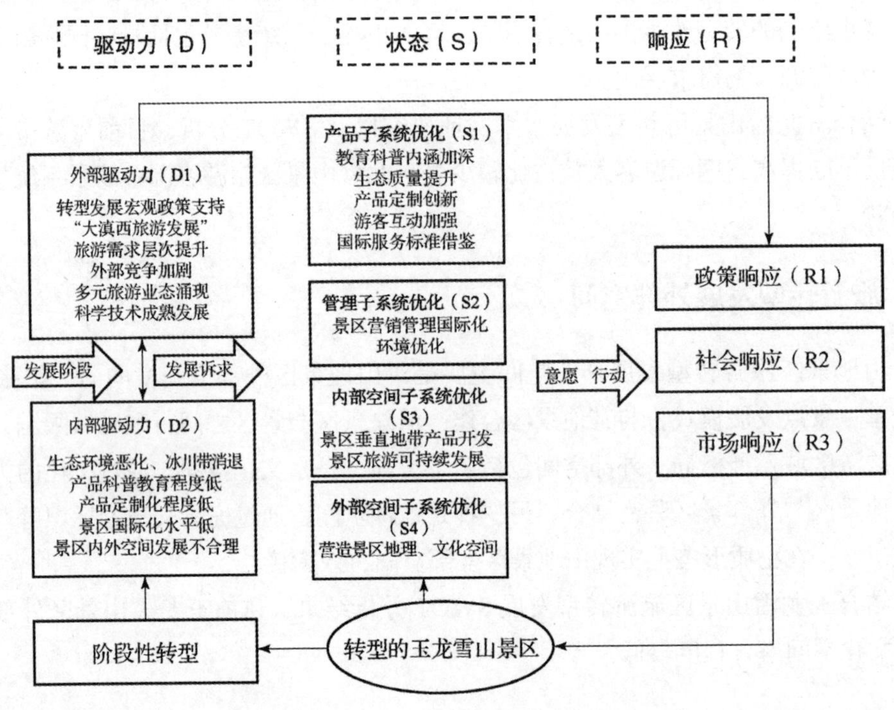

图 9-4 玉龙雪山景区旅游转型发展动力系统

（一）旅游转型发展驱动力

玉龙雪山景区一方面受到外部对旅游转型发展的宏观政策支持、“大滇西旅游环线”战略、游客需求向休闲化度假化方向转变、国内外山地旅游目的地的竞争加剧、多元旅游业态发展、外部科学技术发展的影响，“驱动”其旅游转型，另一方面通过玉龙雪山转型发展水平与问题分析，发现景区受到内部压力的诉求，表现在生态环境恶化、冰川带消退、产品科普教育程度低、产品定制化程度低、景区国际化水平低、景区内外空间规划不合理等方面，激发景区转型发展内部驱动力，在内外驱动力的共同影响下，形成玉龙雪山景区旅游转型发展的表征状态。

（二）旅游转型发展状态

玉龙雪山景区旅游转型发展表征状态主要表现在“产品子系统优化”“管理子系统优化”“内部空间子系统优化”“外部空间子系统优化”四个方面。其中“产品子系统优化”表现在产品教育科普内涵加深、生态质量提升、产品定制创新、国际服务标准借鉴与游客互动加强五个方面；“管理子系统优化”包括景区营销管理国际化、景区环境优化等方面；“内部空间子系统优化”包括景区垂直地带产品开发、景区旅游可持续发展两个方面；“外部空间子系统优化”主要是营造景区外部地理、文化空间。

（三）旅游转型发展响应

旅游转型发展响应是在驱动力以及状态的影响下，政府、社会、市场等不同利益相关者做出的行动响应，政策响应主要是指以玉龙雪山景区管委会为主要执行者，制定加快玉龙雪山景区旅游转型发展政策以及具体实施行动计划方案；社会响应是指以社区居民为主体的社会响应，要加强社区参与景区旅游转型发展能力与意愿，增强主体责任意识，使景区转型发展得到景区周边居民的支持；市场响应主要是指游客应提高自身素质，如文明游览景区、提高旅游消费层次、购买高质量的旅游产品等都是市场的积极响应。

四、旅游转型支撑机制

山地景区旅游转型支撑机制是促进山地景区旅游转型发展要素系统、外部空间系统各个要素有效平稳运行的重要保障，也是山地景区旅游转型发展响应的具体表现。建立山地景区旅游转型发展支撑机制要充分考虑社区、景区、政府以及游客四方发展关系与利益需求，有力化解山地景区生态保护与旅游开发矛盾，使山地景区供给与市场需求由不平衡状态向相互协调转变，促使景区旅游转型发展系统各个部分有效协调互助工作，提高景区旅游转型发展效率，加快促进山地景区达到转型发展目标。通过以上思路可以从规划保障、政策保障、社区支持等方面构建山地景区旅游转型发展机制。

根据山地景区旅游转型支撑机制构建思路，结合玉龙雪山景区旅游转型发展实际，从规划保障、政策保障、社区支持、游客教育以及人才培养五个方面构建玉龙雪山景区旅游转型支撑机制（见图 9–5）。

（一）规划保障机制

景区旅游转型发展是一项长期复杂且不断变化的工作，需要发挥规划引领指向作用。目前玉龙雪山景区并未制定相关促进旅游转型发展专门的规划，失去了旅游转型发展的重要指向标，要加快制定玉龙雪山景区旅游转型发展规划。旅游转型发展规划制定要因地制宜，结合玉龙雪山景区实际情况，综合市场需求、政府意见、企业获益、居民受益等各方面的因素，确定好发展定位，制定短、中、长期旅游转型发展目标，结合旅游转型方式、策略，制定科学的旅游产品、旅游项目、旅游业态、旅游空间、景区营销、景区环境、景区合作、景区品牌等相关内容转型规划蓝图，发挥转型规划在促进玉龙雪山景区旅游转型发展中的基础与先导作用。

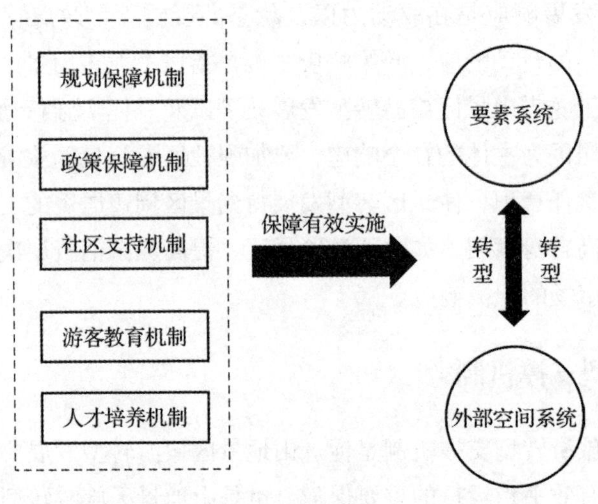

图 9-5　玉龙雪山景区旅游转型发展支撑机制

（二）政策保障机制

基于现有的旅游转型相关政策，结合玉龙雪山景区旅游转型发展实际情况，制定专门的玉龙雪山景区旅游转型发展政策。玉龙雪山景区旅游转型发展中多元业态发展、科技引入、多媒体营销手段利用离不开大量的人力、物力以及财力支持，通过制定相关政策，为玉龙雪山景区旅游转型发展提供基础保障：一是通过制定人才引进政策，为“玉龙雪山景区”招贤纳士，吸引各地人才参与景区转型发展工作，落实人才资金、休假、住房等福利政策，将优秀的人才留在玉龙雪山，为景区转型发展出谋划策，创造健康良好的人才发展空间环境。二是制定物力政策，加快完善景区内基础设施建设工作，一方面加大对景区内标识牌、指路标的修复以及更新工作，将纳西文化特色符号融入玉龙雪山景区基础设施建设中；另一方面完善露营基地、影视基地、户外运动等相关基础设施建设工作，如建设影视作品拍摄纪念牌以及登山、攀岩、徒步等需要的装备租赁点等，以配套景区相关产品项目，满足游客多层次消费需求。三是提供资金政策支持，玉龙雪山景区旅游业转型发展应该努力获取财政支持，保障玉龙雪山景区人才吸引、基础设施建设、景区宣传等各项工作的资金投入，同时建立宽松的投融资政策，鼓励企业、协会积极投资玉龙雪山景区转型发展工作，扩大投融资渠道，形成强大的资金后盾。

（三）社区支持机制

玉龙雪山景区旅游发展过程中已经形成了“旅游反哺农业、农旅结合、社区受益”的“社区参与”模式，玉龙雪山景区在转型过程中会在短时间内降低景区直接收入，减少社区受益，使居民经济生活水平受到一定程度影响。社区支持对旅游发展具有正向影响作用（胥兴安，等，2015），获得社区支持将促进玉龙雪山景区旅游转型工作的顺利开展，提高玉龙雪山景区转型发展水平：一方面通过举办玉龙雪山景区转型宣讲大会、促进大会，加强对景区周边甲子村、玉湖村村民的宣传教育，提高居民对景区转型工作的认同与理解；另一方面让居民参与到景区旅游转型发展工作中，充分发挥民智民惠，增强居民责任感与任务意识，进一步提升社区支持力度。

（四）游客教育机制

玉龙雪山景区转型发展绿色旅游、生态旅游等多元业态以及加强景区环境保护等相关活动离不开游客的参与，借鉴富士山旅游发展经验，建立游客教育机制对玉龙雪山景区旅游转型发展具有促进作用。一是通过游客行程前教育，告知游客景区游览注意事项以及宣传文明旅游等各项活动，提高游客景区游览素质；二是通过定期举办玉龙雪山地理科普教育活动，向游客普及冰川地貌脆弱性与景区生物资源稀缺性特征知识，提高游客对环境保护重要性认知度；三是出台景区环境破坏处罚机制，对游客造成景区环境实质性破坏行为予以处罚，处罚以精神教育为主、物质处罚为辅，有效约束游客行为。

（五）人才培养机制

玉龙雪山景区营销、合作、品牌打造以及环境管理各项工作离不开“人”的运转与操作，建立人才培养机制一方面要靠政府人才引政策吸引，另一方面需要玉龙雪山景区加强对人才队伍建设的规范与管理，提高人才队伍建设质量与水平：一是建立玉龙雪山景区旅游转型发展专家智库，重金邀请国内外知名的旅游专家组建旅游专家智库，为旅游转型发展提供指导性的意见与对策。二是加强景区内部员工的培训，建立分层次人才队伍。针对景区内高层管理人员进行岗位培训和管理专题培训，为玉龙雪山景区转型发展管理有效运行提供储备人才，针对景区导游以及服务人员，玉龙雪山景区要制定服务标准规范导册，让员工在培训中积极学习并落实规范导册的内容与精神，并定期举办导游讲解大赛、最佳员工服务大赛，选出优秀人才，晋升景区管理层。三是加强景区与丽江师专、云南大学旅游文化学院等高等院校人才对接，在院校内开展景区转型发展系列课程，并建立旅游实训基地，积极组织学生到玉龙雪山实践。

第三节　山地景区旅游转型发展策略

通过对山地景区旅游转型发展系统分析，以转型动力为驱动、转型机制为保障，根据山地景区旅游转型发展水平评价的实证研究以及 SWOT 分析，对得分较低的指标提出相应的转型方式与策略，促进山地景区旅游转型要素系统、外部空间系统要素优化提升（见图 9–6）。

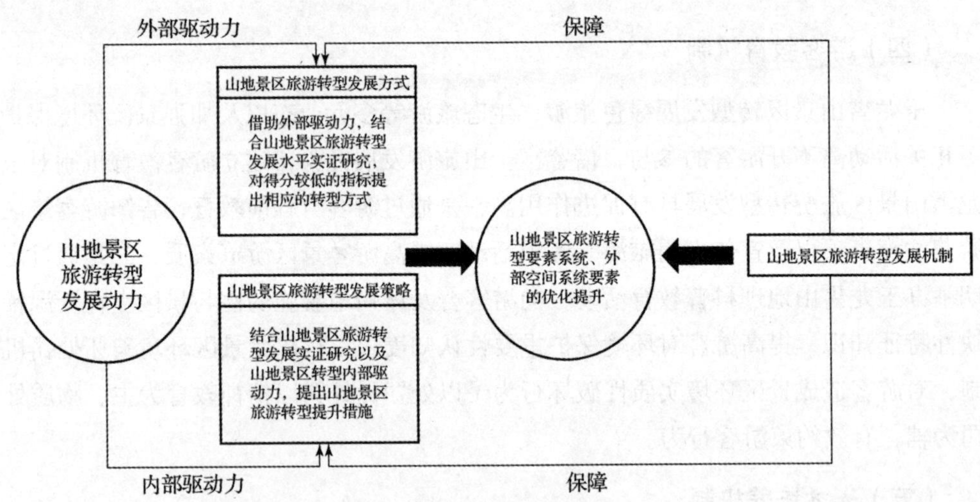

图 9–6　山地景区旅游转型发展策略提出分析模型

根据山地景区旅游转型发展策略提出分析思路模型，结合玉龙雪山景区旅游转型发展水平实证研究与 SWOT 分析结果，对玉龙雪山景区旅游转型发展要素系统、外部空间系统得分较低的要素提出相应的转型方式与策略。

一、旅游转型方式

（一）旅游转型要素系统发展方式

1. 产品子系统要素转型方式

根据玉龙雪山景区要素系统转型发展现状，结合玉龙雪山景区发展内外驱动力分析，认为应从研学旅游提升科普教育内涵层次、绿色旅游提升产品生态质量、深度文化体验游促进物质形态文化旅游资源开发、定制旅游提升旅游服务质量与互动旅游提升游客行程体验五个方面提出玉龙雪山景区旅游产品要素转型发展方式。

（1）研学旅游提升科普教育内涵层次。通过加快玉龙雪山景区研学旅游发展，提升产品教育科普内涵层次。玉龙雪山景区有着良好的研学旅游资源基底，以玉龙雪山冰川博物馆的物质形态对外开放，但大多数游客在此停留时间短，将其作为等待《印象·丽江》演出的中转休息点，没有发挥科普教育真实的效用价值。应以冰川博物馆为主要的研学旅游承载空间体，开发多样化的旅游产品开发形式，如导游讲解、视频播放、VR 体验等，吸引游客，延长游客停留时间，同时景区应加强与丽江师专、云南大学旅游文化学院等高等院校合作，建立研学基地，向学生传播冰川地质地貌等相关知识，提升地理文化知识涵养，并使之成为常态化的研学旅游活动。

（2）绿色旅游提升产品生态质量。绿色旅游是指保护环境或者环保的各类旅游产品和服务，是以自然环境为基础的活动，强调环保意识和可持续发展观，是一种负责任的旅游形式（史云，2010）。近几年来，旅游发展给玉龙雪山景区带来冰川带消融、冰雪覆盖面积减少、气温变化大等环境问题，导致景区产品生态质量下降。通过绿色旅游的方式，加大绿色旅游产品供给，开发纳西族等少数民族手工艺产品、开发生态无污染的健康旅游产品，提升产品吸引力，提高景区产品现场交易率，减少在包装、销售以及流通环节所产生的物质污染。此外，应该加强游客绿色生态旅游理念，倡导游客在景区内文明旅游，杜绝破坏景区文物古建筑、乱扔垃圾、破坏环境等行为，提升景区生态文明程度。

（3）深度文化体验游促进物质形态文化旅游资源开发。文旅融合是当今旅游发展的主要趋势，文化内涵是旅游产品的内核，是旅游的灵魂。文化旅游资源包括物质形态与非物质形态旅游资源，物质形态旅游资源包括洛克故居、古战场遗址等，非物质文化遗产资源包括节庆习俗、节庆演艺等。目前玉龙雪山景区通过《印象·丽江》实景演出使非物质形态的旅游资源得到充分利用，而对物质形态旅游资源的开发利用程度相对较低，主要的原因是产品文化内涵层次较浅，因此应积极发展深度文化体验游产品：一是要挖掘玉龙雪山景区旅游文化资源深度，借助外部VR、AR等高科技再现洛克日常生活以及甘海子古战场打仗场景，让游客深度体验古建筑遗址文化内涵；二是要赋予产品文化内涵，深挖洛克故居、古战场遗址等背后悠然自得与战场拼搏的精神，开发延伸性产品，如书籍、书签及绘画等旅游纪念品；三是强加大玉龙雪山景区物质文化资源的宣传力度，提高知名度。

（4）定制旅游提升旅游服务质量。旅游服务定制化是指能够及时根据旅游过程中出现的问题，提出相应的解决措施以及办法，定制化服务能够满足个性化的需求目标，是旅游企业服务运作的新模式（张广宇，等，2016）。发展定制化旅游以游客为中心，以游客需求为导向，让游客成为旅游线路设计的参与者，为游客提供更为深刻的景区认知体验与服务感知，可以借鉴尼泊尔安娜普尔纳自然保护区发展经验，在完善徒步登山旅游基础设施的基础上，针对专业与非专业的游客，开发不同类型的旅游徒步线路。同时，要加强旅游动态服务管理，在旅途中能够及时根据所出现的问题提出相应的解决方案，提升游客行程满意度，增加景区回头客，提升景区二次消费。

（5）互动旅游提升游客行程体验。互动旅游是改变传统旅游者“被动输入”的一种游览状态，让游客主动参与到旅游景区的各个项目活动中，是体验经济背景下旅游发展的必然趋势之一。加强玉龙雪山景区项目与游客之间的互动性，如在《印象·丽江》实景演出中可以挑选“幸运观众”参与到舞台的表演当中，一方面增加游客互动的趣味性，获得身心愉悦，另一方面增加游客对玉龙雪山纳西族、摩梭人文化的认知和了解，让游客深度贴近玉龙雪山景区。

2. 景区管理子系统转型方式

玉龙雪山在景区管理转型方面已经取得了一定的效果，同时也要注意所存在的问题，如景区营销国际水平低、数字虚拟技术运用水平不高等。针对主要问题，从多媒体营销手段融合提升景区国际知名度、结合发展大滇西旅游环线重塑景区国际品牌形象以及政策兜底保障环境优化三个方面提出玉龙雪山景区管理系统转型方式。

（1）多媒体营销手段融合提升景区国际知名度。各大营销媒体手段的整合与融合对扩大旅游知名度的意义重大，成为旅游目的地竞争优势的重要途径（李曦，2014），因此加强对玉龙雪山景区营销手段的融合，成为扩大景区国际知名度的重要方式之一：一方面加强国内营销媒体对玉龙雪山景区的宣传，如在抖音、快手等短视频上制作并播放含多种语言的玉龙雪山景区宣传视频，在官方认证的景区微信公众号、微博等平台上设置多种语言，以方便潜在外国游客浏览景区相关信息；另一方面加强国际旅游营销平台的宣传推广，在国外知名的社交平台 Facebook、Twitter、Instagram 等平台注册玉龙雪山景区官方账号，并定期更新景区美景图片、视频等，以提高玉龙雪山景区国际品牌知名度。

（2）结合发展大滇西旅游环线重塑景区国际品牌形象。大滇西旅游环线建设是继云南省“旅游二次革命”“一部手机游云南”之后对旅游发展实施的重大战略举措，同时也是国家实施“交通强国”战略的重要试点单位，其对云南建成健康生活旅游目的地、推进云南旅游产业转型升级、建设国际山地旅游度假目的地具有重要的意义。玉龙雪山景区作为大滇西旅游环线中的一颗明珠，紧紧依靠大滇西旅游环线发展，受其战略地位及知名度的影响，能够在一定程度上提高玉龙雪山景区国际知名度。

（3）政策兜底保障环境优化。“政策兜底”原是用于精准扶贫中对“无意愿又无能力”通过产业脱贫的对象实施的单方面救助行为，用于玉龙雪山景区环境优化中是为了解决环境保护与经济发展之间的矛盾。政策兜底保障环境优化的对象主体是景区和景区周边居民：一是在景区遭受重大自然灾害或者疫情的情况下，游客量减少，景区经济收入无法达标，只能采用破坏生态环境的方法大修大建旅游设施招徕游客、提升旅游效益时启动政策兜底机制，对玉龙雪山景区实行行政救助，以完成景区经济效益目标或者降低景区经济收入目标要求；二是对于玉龙雪山景区周边居民进行精准识别，对于现有的旅游扶贫政策仍然无法满足其基本的生活需求的“极其贫困”的居民实行政策兜底，让居民签订“保护环境承诺书”的前提下对居民实行资金救助，否则救助金不予以发放，同时，在景区收益不好的年份，救助主体范围可以进一步扩大，严防居民为了生计生活不惜以牺牲环境为代价、采取破坏环境的行为。

3. 内部空间子系统转型方式

构建平面、垂直、时间轴三维一体的玉龙雪山景区内部空间子系统，从地域分异规律贯穿垂直海拔高差景观产品开发、生态旅游促进景区可持续发展两个方面提出内部空间子系统转型方式。

（1）地域分异规律贯穿垂直海拔高差景观产品开发。垂直地带性本身是地域分异的主要特征之一，将地理分异规律运用于山地景区不同海拔高差景观产品的开发过程中，开发适宜的山地旅游产品。玉龙雪山景区分布着积雪冰川带、高山寒漠带、高山草甸苔原带、亚寒带潮湿山地气候带、温带森林气候带、亚热带气候带6个气候带，根据不同气候带特征，开发不同类型的旅游产品，如图9–7所示。

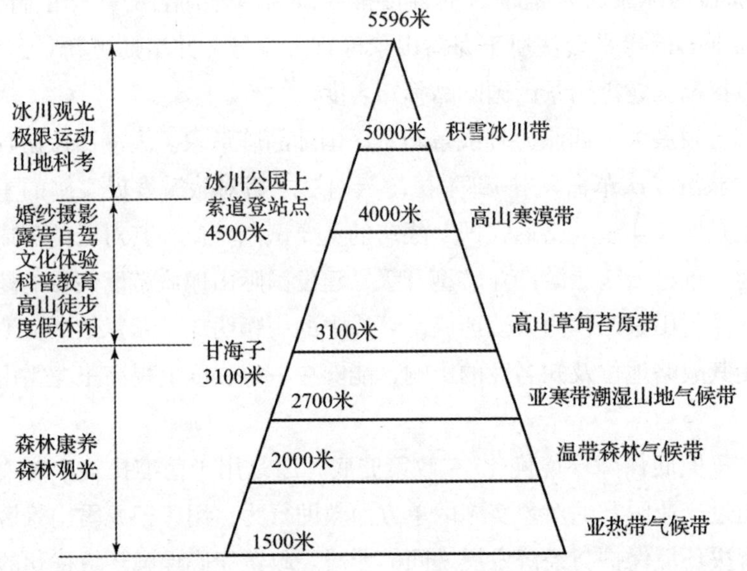

图9–7 玉龙雪山景区产品垂直分布图

以冰川公园上索道登站点（4500米）、甘海子（3100米）为界，索道站以上主要是高山寒漠带和积雪冰川带，以冰川观光、极限运动、山地科考产品开发为主；甘海子至索道站之间分布着大量的高山草甸以及针叶林，该区域地势较为平坦，适合开展较为大型的旅游活动，以开发婚纱摄影、露营自驾、文化体验、科普教育、高山徒步等体验性程度较高的旅游产品为主；甘海子以下分布着大面积的针阔混交林、云南杉、红杉等森林植被，适合发展森林康养、森林观光等类型产品。

（2）生态旅游促进景区可持续发展。可持续旅游是一种理念，生态旅游是实现可持续旅游的一种方式，要实现玉龙雪山景区旅游业的可持续发展，必然需要形成科学的可持续发展模式。首先要加强玉龙雪山景区生态环境的保护，建立生态环境监测机制，在玉龙雪山景区环境承受最合适的范围内开展旅游活动；其次要加强环境教育，形成游客—居民—景区工作人员三位一体的环境教育体系，全方位提高环境教育与保护意识；最后要保障社区参与，提升社区参与意识，获取社区支持，在现有的旅游业反哺、就业扶贫、教育扶贫、产业扶贫等工作的基础上，加强对周边甲子村、玉湖村等村庄村民旅游专业知识相关培训，提高社区参与旅游活动的能力以及意愿。

4. 客源市场子系统转型方式

满足客源市场需求变化是景区旅游转型发展的重要目标，可以通过运用科技创新成果的方式提升游客行程体验。

充分发挥信息网络技术、虚拟现实（VR）技术、大数据、云计算等现代化技术在游客行程体验提升中的积极作用，充分满足游客多元化需求：一是推出玉龙雪山景区游前 VR 体验项目，让游客在出游前充分了解景区实况，制订好游客行程安排计划；二是提升玉龙雪山景区内虚拟项目的使用率，通过有偿消费的形式，向游客提供关于冰川消融、四季雪山景观变化等无法在现实生活中直接呈现的景点景象，提升游客的游览体验感。

（二）景区外部空间转型发展方式

旅游空间塑造要注重地理空间与文化空间的并重发展，文化空间注重精神的贯穿与融合，能够突破地理空间的限制，而地理空间是空间拓展的基础，为文化空间的拓展提供载体。目前玉龙雪山景区联合周围景点已经形成了“大玉龙”景区空间格局，逐步扩大形成大滇西环线北环的支环，并与瑞士的马特宏峰结为友好山峰，但是目前玉龙雪山景区外部空间的拓展主要集中于规划战略性的空间拓展，在地理空间与文化空间贯通与融合的实际操作层面较少。因此本部分从交通发展促进景区地理空间拓展、文化贯通促进景区文化空间融合两个方面提出玉龙雪山景区旅游发展空间转型方式（见图 9-8）。

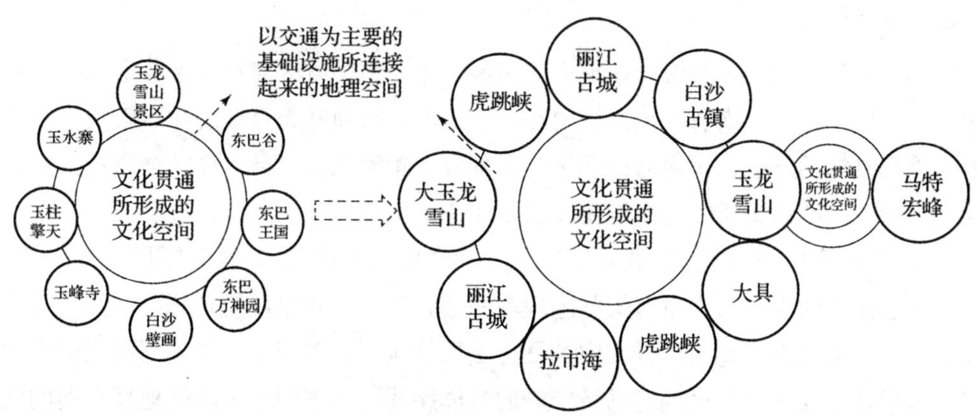

图 9-8　玉龙雪山景区外部空间拓展

1. **交通发展促进景区地理空间拓展**

（1）大玉龙雪山景区地理空间拓展。2008年，玉龙雪山景区出台“大玉龙”景区规划，且规划得到了落实。2018年，玉龙雪山景区管委会出台了大玉龙旅游景区收费公示，实行大玉龙景区联票制度，但是其他景区的知名度与客流量远不及玉龙雪山景区。发挥玉龙雪山景区的带动作用，依靠联票制度是远远不够的，需实现玉龙雪山景区与其他景点之间的地理空间拓展，以交通发展为着力点促进大玉龙景区地理空间发展。

以玉龙雪山景区为中心地，构建大玉龙雪山景区交通环线格局，发挥玉龙雪山景区人流优势带动效应。以交通线路和交通工具为连接点，真正意义上实现大玉龙景区地理空间的拓展：一是以现有的交通路线为基础，向外延伸，到达各个景点。目前，可从玉龙雪山景区搭乘17路、6路、景区专线前往各个景点，但是步行距离均达到5公里以上，可以在现有专项旅游线路发展的基础上，向外延伸5公里，缩短游客的步行距离；二是重新构建“大玉龙”景区旅游交通专线，以各个景点为站点，形成大玉龙雪山景区交通环线，提高大玉龙雪山景区区域任意景点之间的可达性。

（2）大滇西旅游环线北环支线地理空间拓展。以玉龙雪山、丽江古城的客流量和名气最大，拓展滇西旅游环线北环支线地理空间，要形成玉龙雪山—丽江古城双核交通中心模式，向外围扩散，其中丽江古城位于古城区，城市内部交通发达，依靠古城区便捷的交通网络体系，向其他景点延伸。玉龙雪山景区为副中心核，在大玉龙雪山景区交通地理空间形成的基础上，与丽江古城相连接，逐步向外围景区辐射，涵盖整个大滇西旅游环线北部环线支线的所有景点，最终形成玉龙雪山—丽江双核模式的地理空间格局。

（3）玉龙雪山—马特宏峰地理空间拓展。玉龙雪山景区与马特宏峰空间距离较远，分别处于中国云南省丽江市境内和瑞士境内，目前并无直接的交通航线通往两地，受到疫情的影响，国内通往瑞士的大部分航班被取消，但是疫情终将过去，必须为疫情过后两地交通的连接与发展做好准备。

在现有两座友好山峰发展的基础上，加强两座山峰旅游线路的开发，在一定程度上能够加快玉龙雪山景区国际地理空间的拓展。首先可以规划好两地空间交通线路；其次可以在玉龙雪山景区内的马特宏风情园旁设置交通路线规划图说明指示牌，展示从玉龙雪山景区到达马特宏峰的具体路线，实现两个山峰的地理空间的联系；最后可以在玉龙雪山景区的各个门票上印发两地交通线路图，增加对马特宏峰的资源景点介绍，激发高层次需求游客前往马特宏峰参观游览的需求，使得两地的地理空间连接具有现实意义。

2. **文化贯通促进景区文化空间融合**

（1）纳西文化促进大玉龙景区、大滇西环线文化空间融合。文化空间是人与文化存在的重要场所，依靠当下的文化创造以及时间演进获得支持与培育（侯兵，等，2011）。大玉龙雪山景区、大滇西环线文化空间的塑造有赖于辛勤劳作的纳西族人民日常劳作活动所形成的文化资源共同构成的文化空间，主要从物质、时间、精神三个空间层次分别构造。

对物质文化空间的塑造，一方面要注重基础设施的文化内涵打造，将纳西东巴文字符号运用于各个景点的基础设施建设，如在景区指示牌、休息亭、景点介绍牌上添加东巴文字介绍，显示大玉龙景区的纳西文化特色；另一方面在各个景点内举办纳西族棒棒会、火把节等节庆活动，实行轮流举办节庆活动制度，展示纳西族所特有的文化空间。从时间空间的角度来讲，不仅仅是对当下纳西族文化的展示与体现，更要注重对历史纳西文化的尊重与保护，运用高科技的手段发展纳西创意文化产品，将此发展理念贯通于大玉龙景区乃至大滇西旅游环线北线支环的整个区域范围之中。从精神空间层面来讲，纳西文化讲求人与自然的和谐发展，强调因果报应，将这一精神理念贯穿于整个景区的旅游发展过程之中，让人一进入此区域，就能感受到天地自然、景点无界的文化意境，这是文化空间塑造的最高级状态。

（2）玉龙雪山—马特宏峰文化空间融合。玉龙雪山与马特宏峰文化空间的塑造要更加注重精神层面文化空间的打造，一是源于双方对大自然的崇敬与敬畏，在两地合作的过程中，要将生态保护放在首要位置，携手共进，创造地球美好生态家园；另一方面来自中国瑞两国友好关系的精神的融合。2020 年，中国遭受新冠疫情肺炎的巨大冲击，瑞士采尔马特市文旅局在马特宏峰上投影五星红旗，以此鼓励中国人民战胜疫情的决心，在此基础上，继续发扬中瑞两国互帮互助、友好往来的精神，加强玉龙雪山与马特宏峰之间的往来合作，将开放、共享、包容、合作的精神贯穿于两地文化空间的打造。

二、旅游转型提升措施

根据前文对玉龙雪龙山景区旅游转型发展水平分析结果，结合旅游转型发展动力与方式分析，借鉴国内外山地景区旅游发展经验，为了进一步提升玉龙雪山景区旅游转型发展水平，向高层次转型水平晋升，从要素系统、外部空间系统提出转型措施。

（一）景区旅游要素转型措施

1. 产品子系统转型措施

（1）推进“旅游+”，加快旅游融合。

①农业＋旅游。加快玉龙雪山景区旅游与农业的融合发展有利于促进乡村振兴，以旅游带动农业，提高农民收入，发挥农民专业特长，增长农民自信。以甲子村、玉湖村为农旅融合示范基地，活化静态农业产品，以旅游形式带动农产品发展。一方面，甲子村在玉龙雪山景区范围内，村民通过入股甘子甘坂婚纱摄影公司、参与旅游分红等形式增加了收入，但是对村内的农产品开发程度较低。目前，甲子村耕种面积达到2500亩，在此基础上发展风景观光农业，以土地为画布，以作物为笔，根据作物不同的颜色特征，按照玉龙雪山轮廓图进行种植，等到作物成熟时，展现雪山农业作物图，成为一道美丽的农业观光美景。此外，在甲子村发展畜牧业的基础上，推出高山畜牧观光、畜牧体验、生态牦牛肉食品等一系列旅游产品，提高农业产品经济价值。另一方面，玉湖村乡村旅游发展较早，已经形成了民居建筑展示、骑马徒步观光、观光农业、生态养殖、康体养老、生态农庄等成熟的产品业态，在此基础上，可以利用当地广袤的经济作物林，开发水果采摘的旅游项目，同时要加强玉湖村与玉龙雪山景区之间的联系，将其纳入核心的旅游线路当中，提升玉龙雪山农旅融合深度。

②体育＋旅游。体育旅游是体育产业与旅游产业深度融合的一种新业态，对推进旅游产业与体育产业的共同繁荣大有裨益。推进玉龙雪山景区旅游产业与体育产业的深度融合，主要从发展民俗体育旅游、冰雪度假旅游、户外运动旅游、体育赛事活动四个方面着手：一是发展民俗体育旅游，以玉龙雪山甘海子为场地、以纳西族体育活动为内容，在景区内定期举办东巴跳、打跳、斗牛、狮子舞、麒麟舞等纳西民族特有的民俗体育活动，让游客充分参与其中。二是发展冰雪度假旅游活动，在雪山滑雪场建设的基础上，针对不同类型的游客，以生态优化为前提，发展多样化的滑雪活动，如雪地坦克、雪地极圈、雪地摩托、马拉雪橇等滑雪项目。三是发展户外运动旅游项目，以玉龙雪山景区内的生态步道、栈道为基础，加快登山梯、登山步道等基础设施建设进度，在保障游客人身安全的前提下，近距离“攀爬”玉龙雪山景区。四是举办相关体育赛事活动，玉龙雪山景区已经举办了“七彩

云南·格兰芬多国际自行车节”国际赛事活动，在现有的基础上，加大体育赛事的宣传，将此项赛事做大做强，成为玉龙雪山景区的体育旅游品牌。

③康养＋旅游。康养旅游是以增强游客健康、提高游客幸福度为目的的专项度假旅游，是医疗康养产业与旅游产业融合的重要表现形式。玉龙雪山景区位于云贵高原，是我国适合发展康养旅游的气候区之一（任宣羽，2016），玉龙雪山景区拥有良好的康养旅游发展基础：一是玉龙雪山垂直地带气候明显，拥有丰富的森林资源，覆盖率达到51.37%，其负氧离子含量高，可以发展森林氧吧、生态瑜伽等多种康养旅游产品；二是东巴中医药历史文化源远流长，留存民间常用药材120余种，形成了以草药内服为主，辅之以放、按、扎、拔、灸、点、熏多种疗法（赵天敏，等，1999），为开发医疗SPA、药材温泉、药膳等旅游产品业态提供了资源基础。此外，要加强建设东巴中草药种植基地，扩大种植范围，宣扬东巴中医药中所蕴含的人与自然和谐观。

④文创＋旅游。旅游文创产品是文化产品的分支之一，是旅游目的地特有的文化商品（磨炼，2016）。玉龙雪山景区已有一家文创产品店，位于甘海子游客中心旁，店内产品开发主要集中在打造玉龙雪山特有的动植物Q版形象，以钥匙扣、项链、鼠标垫等形式展示，文化产品形式较为传统，无创新性。要加强玉龙雪山景区文创产业与旅游产业的融合：一是扩大文创店经营规模。玉龙雪山景区文创店为私人经营，店面规模较小，无法提供制作量大的文创产品，因此要引入大型的文创企业公司，以私人入股的方式扩大文创店经营规模，为文创产品展示提供充足的展示空间。二是要改进旅游产品包。以玉龙雪山景区为核心形象IP，在产品包装上印上玉龙雪山IP形象标识以及玉龙雪山景区出品字样，提高文创产品附加价值。三是提高文创产品的体验度。玉龙雪山景区内一部分游客是亲子家庭游客，这部分游客以喜爱参与、体验、制作为特征，在文创店内设置文创产品制作体验区，以玉龙雪山特有的动植物、纳西族手工艺品为制作模板，开发土器制作、3D打印制作等文创体验项目。四是开发新颖化的文创产品。以顺应女性旅游市场需求为出发点，开发玉龙雪山高山动物系列、植物系列、中草药系列化妆品，提升文创产品新意新度。五是提升文创产品文化深度。玉龙雪山景区现有的文创产品还浮于表面，失了灵魂。玉龙雪山景区文化的核心在于纳西族、摩梭人少数民族文化，要加大纳西族东巴陶艺、造纸、丽江皮艺、刺绣等传统手工艺品的开发。

（2）整合特色资源，优化产品项目组成。整合特色资源是指对景区内各种闲置或者未得到最优配置的旅游资源加以重新整合，提高景区旅游资源开发能力，彰显特色旅游资源价值，使各类旅游资源聚集，获得最大效益。根据前文分析可知，玉龙雪山景区转型发展中对遗址遗迹与建筑设施资源、东巴纳西民族传统手工艺品与艺术特色景观资源开发程度较低，可对这类资源进行有效配置完善相关基础设施建设，借助多媒体渠道加大舆论宣传，实现景客双方共享，塑造玉龙雪山景区特色品牌形象，开发景区剩余空间价值，实现玉龙雪山景区效益最大化。

依托特色旅游资源整合，加快玉龙雪山景区旅游产品线路重组。玉龙雪山景区旅游产品业态多元，其中露营自驾游、摄影文化旅游、影视基地旅游、户外运动、原生态文化旅游发展程度较高。据前文分析，目前玉龙雪山景区线路主要集中于生态文化、户外运动以及婚纱摄影三种旅游产品，对其他业态产品线路开发较少，因此可以在原有的以“冰川公园＋蓝月谷＋《印象·丽江》演出”为核心产品的基础上，优化旅游产品线路，使玉龙雪山景区更加丰富多元（见表 9–2）。

表 9–2　玉龙雪山景区产品线路规划

线路	线路景点组成	包含旅游产品业态	游览时间
核心线路	冰川公园＋蓝月谷＋《印象·丽江》演出	户外运动、生态观光、旅游演艺	1 天
核心线路	冰川公园＋蓝月谷＋牦牛坪	户外运动、生态观光	1 天
核心线路	冰川公园＋蓝月谷＋云杉坪	户外运动、生态观光、康养旅游	1 天
整体线路	冰川公园＋蓝月谷＋《印象·丽江》演出＋牦牛坪＋云杉坪＋冰川博物馆＋甘海子	户外运动、生态观光、康养旅游、旅游演艺、教育科普、露营自驾	2 天
拓展线路	玉龙雪山景区＋洛克故居＋玉柱擎天	户外运动、生态观光、康养旅游、旅游演艺、教育科普、露营自驾、古建筑民居	2~3 天
拓展线路	玉龙雪山景区＋东巴万神园＋玉水寨＋东巴王国＋玉峰寺	户外运动、生态观光、康养旅游、旅游演艺、教育科普、露营自驾、纳西文化体验	3~4 天
综合线路	大玉龙雪山景区	户外运动、生态观光、康养旅游、旅游演艺、教育科普、露营自驾、古建筑民居、纳西文化体验	6~7 天

2. **管理子系统转型措施**

（1）发挥政府作用，加大转型宣传。发挥政府在景区旅游转型宣传中的作用，提高景区旅游转型影响力：一是在《丽江日报》《云南日报》、云南网、学习强国等主流媒体上加大对玉龙雪山景区旅游转型发展的宣传，让更多的游客了解玉龙雪山转型发展提高旅游发展质量的决心，树立良好的旅游形象；二是积极参加政府间的旅游交流会、国际山地旅游活动，发表玉龙雪山景区转型发展相关主题演讲，借鉴其他山地景区转型经验的同时分享自身经验，增加玉龙雪山景区曝光率以及国际知名度；三是将玉龙雪山景区转型发展宣传工作融入日常生活建筑中：以滚动文字的方式在丽江市城市人流量多的商场建筑、交通干线、公交车站广告牌大力宣传玉龙雪山景区转型发展工作，提高丽江市居民以及来丽江的游客对玉龙雪山景区转型工作的认知度，营造良好的旅游转型发展认知空间。

（2）运用科技创新成果，提高管理工作效率。现代科技的创新与成熟是推动旅游发展的重要手段之一，借助外部互联网、大数据、云计算、VR 等新兴科技，建立景区现代化科技服务系统平台，加速推进旅游管理体制改革，提升玉龙雪山景区管理效率与水平。在现有的“ 部手机游云南”智慧平台建设的基础上，进一步提升景区营销管理、环境管理、合作管理智慧化建设水平：在智慧景区建设的背景下：一是使景区运营信息大数据化、公开化、透明化，利用大数据分析游客类型、需求偏好，实施精准营销；二是加快玉龙雪山景区与周边酒店、餐馆、旅行社、旅游商店等涉旅企业建成合作平台机制，实现“食、住、行、游、购、娱”一体化发展，加强景区与其他相关产业的紧密联系。

3. **内部空间子系统转型措施**

玉龙雪山内部空间开发要深化立体空间发展格局，突出玉龙雪山景区旅游特色：一是将特色资源开发融入玉龙雪山景区平面空间开发中，以纳西文化所倡导的“自然和谐观”为开发主题，对玉龙雪山景区平面空间进行合理分区，重点建设冰川科普教育区，完善冰川博物馆、研学基地等相关基础设施建设，提升平面空间生态科普教育文化内涵。二是积极利用玉龙雪山景区垂直与坡度差异景观，结合地域分异转型发展方式，开发低、中、高不同纬度旅游产品，在低纬度地区开发森林康养与森林观光旅游产品，中纬度地区发展婚纱摄影、露营自驾、文化体验、科普教育、高山徒步以及度假休闲等多元旅游产品业态，在高纬度地区开发生态冰川观光、山地科考以及极限运动等对山地冰川环境破坏较小的旅游活动。三是大力发展夜经济旅游产品、生态绿色旅游产品，开展“星光玉龙雪山”、夜间文艺晚会、生态环境保护宣讲会等活动，无限延伸景区旅游时间轴。

4. 客源市场子系统转型措施

（1）做好前期准备工作，加强市场需求调研。一是通过线上线下问卷的形式了解游客需求，通过对数据的整合与分析，在符合景区发展建设的基础上，适度开发受欢迎的旅游产品；二是对现有数据进行整理与分析，通过对游客在携程、驴妈妈等电商平台购买的玉龙雪山景区产品订单数据的整理，分析游客消费需求偏好，在下一步旅游产品开发中，摈弃“冷门”效益差的旅游产品，扩大旅游消费热点产品。

（2）巩固国内市场，开拓国际市场。玉龙雪山景区旅游客源市场仍然以国内客源市场为主、国际客源市场为辅，在保证国内客源市场需求的前提下，加大对国际客源市场的开发。通过相关资料了解，目前国际山地旅游市场需求偏向山地度假旅游、山地文化旅游、山地运动旅游、山地生态、低碳旅游等多元业态，因此，玉龙雪山景区要提升国际山地旅游市场吸引力，必须在结合景区自身发展规律的前提下，加大度假休闲旅游、纳西文化风情体验、户外运动、高原冰川生态观光等产品业态的开发；同加强积极获取国家财政支持，拓宽投融资渠道，加大景区国际标准的基础设施建设资金投入，加强景区员工国际语言交流能力培训，提高玉龙雪山景区服务国际化水平，满足国际山地旅客需求。

（二）景区外部空间转型措施

加强外部空间建设，丰富景区外部空间产品业态。由于玉龙雪山景区大部分空间范围属于国家自然保护区范围，受到行政体制管理与生态环境脆弱性因素影响，大型旅游项目的开发与建设受到一定程度限制。因此在景区外部空间转型过程中，可以学习泰山景区外部空间发展经验，将多元旅游产品项目建在景区周边对旅游开发建设限制较小的区域，实现景区休闲娱乐功能外延，在交通发展、文化贯通塑造玉龙雪山景区外部地理、文化大空间前提下，引进旅游项目，丰富旅游产品业态：一是以东巴谷、东巴万神园与东巴王国以及玉水寨景区为建设基地，展示原生态东巴文化，探索纳西东巴文化起源，开发东巴文化探秘体验游旅游项目，在现有的节庆文化舞蹈表演的基础上，引入AR、VR技术，再现古代纳西族生活、祭祀、耕作场景，提升游客体验感；二是以甲子村、玉湖村为建设区域，发展高级民宿、乡村采摘体验、玉龙雪山写生基地等旅游项目，丰富乡村旅游产品；三是以玉龙县城为建设区域，发展商旅综合体等综合城市产品业态，将玉龙雪山景区游客留住玉龙县。

第四节　吸引力驱动系统优化策略

一、充分挖掘景区资源

玉龙雪山景区自然资源开发利用水平相对良好，但对于人文资源的挖掘利用依然不足，人文环境指标得分仅为5.4232，处于一般质量水平，亟须进行优化提升。玉龙雪山景区应当对自身资源做系统的、科学的梳理分类，主要挖掘纳西民族文化与东巴文化内涵。在已有的《印象·丽江》演艺产品的基础上，结合纳西民族特色，开发纳西民族文化系列歌舞、实景演艺产品。结合三朵节、三月会、七月会、洗牛脚节、火把节等当地特色节庆，策划设计一批节庆旅游产品，且定期举办以增强品牌吸引力。充分利用阿普三多神传说、白石神传说、黑白水河传说、虎跳峡传说、玉龙湖传说等神话传说，增强各景点的文化内涵，渲染神秘色彩。支持和鼓励将东巴文化当中的东巴蜡染、木制工艺品、挂毯、纸张、画谱、万年历、石头城竹编等打造成为特色文化旅游商品。

二、丰富产品业态体系

业态与产品指标得分为6.9942，属于较高质量水平，业态与产品独特性（7.1300）、业态与产品多样性（6.3897）均有待提高，尤其是业态与产品的多样性。当前，玉龙雪山景区当前以观光游憩类以及科研科考类旅游产品居多，其余产品类型较少。因此，仍需进一步丰富其他类型山地旅游产品。可开发建设一批帐篷木屋酒店、野营区、养生基地等产品丰富休闲度假类山地旅游产品体系；策划设计一批冰雪运动、滑草、徒步、登山、山地车、攀岩、高山探险、越野跑、户外素质拓展等山地特色户外运动丰富运动康体类山地旅游产品体系；开发建设一批文化研习所、文化研学基地，策划设计一批节庆、演艺、纳西东巴文化特色绘画、文字、手工艺等产品丰富文化艺术类山地旅游产品体系；开发建设一批以农业体验、民族工艺体验、高科技体验等为主题的体验场所，丰富娱乐体验类山地旅游产品体系。

三、调节要素价格水平

价格水平指标得分为7.2984，隶属的餐饮价格合理度（7.3624）、住宿价格合理度（7.4495）、交通价格合理度（7.3881）以及产品价格合理度（7.1802）四个指标的得分也均处于较高质量等级，未达到高质量等级。需加强对山地旅游市场的调查，通过大数据技术的应用，分析玉龙雪山景区游客的消费水平，对不同消费水平的游客进行分级汇总，了解玉龙雪山景区游客的消费水平大致集中在哪一个等级。同时，开展问卷调查，了解游客对景区周边餐饮、住宿、交通等要素价格的接受程度。综合大数据分析以及问卷调查的结果，推动景区周边要素价格水平合理化调整，构建高、中、低三大层次价格体系，依据商品价值、服务水平合理定价，坚决抵制价格水平与商品价值、服务水平严重不符的“天价”现象发生。

第五节　推动力驱动系统优化策略

一、加强相关政策推动

政策推动指标得分为5.6676，处于一般质量等级，仍有较大提升空间。应当从政策层面上明确玉龙雪山景区的核心地位，将玉龙雪山景区的发展作为丽江旅游乃至云南旅游发展战略规划的关键抓手，推动玉龙雪山景区发展。从财政、金融、税收、土地利用等多方面给予政策支持。发挥财政资金的引导推动作用，采取项目补贴、以奖代补、贷款贴息等多种方式，支持玉龙雪山景区整体发展与项目建设。鼓励银行、保险、证券、基金等金融机构提高对玉龙雪山景区的支持力度，对景区计划开发的具有较强市场需求性、带动性和创新性的项目，实行低息或者贴息贷款。在合理、合法、科学、规范的基础上，快速审批和优先供给玉龙雪山景区项目建设用地。

二、分析预测市场需求

市场需求指标得分为7.2557，属于较高质量等级，未达到高质量等级。在当前以市场需求为导向以及供给侧结构性改革的背景下，调查、了解、分析、统计以及预测市场需求是每一个山地景区所必须具备的能力。玉龙雪山景区对于山地旅游市场需求要进行长期不间断的调查，始终把握了解山地旅游市场需求的发展动态，将大数据、人工智能等新兴科技以及问卷调查等传统方法充分应用到分析统计过程当中来，对玉龙雪山景区游客的性别、年龄、客源地、旅游目的、消费水平、消费倾向以及在景区游玩过程当中的不满之处进行统计汇总，做到日日统计、月月汇总、年年总结、时时改进。在充分调查分析的基础上，可以进一步分析预测山地旅游市场未来的发展方向，从而能够及时调整景区发展战略，把握市场先机，做到快人一步，增强景区的市场竞争力。

第六节　支持力驱动系统优化策略

一、完善旅游设施建设

根据评价结果，玉龙雪山景区硬环境得分为7.1884，并且其隶属的交通便捷程度（7.6792）、旅游要素设施完善程度（6.1564）、旅游公共服务设施完善程度（7.6139）以及景区承载量（7.0000）均未达到高质量等级，因此，还需进一步完善旅游设施的建设。修缮提升景区内部交通设施，更换景区内部老旧、损坏的木栈道，旅游专线所途经的环山公路需加装护栏以提高上下山途中的交通安全系数。景区内还有部分环山公路是由碎石砌筑而成的，导致旅游大巴行驶时颠簸感较强，十分影响搭乘舒适度，应当将类似路段材质全部替换为柏油、沥青或水泥等相对光滑平坦的材料。确保景区内供水供电设施能够提供满足景区运转需求的水量、电量。加强景区通信基站建设，实现移动信号、网络全景区覆盖，保证即使在客流量最多的时候也能保持良好的通话、网络应用需求。进一步完善景区标识系统，交通节点、景点入口、集散中心、建筑室内等关键位置都应设置标识牌，其设计应当充分体现玉龙雪山景区的文化特色，表达内容应当准确明了。同时景区内各主要景点都应当设置游客服务中心，为游客提供接待、咨询、饮水、充电、餐饮、休憩、租赁棉衣、氧气供应、高原反应咨询与治疗管理点、线路及导航等服务。考虑到景区可用空间有限，景区山上可布局建设少数以帐篷酒店、木屋等为主的对生态环境危害较小的中高档度假型住宿设施。除此之外，山上还可布局一定比例的灵活性强、便于快速投入使用、受地形限制小的移动性餐饮设施。山下则应布局以中低端的精品酒店、主题民宿、青年旅舍、农家乐、特色小吃等为主的住宿餐饮设施。景区内旅游厕所应当按照《旅游厕所质量等级的划分与评定》（GB/T 18973—2016）的要求进行提升，注重与周边环境的协调，将移动性环保厕所作为景区旅游厕所的重要补充。

二、加强智慧旅游建设

智慧旅游建设水平得分为7.0290，属于较高质量等级，未达到高质量等级。要以提高游客旅行便利和景区运营管理效率为目标，以满足游客现代信息需求为基础，以大数据、互联网、5G等新兴科技为支撑，通过实现玉龙雪山景区旅游运营、管理、服务、体验以及营销的智能化水平，在已有基础上进一步完善玉龙雪山景区智慧旅游系统，服务于景区运营管理企业、景区行政管理部门及游客。游客进入景区之前，通过智慧系统向游客推送及介绍景区特色；进入景区时，通过旅游一卡通实现电子门票、电子消费等综合服务，提高游客游玩便利度，同时完善景区智慧停车、智慧讲解、智慧导游、虚拟体验等服务，提高游客旅游舒适度；离开景区后，对游客来源、消费、需求等进行分析，记录游客游后反馈。在景区管理方面，建设玉龙雪山景区智慧调度中心，对景区实行全方位的实时监控，发布景区预警信息及指引，对景区客流量进行预测预警。构建景区资源生态监测系统，对景区空气质量、水质水量、噪声污染等情况进行实时监测。

三、强化景区联动水平

与周边景区的联动水平得分为5.3750，得分较低，处于一般质量等级。玉龙雪山景区一方面要加强“大玉龙”旅游区内景区联动水平，加大对“大玉龙”旅游区内其他景区的宣传推介，完善景区之间旅游交通专线，按照各景区不同的产品业态，打造“大玉龙”旅游区不同的主题旅游线路，推出主题套票、联票、优惠票，推动玉龙雪山景区游客向周边景区分流，一方面提高游客体验感，另一方面带动“大玉龙”旅游区其他景区发展。除此之外，加强玉龙雪山景区与泸沽湖、老君山等丽江知名景区的联动水平，景区相互协商，同时与旅行社合作，针对不同旅游需求的游客群体，设计、打造、推出多样化、特色化旅游环线，从而实现知名景区之间的客源共享，让游客在丽江多停留、多消费，提高各景区旅游收入效益。

四、提升景区综合管理水平

玉龙雪山景区的经营管理水平得分为6.7500、旅游安全保障得分为6.9953、市场规范化得分为7.6792，都处于较高质量水平，未达到高质量等级。这些指标本质上就是景区综合管理水平的体现，因此，玉龙雪山景区还需进一步提升景区的综合管理水平。景区管理人员应定期召开总结会议，对期内景区运营管理情况进行总结，对景区存在问题及时整改。会同公安、工商、质监、食药监督、安监、消防、交警等部门建立联合执法检查机制，景区内餐饮、住宿、停车场、厕所、消防等设施应当严格按照国家、省、市相关标准实行管理，推动景区食品卫生、消防安全、交通安全等检查常态化。建立服务质量监督量化考核机制，落实责任管理人员，实行扣分量化考核机制，考核不及格者应予以适当处罚。强化景区安全管理，加强景区内治安巡逻，对景区内相关公共服务设施、交通设施、消防设施等实行定期维修、检查，完善景区安全设施，景区救援队伍应时刻待命，定期开展紧急救援演练。提高景区服务水平，游客服务中心应当辐射到每一个景点，景区投诉、咨询、救援电话需标识于景区导览图、总览图、电子屏等显眼处。要及时、快速、全天候受理游客投诉，合理解决游客诉求。加强游客责任教育，积极开展文明旅游、安全旅游等宣传教育工作，通过制作宣传册、设立提示牌、播放宣传片、志愿者引导等多种渠道，随时随地向游客宣传普及文明、安全旅游知识。

五、重视生态环境保护

尽管玉龙雪山景区一直以来对于生态环境的保护都十分的重视，并采取了诸多措施，但根据评分结果来看，环境保护得分 7.1663，未达到高质量等级，仍旧需要强化对生态环境的保护。应当制定生态保护规划，科学开展生态环境保护工作，实现可持续发展。加强监督和约束机制，最大限度地降低人为活动可能对生态环境造成的破坏，强化环境评估工作，对环境评估不合格的项目坚决不予开发建设。加强景区绿化工作，通过人工移植栽种景观林木恢复裸露区域的植被。修建更多的人工湖泊，增加当地降水量。保护生物和生态系统多样性，加强野生动植物保护的宣传教育，实行分级细化保护工程，严防物种入侵、保护原生林地、打击滥砍滥伐、严查偷猎狩猎，确保景区生态资源不受破坏。大力开展绿色交通，景区工作用车应当全部替换为新能源汽车，进出景区内的燃油机动车数量应当严格控制，减少景区内部交通碳排放。实时检测景区噪声、空气、地表水及污水排放情况。对景区垃圾实行无害化处理，对生活垃圾进行收集分类和集中处理，对废油、废电池等危险品实行无害化处理。

六、加强人才队伍建设

人才队伍建设指标得分仅为 5.3750，属于一般质量等级，得分较低，说明玉龙雪山景区当前的人才队伍建设水平还难以支撑其高质量发展需求，亟须建设一支素质精良、专业齐全、数量充足、结构科学的复合型人才队伍。玉龙雪山景区的高质量发展应当是全方位、立体化的，经营管理、宣传营销、产品设计、品牌塑造等都是重要环节，而这些环节都需要专业的人才进行把控。一方面，玉龙雪山景区需制订相应的人才引进计划，完善招聘制度程序，针对不同层次的人才，灵活柔性地采用人才交换、长期聘用、临时聘用等用人方式。积极与高校、科研院所开展长期合作，建立专家智库，对高层次人才和紧缺型人才提供优良待遇。建立人才考核机制与奖励激励机制，对景区引进的人才定期实行考核，对于对景区发展做出积极贡献的人才，给予相匹配的奖励。另一方面，要健全人才培训体系，针对景区不同工作的工作性质与任务，定期邀请相应的的专家来景区开展知识技能培训，提高景区员工知识素质与管理服务水平。

第七节　中介力驱动系统优化策略

一、丰富宣传营销渠道

玉龙雪山景区宣传营销推介的指标得分为 6.6811，其中传统营销和新媒体营销的得分分别为 6.1250 和 6.8750，均未达到高质量发展水平，都需要进行优化提升。要加大对玉龙雪山景区宣传营销资金的投入，当地政府要在财政资金上予以一定的支持，景区也应当根据每年的旅游收入划拨一定比例的宣传资金。进一步加强传统营销媒介的宣传营销力度，加大对机场、客运站、动车站、高速公路等交通枢纽的广告投入力度，制作大型精美的广告牌与精美的宣传册吸引游客。利用节庆赛事效应，策划开展具有玉龙雪山特色的民族节庆、体育赛事活动。积极参与国内外大型旅游宣传推介活动，向国内外游客宣传推介玉龙雪山。最后，在互联网时代，要充分意识到新媒体营销的重要性，运用好短视频、门户网站等现代人们常用的、热门的应用软件，加大在这些新媒体上的广告投入，利用好新媒体传播速度快、受众群体广的特点，提高宣传效率。

二、加强与旅游中介机构合作

旅游中介机构是连接景区与旅游客源市场的重要媒介，很大一部分游客是通过线下旅行社以及线上网络平台购买景区旅游产品的。但根据评分结果，旅游中介机构发挥的中介效应得分仅为6.6179，属于较高质量水平，没有达到高质量等级。因此，玉龙雪山景区应当加强与线下旅行社以及线上网络平台的合作，给予旅行社一定的利润空间，与旅行社合作打造旅游线路，推出优惠联票套票，激励旅行社积极地向游客宣传景区，组建旅行团，为景区引来客源。多数游客是通过线上网络平台了解景区、景区的旅游产品以及其他游客对景区的评价后做出旅游决策的，因此，玉龙雪山景区应当加强与携程、途牛、去哪儿网等各大线上网络平台的合作，在线上网络平台上布局销售景区旅游产品，依托线上网络平台的庞大流量，提高景区对客源市场的辐射影响力，从而提高产品销量。

参考文献

[1] 葛磊 . 以优质旅游破解成长中的烦恼 [N]. 中国旅游报，2018–01–10（002）.

[2] Nepal. Mountain eco tourism and sustainable development：Ecology，economics，and ethics[J]. Mountain Research And Development，2002，22（2）：104–109.

[3] Pomfret G. Mountaine eringadventure tourists：A conceptual framework for research[J]. Tourism Management，2006，27（1）：113–123.

[4] Siti Hajar Mohamad Taher，Salamiah A. Jamal.Determinants of mountaineers’decision to climb：An innovative marketing for mountaineering tourism [C]// 2012 International Conference on Innovation，Management and Technology Research，2012：21–22.

[5] Strom E，Kerstein R. Mountains and muses：Tourism development in Asheville，North Carolina[J]. Annals of Tourism Research，2015（52）：134–147.

[6] Jesus Eduardo. Madeira：developing a new tourism paradigm[J]. Worldwide Hospitality and Tourism Themes，2016，8（6）：711–715.

[7] Andreas Hoy，Stephanie Hänsel，Jörg Matschullat. How can winter tourism adapt to climate change in Saxony’s mountains[J]. Regional Environmental Change，2011，27（3）：459–469.

[8] Pettebone D，Newman P，Lawson S R，et al. Estimating visitors’ travel mode choices along the Bear Lake Road in Rocky Mountain National Park[J]. Journal of Transport Geography，2011，19（6）：1210–1221.

[9] Banki M B，Ismail H N，Muhammad I B. Coping with seasonality：A case study of family owned micro tourism businesses in Obudu Mountain Resort in Nigeria[J]. Tourism Management Perspectives，2016（18）：141–152.

[10] Vasil Marinov. Small–scale mountain tourism in Bulgaria：Development patterns and sustainability implications[C]// Sustainable Mountain Regions：Challenges and Perspectives in Southeastern Europe，2016：107–122.

[11] Vicky Katsoni. Application of a cultural landscape tourism marketing management approach in a mountainous area[C]// Cultural Tourism in a Digital Era，2014：121–130.

[12] Fuschi M，Evangelista V. Preliminary considerations on cultural tourism in abruzzo as a strategic tool for the renewal of the regional tourist offerings[J]. Journal of Tourism Culture and Territorial Development，2017，8（7）：139–159.

[13] Mu Y，Nepal S. High mountain adventure tourism：Trekkers' perceptions of risk and death in Mt. Everest Region，Nepal[J]. Asia Pacific Journal of Tourism Research，2015：1–12.

[14] Kortoci Y，Mirvjena K. The assessment of the rural tourism development in the Valbona Valley National Park[J]. Tourism Economics，2017，23（8）：1662–1672.

[15] Lun L M，Pechlaner H，Volgger M. Rural tourism development in mountain regions：Identifying success factors，challenges and potentials[J]. Journal of Quality Assurance in Hospitality & Tourism，2016，17（4）：1–23.

[16] Apollo M. The true accessibility of mountaineering：The case of the High Himalaya[J]. Journal of Outdoor Recreation & Tourism，2017（17）：29–43.

[17] Jones T，Yamamoto K. Segment–based monitoring of domestic and international climbers at Mount Fuji：Targeted risk reduction strategies for existing and emerging visitor segments[J]. Journal of Outdoor Recreation&Tourism，2016（13）：10–17.

[18] Hagen S，Boyes M. Affective ride experiences on mountain bike terrain[J]. Journal of Outdoor Recreation & Tourism，2016（15）：89–98.

[19] Travis A S. Introduction to Mountain region planning for conservation and tourism[J]. CABI Publishing，2011.

[20] Deniz B. Evaluation of the tourism potential of Besparmak Mountainsin the respect of protection–use balance[J]. Social and Behavioral Sciences，2011（19）：250–257.

[21] Dye A S，Shaw S L. A GIS–based spatial decision support system for tourists of Great Smoky Mountains National Park[J]. Journal of Retailing and Consumer Services，2007，14（4）：269–278.

[22] Turgut H，Ozalp A Y，Akinci H. Introducing the Hiking Suitability Index to evaluate mountain forest roads as potential hiking routes – a case study in Hatila Valley National Park，Turkey[J]. Eco. mont，2021，13（1）：55–66.

[23] Holden A. The use of visitor understanding in skiing management and development

decisions at the Cairngorm mountains, Scotland[J]. Tourism Management, 1998, 19（2）.

[24] Pyo S. Knowledge map for tourist destinations–Needs and implications[J]. Tourism Management, 2005, 26（4）: 583–594.

[25] Paul B, Simon H. Emergence of mountain–based adventure tourism[J]. Annals of Tourism Research, 2003, 30（3）: 625–643.

[26] Amarowicz J, Kumorek A, Boczon K. Age and Sex Are Strongly Correlated to the Rate and Type of Mountain Injuries Requiring Search and Rescue Missions[J]. Wilderness & Environmental Medicine, 2019, 30（4）: 378–385.

[27] Wang Y, Veneziano D, Russell S, et al. Traffic Safety Along Tourist Routes in Rural Areas[J]. Transportation Research Record, 2016（1）: 55–63.

[28] Meilani R, Muthiah J, Muntasib E. Reducing the risk of potential hazard in tourist activities of Mount Bromo[C]//Iop Conference Series: Earth & Environmental Science, 2018: 149.

[29] Herbert K. Outdoor recreation in mountains[J]. Geo Journal, 1992, 27（1）: 97–104.

[30] Geneletti D, Dawa D. Environmental impact assessment of mountain tourism in developing regions: A study in Ladakh, Indian Himalaya[J]. Environmental Impact Assessment Review, 2009, 29（4）: 229–242.

[31] Peksa L, Ciach M. Negative effects of mass tourism on high mountain fauna: the case of the Tatra chamois Rupicapra rupicapra tatrica[J]. Oryx, 2015, 49（3）: 500–505.

[32] Maldonado–Oré, Custodio M. Visitor environmental impact on protected natural areas: An evaluation of the Huaytapallana Regional Conservation Area in Peru[J]. Journal of Outdoor Recreation and Tourism–Recreation Planning and Management, 2020: 31.

[33] Tooman L A. Applications of the life–cycle model in tourism[J]. Annals of Tourism Research, 1997, 24（1）: 214–234.

[34] Mutana S, Mukwada G. Mountain–route tourism and sustainability: A discourse analysis of literature and possible future research[J]. Journal of Outdoor Recreation and Tourism, 2018, 24（1）: 59–65.

[35] Jurigova Z, Lencsesova Z. Monitoring System of Sustainable Development in

Cultural and Mountain Tourism Destinations[J]. Journal of Competitiveness，2015，7（1）.

[36] Kruk E，Hummel J，Banskota Ketal. Facilitating sustainable mountain tourism. Volume 1：Resource book[J]. Facilitating Sustainable Mountain Tourism，2007.

[37] Odermatt S. Evaluation of mountain case studies by means of sustainability variables：A DPSIR model as an evaluation tool in the context of the north-south discussion[J]. Mountain Research and Development，2004，24（4）：336-341.

[38] Paunovic I，Jovanovic V. Implementation of sustainable tourism in the German Alps：A case study[J]. Sustainability，2017，9（2）：226.

[39] Sgroi F. Forest resources and sustainable tourism，a combination for the resilience of the landscape and development of mountain areas[J]. Science of The Total Environment，2020.

[40] Hussain T，Chen S，Nurunnabi M. The role of social media for sustainable development in mountain region tourism in Pakistan[J]. International Journal of Sustainable Development & World Ecology，2018，26（3）：226-231.

[41] 王瑞花 . 云南山地旅游资源特征及开发保护策略 [D]. 昆明：昆明理工大学，2005.

[42] 夏小江 . 山地旅游产品开发研究 [D]. 成都：成都理工大学，2007.

[43] 冯德显 . 山地旅游资源特征及景区开发研究 [J]. 人文地理，2006（6）：67-70.

[44] 许春霞 . 山岳型旅游地生态旅游评价与规划研究 [D]. 上海：同济大学，2007.

[45] 陈兴 . 中国西部山地旅游可持续发展战略思考 [J]. 西南民族大学学报（人文社会科学版），2013，34（2）：153-155.

[46] 史鹏飞，明庆忠，韩剑磊，等 . 慢山：山地旅游发展的适宜模式研究 [J]. 山地学报，2020，38（4）：608-618.

[47] 苏杭 . 消费变革背景下辽宁省山地旅游资源开发潜力评价研究 [D]. 沈阳：沈阳师范大学，2020.

[48] 银元，李晓琴 . 山地旅游业态影响因素及规划实证研究——以贡嘎山风景名胜区为例 [J]. 热带地理，2012（6）：676-682.

[49] 刘丽丽 . 北京灵山地区旅游开发对环境的影响研究 [J]. 首都师范大学学报（自然科学版），2005（2）：95-100.

[50] 李寒娥 . 鼎湖山旅游生态环境问题的对策 [J]. 佛山大学学报，1996（6）：79-83.

[51] 王群，杨兴柱，黄征兵，等．山岳型旅游地水环境管理比较与模式构建 [J]. 旅游学刊，2007，22（11）：47–51.

[52] 魏鸿雁，张建春．中国山岳型旅游地旅游环境研究进展综述 [J]. 云南地理环境研究，2005，17（3）：69–73.

[53] 卢冬梅，骆培聪，陈政．福建山地旅游资源开发的限制因素与发展对策 [J]. 菏泽学院学报，2008（5）：107–111.

[54] 王贝．通化市山地旅游特色化开发研究 [D]. 长春：东北师范大学，2015.

[55] 陈兴，覃建雄，李晓琴，等．川西横断山脉高山峡谷区旅游特色化开发战略——兼论中国西部山地旅游发展路径 [J]. 经济地理，2012，32（9）：143–148.

[56] 甘露．贵州省山地旅游资源开发研究 [D]. 贵阳：贵州师范大学，2017.

[57] 丁勇．贵州山地体育旅游产品的开发优化策略探析 [J]. 中外企业家，2019（34）：184–185.

[58] 李晓琴．龙门山地区山地旅游资源特征及开发模式探讨 [J]. 地理与地理信息科学，2010，26（2）：107–110.

[59] 李晓琴，缪寅佳，高鸿．龙门山地区山地旅游多样性评价与开发战略 [J]. 资源与产业，2010，12（1）：33–38.

[60] 龙亚萍，李立华．四川省山地旅游气候资源评价 [J]. 山地学报，2018，36（1）：116–124.

[61] 周晓琴，明庆忠，陈建波．山地健康旅游产品体系研究 [J]. 资源开发与市场，2017，33（6）：727–731.

[62] 安喜芬，付海亮．西南民族地区山地旅游保护与发展保障机制研究——以贵州省贵阳市为例 [J]. 四川旅游学院学报，2017（4）：63–66.

[63] 马婷．我国山地旅游开发模式研究 [J]. 西部皮革，2017，39（8）：82.

[64] 李娴，殷继成，李晓琴．基于时空三维角度的西部地区山地生态旅游开发模式研究 [J]. 生态经济，2011（7）：124–127.

[65] 闫丽丽．山地型世界遗产地保护性旅游开发三元模式研究 [D]. 成都：成都理工大学，2013.

[66] 裘晓雯．武夷山旅游经济发展模式研究——基于旅游环境容量的分析 [J]. 江苏科技大学学报（社会科学版），2013（2）：94–97.

[67] 岑乔，黄玉理．基于旅游者认知的山地旅游安全现状调查研究 [J]. 生态经济，2011（10）：147–151.

[68] 秦礼敬 . 山地旅游景区游客的安全认知研究 [D]. 重庆：重庆师范大学，2013.
[69] 罗恒超 . 山地旅游安全制度探究 [J]. 法制博览，2017（32）：212.
[70] 王欣 . 商洛市山地旅游安全风险评价模型 [J]. 微型电脑应用，2018，34（3）：17–19.
[71] 何进，郭延辉，张明飞，等 . 山地景区旅游安全风险模糊综合评价 [J]. 四川环境，2019，38（2）：101–107.
[72] 王德志 . 海螺沟山地景区旅游安全风险评价体系研究 [D]. 成都：成都理工大学，2016.
[73] 李琳 . 山地旅游景区的治安防控研究 [D]. 北京：中国人民公安大学，2017.
[74] 陈敏，高雪芬 . 北斗导航技术在山地休闲旅游应急救援管理中的应用研究 [J]. 四川林业科技，2016，37（1）：111–114+55.
[75] 郭彩玲 . 我国山地旅游资源特征及可持续开发利用对策探讨 [J]. 地域研究与开发，2006（3）：56–59.
[76] 粟竹玲 . 龙门山地区山地旅游的可持续发展研究 [D]. 成都：成都理工大学，2010.
[77] 李晓琴，缪寅佳 . 高山、极高山地区山地旅游可持续发展研究——以康定木雅贡嘎地区为例 [J]. 国土与自然资源研究，2011（5）：74–75.
[78] 杨周，杨兴柱，朱跃，郑义刚 . 山地旅游小镇功能转型与重构的时空特征研究——以黄山风景区汤口镇为例 [J]. 山地学报，2020，38（1）：118–131.
[79] 李军，徐宏，徐荣民 . 符号消费背景下贵州山地旅游转型路径选择 [J]. 凯里学院学报，2019，37（1）：35–41.
[80] 周林 . 产业链视角下山岳型景区转型升级研究 [D]. 郑州：郑州大学，2013.
[81] 陈君奇 . 山地度假旅游产品开发研究 [D]. 武汉：湖北大学，2011.
[82] 朱倩 . 始祖山景区山地旅游转型升级研究 [D]. 郑州：河南大学，2014.
[83] 李海燕，王雷亭 . 传统旅游地创新发展模式初探——以泰山为例 [J]. 国土与自然资源研究，2014（3）：69–71.
[84] 刘金英 . 加快旅游产业发展全力推动经济转型 [N]. 长白山日报，2014–04–23（001）.
[85] 孙兴湄 . 基于生态足迹理论的山地旅游空间结构优化研究 [D]. 成都：成都理工大学，2013.
[86] 袁茏，张晓松，郑立发，朱悦 . 山地旅游目的地空间结构研究——以六盘水市

为例 [J]. 贵州师范大学学报（自然科学版），2017，35（3）：15–21.

[87] Varley P，Medway D. Ecosophy and tourism：Rethinking a mountain resort[J]. Tourism Management，2011，32（4）：902–911.

[88] Bayliss J，Schaafsma M，Balmford A，et al. The current and future value of nature-based tourism in the Eastern Arc Mountains of Tanzania[J]. Ecosystem Services，2014，8（X）：75–83.

[89] Ram Babu Singh，Suraj Mai，Chandra Prakash Kala. Community responses to mountain tourism：A case in BhyundarValley，Indian Himalaya[J]. Journal of Mountain Science，2009（6）：394–404.

[90] Hayriye Esbah Tuncay. Investigating recreational qualities of the parks in Aydin[J]. Socialand Behavioral Sciences，2011（6）：158–164.

[91] Segota T，Mihalic T，Kušcer K. The impact of residents informedness and involvement on perceptions of tourism impacts：the case of the destination Bled[J]. Journal of Destination Marketing & Management，2015：1–11.

[92] 武克军，郭剑英 . 西北生态山岳旅游健康发展评估 [J]. 科技和产业，2019，19（9）：14–20.

[93] 刘敏，刘春凤，胡中州 . 旅游生态补偿：内涵探讨与科学问题 [J]. 旅游学刊，2013（2）:52–59.

[94] 文晓国，单铁成，李罗瑾 . 民族地区山地旅游精准脱贫路径研究 [J]. 民族论坛，2018（4）：82–85+96.

[95] 吴承照 . 黄山风景区旅游环境容量现状与调控 [J]. 地域研究与开发，1993（4）：57–61.

[96] 王金超，魏凤云 . 长白山旅游地生命周期的分析与调控 [J]. 吉林师范大学学报（自然科学版），2012（2）：85–88.

[97] 张满生，瞿杰 . 基于旅游地生命周期理论的天柱山风景区旅游环境容量研究 [J]. 环境与可持续发展，2013，38（2）：83–85.

[98] 王娟，明庆忠 . 山地旅游发展潜力评价研究 [J]. 资源开发与市场，2019，35（12）：1537–1542.

[99] 闻扬，刘霞 . 基于社区参与的四川山地旅游发展 [J]. 财经科学，2009（2）：110–115.

[100] 朱国兴，王金莲，洪海平，胡善风，钱进，翟金芝 . 山岳型景区低碳旅游评

价指标体系的构建——以黄山风景区为例 [J]. 地理研究，2013，32（12）：2357–2365.

[101] 朱东国，谢炳庚，陈永林 . 基于生态敏感性评价的山地旅游城市旅游用地策略——以张家界市为例 [J]. 经济地理，2015，35（6）：184–189.

[102] Denicolai S，Cioccarelli G，Zucchella A. Resource–based local developmen andnetwork core–competencies for tourism excellence[J]. Tourism Management，2010，31（2）：260–266.

[103] Bel F，Lacroix A，Lyser S，et al. Domestic demand for tourism in rural areas：Insights from summer stays in three French regions[J]. Tourism Management，2014，46（1）：5–6.

[104] Gunn C A. Turgut Var. Tourism Planning：Basics Concepts Cases（4th ed）[M]. New York：Routledge，2002.

[105] Tae Gyou Ko. Development of a tourism sustainability assessment procedure：a conceptual approach[J]. Tourism Management，2005，26（3）：431–445.

[106] 郭文礼 . 创新驱动是旅游业实现高质量发展的必由之路——以国家全域旅游示范区洪洞县发展为例 [J]. 文化产业，2019（20）：1–3.

[107] 周小勇 . 移动互联网驱动旅游产业转型升级的机理与路径研究 [J]. 企业改革与管理，2019（2）：54–55+79.

[108] 刘丽君，王芳，赵炳军 . 智慧旅游驱动京津冀区域旅游协同发展机理与路径 [J]. 企业科技与发展，2019（4）：32–33.

[109] 陈炜，黄碧宁 . 广西跨境民族文化旅游合作的驱动机制研究——基于“一带一路”背景 [J]. 贵州民族研究，2019，40（8）：100–108.

[110] 叶茂，王兆峰，孙姚 . 高速公路驱动大湘西旅游空间合作格局的演变和优化 [J]. 经济地理，2019，39（5）：235–240.

[111] 王世军 . 体育旅游驱动河南乡村振兴策略与实现路径研究 [J]. 漯河职业技术学院学报，2019，18（6）：87–89.

[112] 景秀丽，郭文巧 . 系统动力学视角下旅游产业与区域经济互动式发展关系研究——以深圳市为例 [J]. 辽宁大学学报（哲学社会科学版），2020，48（6）：37–46.

[113] 郭伟，高颖，张鑫，张玉琪 . 全域旅游的系统动力学模型构建 [J]. 统计与决策，2018，34（21）：50–53.

[114] 陆保一，张恩伟，明庆忠，刘萌萌．云南省 A 级旅游景区空间演化特征及其驱动机制 [J]. 山地学报，2019，37（6）：879–890.

[115] 史鹏飞，明庆忠，刘安乐，韩剑磊，骆登山．旅游产业转型升级影响因素与驱动机制研究——以云南省为例 [J]. 乐山师范学院学报，2020，35（10）：50–58+75.

[116] 尹寿兵，刘云霞，赵鹏．景区内旅游小企业发展的驱动机制——西递村案例研究 [J]. 地理研究，2013，32（2）：360–368.

[117] 黄大勇，文雪．少数民族旅游景区居民满意度测评及驱动机制研究 [J]. 西部论坛，2015，25（1）：102–108.

[118] 王凯，甘畅，欧艳，刘浩龙．旅游景区低碳行为绩效及其驱动机制——以世界遗产地张家界为例 [J]. 应用生态学报，2019，30（1）：266–276.

[119] 孙鸿雁，朱丽艳，李百航，黎国强，等．玉龙雪山省级自然保护区旅游发展现状及对策 [J]. 林业建设，2010（5）：37–40.

[120] 杨少华，薛润光，陈 翠，郭承刚，徐中志．滇西北玉龙雪山生物多样性现状及其保护对策 [J]. 西南农业学报，2008.

[121] 吴小同．云南省玉龙雪山旅游区山地旅游产品开发适宜性评价研究 [D]. 昆明：云南财经大学，2020.

[122] 田瑾，明庆忠．山地旅游目的地“山—镇”双核结构空间联系及耦合机理——来自云南丽江的案例剖析 [J/OL]. 经济地理，2021：1–9.

[123] 宋巍．“多园并存”下旅游景区空间规划冲突及协调策略研究 [D]. 西安：西北大学，2018.

[124] 陈海鹰，杨桂华．社区旅游生态补偿贡献度及意愿研究——玉龙雪山案例 [J]. 旅游学刊，2015，30（8）：53–65.

[125] 甘枝茂，马耀峰．旅游资源与开发 [M]. 天津：南开大学出版社，2007.

[126] 陈建波，明庆忠，王娟．中国山地旅游研究进展及展望 [J]. 资源开发与市场，2017，33（11）：1391–1395+1409.

[127] Nepal S. Mountain ecotourism and sustainable development：Ecology，economics，and ethics[J]. Mountain Research And Development，2002，22（2）：104–109.

[128] 王宗宝．山地景区标识解说系统效度对游客安全感的影响研究 [D]. 沈阳：辽宁大学，2017.

[129] 周丽君．山地景区旅游安全风险评价与管理研究 [D]. 长春：东北师范大学，2012.
[130] 杨洋．大游客量背景下基础设施条件制约的山地景区旅游公厕规划设计研究 [D]. 西安：西安建筑科技大学，2019.
[131] 赵可极．基于生态敏感性分析的山地旅游景区生态规划设计研究 [D]. 北京：北京林业大学，2019.
[132] 郭月．山地景区可进入性评价研究 [D]. 西安：西安科技大学，2014.
[133] 李荣贵，李建华．雪峰山森林旅游生态补偿的现状分析与对策研究 [J]. 现代商业，2013（31）：195–197.
[134] 王友成．山岳风景区生态脆弱度评价研究 [D]. 武汉：华中师范大学，2013.
[135] 李太光．上海旅游转型升级的战略机遇与路径选择 [D]. 上海：上海师范大学，2009.
[136] 龚洋．上海旅游产业转型发展研究 [D]. 桂林：广西师范大学，2015.
[137] 任保平．我国高质量发展的目标要求和重点 [J]. 红旗文稿，2018（24）：21–23.
[138] 王建廷．区域经济发展动力与动力机制 [M]. 上海：上海人民出版社，2007.
[139] 王浪．民族社区参与旅游发展的动力机制研究 [D]. 湘潭：湘潭大学，2008.
[140] 马骏．生态环境阈限背景下生物多样性保护与遗产旅游开发协同发展研究 [D]. 长沙：湖南师范大学，2016.
[141] 张哲．基于产业集群理论的企业协同创新系统研究天津 [D]. 天津：天津大学，2008.
[142] Christaller W. Some Consideration of Tourism Location in Europe：the Peripheral Regions–Under developed Countries–Recreation Areas[J]. Regional Science Association Papers，1963（12）：103–105.
[143] Butler R W. The concept of a tourism area cycle of evolution：Implications for management of resources[J]. The Canadian Geographer，1980，24（1）：5–12.
[144] 朱松节．基于旅游地生命周期的苏州"江南水乡古镇"旅游转型升级研究 [J]. 对外经贸，2017（9）：73–77.
[145] 左小雪．度假旅游导向下漫川关古镇转型发展及规划提升策略研究 [D]. 西安：西安建筑科技大学，2020.
[146] 高林安．基于旅游地生命周期理论的陕西省乡村旅游适应性管理研究 [D]. 长春：东北师范大学，2014.

[147] 徐淑梅．区域旅游竞争力基本理论与评价体系研究 [D]. 长春：东北师范大学，2006.
[148] 钟永光，贾晓箐，李旭，等．系统动力学 [M]. 北京：科学出版社，2010.
[149] 王其藩．系统动力学 [M]. 上海：上海财经大学出版社，2009.
[150] 杨亚萍．瑞丽市边境旅游发展驱动机制及其实践路径研究 [D]. 昆明：云南师范大学，2018.
[151] 李志雄．高校旅游发展的驱动机制研究——以武汉市为例 [D]. 武汉：华中师范大学，2009.
[152] 王秋生．基于利益相关者理论的鄄城县富春乡旅游精准扶贫研究 [D]. 兰州：西北师范大学，2020.
[153] 明庆忠．走出中国资源环境困局的新思维：山—海战略 [J]. 云南师范大学学报（哲学社会科学版），2011，43（3）：44–51.
[154] 刘向英．河北省山区生态休闲旅游发展的科技支撑研究 [D]. 石家庄：河北师范大学，2016.
[155] 任唤麟，罗海燕，吕彬．民国时期安徽黄山的旅游规划与建设——1934—1943 年黄山建设委员会对黄山景区的开发 [J]. 合肥工业大学学报（社会科学版），2020，34（6）：106–112.
[156] 张红雨．我国山岳型风景区可持续发展研究 [D]. 兰州：西北大学，2008.
[157] 丹竹．黔西南州山地旅游发展战略思考 [J]. 兴义民族师范学院学报，2015（6）：26–28.
[158] 李杨．长白山自然保护区旅游产业可持续发展研究 [D]. 长春：吉林大学，2012.
[159] 金云峰，万亿，杨丹．休闲时代下的文化和旅游空间规划与产品转型研究——以长白山文化和旅游空间规划为例 [J]. 中国城市林业，2019，17（3）：13–17.
[160] 尚正，孟春．黄山旅游经济发展模式的转型升级研究 [J]. 皖西学院学报，2011，27（1）：78–83.
[161] 姚雨成，黄明扬，万艳娟．结合日本经验浅析贵州省梵净山旅游发展策略 [J]. 社会科学前沿，2020，9（9）：12.
[162] 顾永顺．国家地质公园产品开发与管理研究 [D]. 桂林：广西师范大学，2008.
[163] 胡洁，胡北明．西部民族地区徒步旅游发展研究——基于尼泊尔安娜普尔纳自然保护区发展经验 [J]. 贵州民族研究，2015，36（6）：140–143.
[164] 陈小静．尼泊尔安娜普尔纳保护区对贵州山地旅游的启示 [J]. 农村经济与科

技，2019，30（16）：35+77.

[165] 万绪才，丁敏，徐菲菲 . 南京市旅游国际化水平评价及其发展构想 [J]. 经济管理，2007（22）：84–89.

[166] 李红 . 瑞士旅游产品国际化运营管理经验与启示 [J]. 新东方，2020（1）：12–18.

[167] 章周正，赵磊 . 区域旅游国际化发展竞争力评价指标体系研究——以皖南国际旅游文化示范区为例 [J]. 安徽农业大学学报（社会科学版），2012，21（2）：29–34+105.

[168] 王树茂 . 合作交流是红色旅游国际化的重要战略抓手 [N]. 中国旅游报，2016–11–25（A03）.

[169] 马扬眉 . 青岛市节庆旅游营销策略研究 [D]. 青岛：中国海洋大学，2011.

[170] 方世敏，刘丹 . 中国红色旅游国际化现状与对策 [J]. 湖南城市学院学报，2011，32（4）：49–53.

[171] 刘平 . 云南旅游产业的转型升级 [J]. 创造，2017（6）：24–27.

[172] 李佳，蔡红 . 北京市高端旅游发展探析 [J]. 地域研究与开发，2011，30（3）：84–88.

[173] 左莉 . 桂林高端旅游产品开发 [D]. 桂林：广西师范大学，2013.

[174] 杜海忆 . 我国高端旅游的发展现状及对策建议 [J]. 武汉大学学报（哲学社会科学版），2007（3）：395–399.

[175] 陈忠祥 . 宁夏特色旅游发展研究 [J]. 干旱区地理，2002（4）：360–363.

[176] 贾玉云，鲍艳杰，谢春山 . 特色旅游发展对策研究——兼论大连特色旅游 [J]. 广东农工商职业技术学院学报，2007（3）：48–53.

[177] 王慧敏 . 文化创意旅游：城市特色化的转型之路 [J]. 学习与探索，2010（4）：122–126.

[178] 焦中宁 . 特色旅游项目对景区旅游吸引力提升作用研究 [D]. 合肥：安徽大学，2011.

[179] 李广宏，张晓东 . 社区居民参与民族村寨旅游开发综述研究 [J]. 市场论坛，2010（11）：87–88+82.

[180] 汤文菲 . 智慧旅游景区评价指标体系构建与评价标准研究 [D]. 桂林：广西师范大学，2014.

[181] 李娴，殷继成 . 山地可持续旅游开发模式探讨——以川西贡嘎山地区为例 [J]. 旅游论坛，2011，4（1）：33–35+65.

[182] 缪寅佳．高海拔地区山地旅游产品开发与经营研究 [D]. 成都：成都理工大学，2012.
[183] 李娜．黄山市旅游国际化研究 [D]. 合肥：安徽大学，2013.
[184] 唐紫淇．张家界市旅游国际化竞争力评价研究 [D]. 吉首：吉首大学，2014.
[185] 宋子千．大众旅游时代的需求品质化 [N]. 中国旅游报，2017-02-21（003）.
[186] 张欢欢．基于因子分析法的山地旅游游客满意度研究——以河南省鸡公山风景区为例 [J]. 西北师范大学学报（自然科学版），2016，52（5）：120-124+129.
[187] 朱浩．社区居家养老服务精细化的指标评价及实现机制——以杭州市为例 [J]. 江苏大学学报（社会科学版），2019，21（5）：77-85.
[188] 汪克付．把“黄山经验”推而广之 [N]. 中国气象报，2014-05-19（002）.
[189] 崔光黎，常峰，彭博，郝志兵．山地景区旅游信息共享系统的实现方案 [J]. 电子世界，2017（19）：127-128.
[190] 范春，赵小鲁．时空思维与山地型景区旅游项目策划——以重庆金佛山景区为例 [J]. 经济地理，2010，30（3）：524-528.
[191] 莫莉秋．海南省乡村旅游资源可持续发展评价指标体系构建 [J]. 中国农业资源与区划，2017，38（6）：170-177.
[192] 李婷．山地健康旅游目的地评价与建设研究 [D]. 昆明：云南师范大学，2020.
[193] 何方永．中国西部省域生态旅游发展潜力评价 [J]. 干旱区资源与环境，2015，29（4）：189-194.
[194] 程静静，胡善风，张圆刚，齐新征，金声琅．基于粗糙集和层次分析法的农村居民旅游目的地选择研究 [J]. 地理科学，2016，36（12）：1885-1893.
[195] 冯卫英，朱世桂，黎星辉．基于层次分析法的茶文化旅游资源评价——以江苏宜兴阳羡茶文化博览园为例 [J]. 南京农业大学学报（社会科学版），2013，13（1）：127-134.
[196] 张俊．基于游客认知视角的旅游地安全风险评价研究 [D]. 泉州：华侨大学，2014.
[197] 周优光．影视型主题公园游客消费行为和营销策略研究 [D]. 杭州：浙江师范大学，2012.
[198] 王冠孝，梁留科．山西省城市旅游发展潜力评价研究 [J]. 干旱区资源与环境，2015，29（9）：203-208.
[199] 钱鸿．全域旅游发展动力机制研究及指标体系构建 [D]. 南京：南京师范大学，

2017.
[200] 王世金，何元庆，和献中，袁健萍，李宗省. 我国海洋型冰川旅游资源的保护性开发研究——以丽江市玉龙雪山景区为例 [J]. 云南师范大学学报（哲学社会科学版），2008（6）：38–43.
[201] 鲁芬. 旅游景区生态化水平测度研究 [D]. 昆明：云南师范大学，2017.
[202] 付业勤，陈雪钧. 自贸区（港）建设背景下海南旅游国际化的评价与提升 [J]. 资源开发与市场，2019，35（2）：292–296.
[203] 丁鹏飞，迟考勋，孙大超. 管理创新研究中经典探索性研究方法的操作思路：案例研究与扎根理论研究 [J]. 科技管理研究，2012，32（17）：229–232.
[204] 苗泽华. 基于扎根理论的上海市市级体育社团发展动力研究 [D]. 上海：上海体育学院，2020.
[205] 龙鸥. 新常态下发展农村山地旅游的思考 [J]. 农村经济与科技，2019，30（18）：34–36.
[206] 涂琼华. GIS 在山地旅游管理中的应用 [J]. 首都师范大学学报（自然科学版），2014，35（4）：87–90.
[207] 程进，陆林，晋秀龙，黄剑锋. 山地旅游研究进展与启示 [J]. 自然资源学报，2010，25（1）：162–176.
[208] 岑乔. 山地旅游安全保障体系的建立——以高山和极高山为例 [J]. 安徽农业科学，2011，39（21）：12971–12973.
[209] 杨茹兰. 黔西南地区山地旅游体验质量提升策略研究 [D]. 南宁：广西大学，2019.
[210] 陈怡梦. 从心理学角度对贵州山地体验式旅游的新思考 [J]. 科技视界，2017（30）：41–42.
[211] 孙红梅，刘书剑. 大数据在山地旅游中的应用 [J]. 科技展望，2016，26（30）：122+124.
[212] 陈美璘. 贵州山地旅游目的地竞争力提升研究 [J]. 旅游纵览，2019（18）：103–104.
[213] 尹钶莹. 中老跨境旅游合作区建设动力机制研究 [D]. 昆明：云南财经大学，2020.
[214] 张晓峰. 山地旅游安全保障体系的构建探索 [J]. 产业与科技论坛，2015，14（11）：219–220.

[215] 明庆忠 . 旅游景区优化布局与管理改革研究 [M]. 北京：中国旅游出版社，2020.
[216] 毕剑 . 基于空间视角的我国旅游演艺发展研究 [D]. 大连：辽宁师范大学，2016.
[217] 周爽 . 长沙市森林公园度假旅游适宜性评价 [D]. 长沙：中南林业科技大学，2019.
[218] 安俊梅 . 工业旅游发展的驱动机制研究 [D]. 无锡：江南大学，2008.
[219] 王润洁 . 我国海洋特别保护区生态旅游适宜性研究 [D]. 南京：南京师范大学，2011.
[220] 李秋成，周玲强，范莉娜 . 社区人际关系、人地关系对居民旅游支持度的影响——基于两个民族旅游村寨样本的实证研究 [J]. 商业经济与管理，2015（3）：75–84.
[221] 李铁松 . 玉龙雪山冰川公园的旅游资源特色及其保护 [J]. 资源开发与市场，1999（5）：3–5.
[222] 邹琼，和赴宇，王珂 . 丽江玉龙雪山景区应对气候变化探索和实践 [J]. 环境科学导刊，2019，38（4）：22–25.
[223] 王世金，赵井东，何元庆 . 气候变化背景下山地冰川旅游适应对策研究——以玉龙雪山冰川地质公园为例 [J]. 冰川冻土，2012，34（1）：207–213.
[224] 胥兴安，王立磊，张广宇 . 感知公平、社区支持感与社区参与旅游发展关系——基于社会交换理论的视角 [J]. 旅游科学，2015，29（5）：14–26.
[225] 史云 . 关于低碳旅游与绿色旅游的辨析 [J]. 旅游论坛，2010，3（6）：652–655.
[226] 张广宇，张梦 . 定制化情境下旅游服务购买决策的目标框架效应 [J]. 旅游学刊，2016，31（1）：57–67.
[227] 李曦 . 旅游目的地新媒体整合营销传播研究 [D]. 天津：南开大学，2014.
[228] 侯兵，黄震方，徐海军 . 文化旅游的空间形态研究——基于文化空间的综述与启示 [J]. 旅游学刊，2011，26（3）：70–77.
[229] 任宣羽 . 康养旅游：内涵解析与发展路径 [J]. 旅游学刊，2016，31（11）：1–4.
[230] 赵天敏，赵昕 . 略论纳西族东巴医药的特点 [J]. 中国民族医药杂志，1999（1）：3–5.
[231] 磨炼 . 基于旅游纪念品及相关文创产品的设计策略 [J]. 包装工程，2016，37（16）：18–21.

附 录

附录1 山地景区旅游转型发展水平评价指标专家征询表（第二轮）

尊敬的专家：

您好！非常感谢您抽出宝贵的时间填写问卷。该问卷旨在分析评价山地景区旅游转型发展水平指标的重要性，以期在理论和实践上对山地景区旅游的转型发展提供一定的借鉴与参考。

该指标体系是在第一轮专家咨询结果的基础上，对指标的重要性程度进行再次评价。悉知您对该领域有一定的研究，特邀请您作为本次研究的第二次问卷咨询对象，请您根据您的经验、知识对下列指标的重要程度进行第二次判断，您的高见将作为本次指标选取的重要依据。其中“不重要为 1 分、较不重要为 2 分、一般重要为 3 分、比较重要为 4 分，非常重要为 5 分”。非常感谢您的支持与参与。

表 1 评价目标层

	不重要（1 分）	较不重要（2 分）	一般重要（3 分）	比较重要（4 分）	非常重要（5 分）
山地景区旅游发展国际化	□	□	□	□	□
山地景区旅游发展高端化	□	□	□	□	□
山地景区旅游发展特色化	□	□	□	□	□
山地景区旅游发展智慧化	□	□	□	□	□
山地景区旅游发展立体化	□	□	□	□	□

表 2　评价准则层

山地景区旅游发展国际化	不重要（1分）	较不重要（2分）	一般重要（3分）	比较重要（4分）	非常重要（5分）
山地景区营销国际化	□	□	□	□	□
山地景区产品国际化					
山地景区合作国际化	□	□	□	□	□
山地景区服务国际化	□	□	□	□	□
山地景区客源市场国际化	□	□	□	□	□
山地景区旅游发展高端化	不重要（1分）	较不重要（2分）	一般重要（3分）	比较重要（4分）	非常重要（5分）
山地景区业态新颖化	□	□	□	□	□
山地景区产品高质量化	□	□	□	□	□
山地景区基础设施便利化	□	□	□	□	□
山地景区服务精细化	□	□	□	□	□
山地景区旅游发展特色化	不重要（1分）	较不重要（2分）	一般重要（3分）	比较重要（4分）	非常重要（5分）
山地景区旅游资源开发特色化	□	□	□	□	□
山地景区项目活动特色化	□	□	□	□	□
山地景区品牌特色化	□	□	□	□	□
山地景区旅游发展智慧化	不重要（1分）	较不重要（2分）	一般重要（3分）	比较重要（4分）	非常重要（5分）
山地景区环境管理智慧化	□	□	□	□	□
山地景区服务智慧化	□	□	□	□	□
山地景区营销智慧化	□	□	□	□	□
山地景区旅游发展立体化	不重（1分）	较不重（2分）	一般重（3分）	比较重（4分）	非常重（5分）
山地景区平面空间分布合理化	□	□	□	□	□
山地景区垂直空间差异化	□	□	□	□	□
山地景区时间全时化	□	□	□	□	□

表 3　评价因素层

山地景区营销国际化	不重要（1分）	较不重要（2分）	一般重要（3分）	比较重要（4分）	非常重要（5分）
景区网站服务语种数量	□	□	□	□	□
引擎搜索景区现状	□	□	□	□	□
山地景区产品国际化	不重要（1分）	较不重要（2分）	一般重要（3分）	比较重要（4分）	非常重要（5分）
举办国际化山地节庆、会展等活动数量	□	□	□	□	□
国际知名度	□	□	□	□	□
山地景区合作国际化	不重要（1分）	较不重要（2分）	一般重要（3分）	比较重要（4分）	非常重要（5分）
加入国际化旅游组织	□	□	□	□	□
与境外景区结盟	□	□	□	□	□
山地景区服务国际化	不重要（1分）	较不重要（2分）	一般重要（3分）	比较重要（4分）	非常重要（5分）
景区服务标准参考国际服务标准程度	□	□	□	□	□
多语标识牌情况	□	□	□	□	□
工作人员外语水平	□	□	□	□	□
山地景区客源市场国际化	不重要（1分）	较不重要（2分）	一般重要（3分）	比较重要（4分）	非常重要（5分）
境外旅游者占比	□	□	□	□	□
山地景区业态新颖化	不重要（1分）	较不重要（2分）	一般重要（3分）	比较重要（4分）	非常重要（5分）
露营自驾旅游发展	□	□	□	□	□
摄影文化旅游发展	□	□	□	□	□
影视基地旅游发展	□	□	□	□	□
户外运动旅游发展	□	□	□	□	□
原生态文化旅游发展	□	□	□	□	□
避暑冰雪度假旅游发展	□	□	□	□	□
教育科普旅游发展	□	□	□	□	□

续表

山地景区产品高质量化	不重要（1分）	较不重要（2分）	一般重要（3分）	比较重要（4分）	非常重要（5分）
旅游产品文化内涵	□	□	□	□	□
旅游产品科技含量	□	□	□	□	□
旅游产品生态质量	□	□	□	□	□
高中低端旅游产品分布重要程度	□	□	□	□	□
山地景区基础设施便利化	不重要（1分）	较不重要（2分）	一般重要（3分）	比较重要（4分）	非常重要（5分）
停车场数量与布局	□	□	□	□	□
景区专线数量	□	□	□	□	□
景区厕所数量与布局	□	□	□	□	□
景区游憩设施数量与布局	□	□	□	□	□
指引设施数量与布局	□	□	□	□	□
游客服务中心位置	□	□	□	□	□
山地景区服务精细化	较不重要（2分）	一般重要（3分）	比较重要（4分）	非常重要（5分）	不重要（1分）
景区服务标准体系建立及执行情况	□	□	□	□	□
景区员工服务水平	□	□	□	□	□
景区员工服务态度	□	□	□	□	□
景区服务定制化水平	□	□	□	□	□
景区动态服务管理	□	□	□	□	□
山地景区旅游资源开发特色化	不重要（1分）	较不重要（2分）	一般重要（3分）	比较重要（4分）	非常重要（5分）
凸显山地景观特色	□	□	□	□	□
凸显山地水域风光景观资源特色	□	□	□	□	□
凸显山地生物景观资源特色	□	□	□	□	□
凸显山地气候与气象景观资源特色	□	□	□	□	□

续表

山地景区旅游资源开发特色化	不重要（1分）	较不重要（2分）	一般重要（3分）	比较重要（4分）	非常重要（5分）
凸显山地民族建筑遗址遗迹景观资源特色	□	□	□	□	□
凸显山地民族传统手工品与艺术景观资源特色	□	□	□	□	□
凸显山地民族建筑与设施景观资源特色	□	□	□	□	□
凸显山地民族节庆习俗资源特色	□	□	□	□	□
山地景区项目活动特色化	不重要（1分）	较不重要（2分）	一般重要（3分）	比较重要（4分）	非常重要（5分）
是否有专门团队对景区项目进行策划	□	□	□	□	□
与游客互动、参与程度	□	□	□	□	□
与山地民族文化融合程度	□	□	□	□	□
对游客具有一定的教育意义	□	□	□	□	□
山地景区品牌特色化	不重要（1分）	较不重要（2分）	一般重要（3分）	比较重要（4分）	非常重要（5分）
旅游纪念品 / 商品融入山地原生态特色符号程度	□	□	□	□	□
景区节庆、演艺活动凸显山地特色民族文化程度	□	□	□	□	□
山地景区环境管理智慧化	不重要（1分）	较不重要（2分）	一般重要（3分）	比较重要（4分）	非常重要（5分）
视频监控覆盖范围	□	□	□	□	□
指挥调动中心功能全面评价系统	□	□	□	□	□
智能安全监测与应急处理水平	□	□	□	□	□
旅游客流量预警机制	□	□	□	□	□
景区旅游气象综合监测系统	□	□	□	□	□
景区智慧物联网以及环境电子监测系统	□	□	□	□	□

续表

山地景区服务智慧化	不重要（1分）	较不重要（2分）	一般重要（3分）	比较重要（4分）	非常重要（5分）
在线投诉受理平台处理水平	□	□	□	□	□
景区门户网站及运营水平	□	□	□	□	□
数字虚拟技术运用程度	□	□	□	□	□
景区电子门禁系统	□	□	□	□	□
景区智慧导览系统覆盖率	□	□	□	□	□
景区旅游电商分销渠道	□	□	□	□	□
山地景区营销智慧化	不重要（1分）	较不重要（2分）	一般重要（3分）	比较重要（4分）	非常重要（5分）
旅游支付方式评价	□	□	□	□	□
新型旅游促销方式	□	□	□	□	□
新型宣传推广平台使用	□	□	□	□	□
景区旅游舆情监控平台	□	□	□	□	□
山地景区平面空间分布合理化	不重要（1分）	较不重要（2分）	一般重要（3分）	比较重要（4分）	非常重要（5分）
景点空间分布集聚性	□	□	□	□	□
景点空间通达性	□	□	□	□	□
景区功能分区合理性	□	□	□	□	□
山地景区垂直空间差异化	不重要（1分）	较不重要（2分）	一般重要（3分）	比较重要（4分）	非常重要（5分）
利用坡度景观特征差异程度	□	□	□	□	□
利用海拔高差景观特征差异程度	□	□	□	□	□
山地景区时间全时化	不重要（1分）	较不重要（2分）	一般重要（3分）	比较重要（4分）	非常重要（5分）
全天候旅游发展	□	□	□	□	□
四季旅游发展	□	□	□	□	□
可持续性旅游发展	□	□	□	□	□

您认为上述指标有哪些需要调整或者改变？

调整指标：____

补充指标：____

附录 2　玉龙雪山景区旅游转型发展水平评价游客问卷调查

尊敬的女士 / 先生：

您好！为了对玉龙雪山景区旅游转型发展现状水平进行评价，需要对玉龙雪山景区旅游旅游转型现状进行调查，请您根据自身在玉龙雪山景区旅游的真实感受，对玉龙雪山景区旅游转型现状进行评价。本问卷需要 3~5 分钟的时间填写，采取不记名的方式，将对您的信息严格保密。感谢您在百忙之中抽出时间来填写此评分表。

一、您的基本情况

1. 性别：A. 男　　B. 女
2. 年龄：A. 20 岁及以下　B. 21~40 岁　C. 41~60 岁　D. 61 岁及以上
3. 受教育程度：A. 硕士及以上　B. 本科及大专　C. 高中及以下
4. 您来自________省________市

二、相关问题

1. 您觉得玉龙雪山景区停车场位置容易寻找吗？（　　）

A. 很容易　　B. 比较容易　　C. 一般容易

D. 不太容易　　E. 很不容易

2. 您觉得玉龙雪山景区专线（其他地区到达景区的大巴、公交）出发的公交站点容易找到吗？（　　）

A. 很容易　　B. 比较容易　　C. 一般容易

D. 不太容易　　E. 很不容易

3. 您觉得玉龙雪山景区厕所位置容易寻找吗？（　　）

A. 很容易　　B. 比较容易　　C. 一般容易

D. 不太容易　　E. 很不容易

4. 您觉得玉龙雪山景区游憩设施（休息亭、休息区）位置容易寻找吗？（　　）

A. 很容易　　B. 比较容易　　C. 一般容易

D. 不太容易　　E. 很不容易

5. 您觉得玉龙雪山景区指引设施（景点指示牌、景区导览图）位置容易找到吗？（　　）

A. 很容易　　B. 比较容易　　C. 一般容易

D. 不太容易　　E. 很不容易

6. 您觉得玉龙雪山景区游客中心位置显眼吗？（　　）

A. 很显眼　　B. 比较显眼　　C. 一般显眼

D. 不太显眼　　E. 很不显眼

7. 您对玉龙雪山景区员工服务水平满意吗？（　　）

A. 很满意　　B. 比较满意　　C. 一般满意

D. 不太满意　　E. 很不满意

8. 您对玉龙雪山景区员工服务态度满意吗？（　　）

A. 很满意　　B. 比较满意　　C. 一般满意

D. 不太满意　　E. 很不满意

9. 您觉得玉龙雪山景区能够满足您个性化的需求吗？（　　）

A. 非常能满足游客个性化需求

B. 比较能满足游客个性化需求

C. 一般能满足游客个性化需求

D. 不太能满足游客个性化需求

E. 不能满足游客个性化需求

10. 您觉得玉龙雪山景区能够及时处理您的投诉需求吗？（　　）

A. 非常能及时处理游客的服务诉求

B. 比较能及时处理游客的服务诉求

C. 一般能及时处理游客的服务诉求

D. 不太能及时处理游客的服务诉求

E. 不能及时处理游客的服务诉求

11. 您觉得玉龙雪山景区旅游项目与游客之间的互动、参与程度如何？（　　）

A. 很高　　B. 比较高　　C. 一般

D. 较低　　　　E. 很低

12. 您觉得玉龙雪山景区旅游项目与纳西族、摩梭人等少数山地民族文化融合如何？（　　）

A. 很高　　　　B. 比较高　　　　C. 一般

D. 较低　　　　E. 很低

13. 您觉得玉龙雪山景区旅游项目对您了解山地民族文化、山地自然科学知识的帮助程度如何？（　　）

A. 很高　　　　B. 比较高　　　　C. 一般

D. 较低　　　　E. 很低

14. 您觉得玉龙雪山景区旅游纪念品 / 商品融入玉龙雪山原生态特色符号程度如何？（　　）

A. 很高　　　　B. 比较高　　　　C. 一般

D. 较低　　　　E. 很低

15. 您觉得玉龙雪山景区节庆活动凸显纳西族、摩梭人等山地少数民族文化程度如何？（　　）

A. 很高　　　　B. 比较高　　　　C. 一般

D. 较低　　　　E. 很低

16. 您觉得玉龙雪山景区演艺活动凸显纳西族、摩梭人等山地少数民族文化程度如何？（　　）

A. 很高　　　　B. 比较高　　　　C. 一般

D. 较低　　　　E. 很低

17. 您觉得玉龙雪山景区各个景点之间的可达性程度高吗？（　　）

A. 很高　　　　B. 比较高　　　　C. 一般

D. 较低　　　　E. 很低

（注：A—E 依次对应的得分为 5、4、3、2、1）

附录 3　山地景区旅游转型发展水平评价指标单项评价法

主要通过对《北京智慧景区评分细则》、汤文菲《智慧旅游景区评价指标体系构建与评价标准研究》、付业勤《自贸区（港）建设背景下海南旅游国际化的评价与提升》、李娜《黄山市旅游国际化研究》等细则与文献的解读，结合山地景区特征，对山地景区旅游转型发展水平单项评价法进行分类，共分为等级划分评价法、是否评价法、参考值比重法以及实际计算法等。

一、等级划分评价法

等级划分评价法主要是对各项指标的发展程度进行等级划分，共分为I~V个等级，相应的分为0.2~1分。根据景区的实际转型情况进行评分。

1. 景区网站服务语种数量

笔者通过观察国内5A级旅游景区官方门户网站语种数量，作为景区门户网站语种数量等级划分依据。

表1　景区网站服务语种数量等级划分

等级	得分
Ⅰ级：有1种外国语言	0.2
Ⅱ级：有2种外国语言	0.4
Ⅲ级：有3种外国语言	0.6
Ⅳ级：有4种外国语言	0.8
Ⅴ级：有5种及以上外国语言	1

2. 获得荣誉称号等级①

表2　荣誉称号等级划分

等级	得分
Ⅰ级：国家森林公园	0.2
Ⅱ级：国家自然保护区	0.4
Ⅲ级：国家风景名胜区	0.6
Ⅳ级：国家历史文化旅游区	0.8
Ⅴ级：世界级遗产	1

① 参考《黄山市旅游国际化研究》，下同。

3. 标识牌拥有语种的数量

表 3　标识牌拥有数量等级划分

等级	得分
Ⅰ级：有 1 种外国语言	0.2
Ⅱ级：有 2 种外国语言	0.4
Ⅲ级：有 3 种外国语言	0.6
Ⅳ级：有 4 种外国语言	0.8
Ⅴ级：有 5 种及以上外国语言	1

4. 景区工作人员外语水平

表 4　外语水平等级划分

等级	得分
Ⅰ级：有 1 种外国语言	0.2
Ⅱ级：有 2 种外国语言	0.4
Ⅲ级：有 3 种外国语言	0.6
Ⅳ级：有 4 种外国语言	0.8
Ⅴ级：有 5 种及以上外国语言	1

5. 视频监控覆盖范围[①]

表 5　视频监控范围等级划分

等级	得分
Ⅰ级：景区有在重要景点、客流集中地段、事故多发地段设置监控，且覆盖率为 <1/3	0.2
Ⅱ级：景区有重要景点、客流集中地段、事故多发地段设置监控，且覆盖率为 1/3~1/2	0.4
Ⅲ级：景区有重要景点、客流集中地段、事故多发地段设置监控，且覆盖率为 1/2~3/4	0.6
Ⅳ级：景区有重要景点、客流集中地段、事故多发地段设置监控，且覆盖率为 3/4~1	0.8
Ⅴ级：景区有重要景点、客流集中地段、事故多发地段设置监控，且覆盖率为 1	1

① 参考《智慧旅游景区评价指标体系构建与评价标准研究》，下同。

6. 智能安全监测与应急处理水平

表6　智能安全监测等级划分

等级	得分
Ⅰ级：非常低，智能安全监测与应急处理系统未发挥作用	0.2
Ⅱ级：低，仅能够对游客人身安全做出提醒	0.4
Ⅲ级：在游客遭遇高反、落水等人身危险状况转换为紧急广播	0.6
Ⅳ级：能够根据景区游客以及员工出现紧急的状况做出综合调度以及处理	0.8
Ⅴ级：能够利用现代通信技术、互联网技术处理紧急情况	1

7. 旅游客流量预警机制

表7　游客流量预警机制等级划分

等级	得分
Ⅰ级：非常低，仅能实现入口人流计数管理	0.2
Ⅱ级：低，能够对出入口处进行人流技术管理	0.4
Ⅲ级：一般，能在出入口处对人流量进行实时监控	0.6
Ⅳ级：较好，对出入口、游客滞留热点地区均能进行实时统计与监控	0.8
Ⅴ级：非常好，能够根据人口流动情况建立超量预警报警机制	1

8. 景区智慧物联网以及环境电子监测系统（对生物物种、自然环境、人文环境、大气环境、水环境、生物环境、噪声等几种类型进行监测）

表8　智慧物联网及环境电子监测等级划分

等级	得分
Ⅰ级：非常低，仅对1项进行监测	0.2
Ⅱ级：低，对2项进行监测	0.4
Ⅲ级：一般，对2~3项进行监测	0.6
Ⅳ级：比较好，对4~5项进行监测	0.8
Ⅴ级：非常好，对6项及以上进行监测	1

9. 景区门户网站及运营水平

表 9　景区门户网站及运营水平等级划分

等级	得分
Ⅰ级：非常低，仅能实现信息浏览，不能进行搜索	0.2
Ⅱ级：低，能够实现景区搜索功能	0.4
Ⅲ级：一般，有景区景点介绍并能够为游客推荐游览路线、提供购票、导航等服务	0.6
Ⅳ级：比较好，能够与微信、微博有效对接	0.8
Ⅴ级：非常好，能够提供自助导游、导览、音频、视频、地图下载等功能	1

10. 数字虚拟技术运用程度

表 10　数字虚拟技术运用程度等级划分表

等级	得分
Ⅰ级：非常低，低于 10%	0.2
Ⅱ级：低，10%~30%	0.4
Ⅲ级：一般，30%~50%	0.6
Ⅳ级：比较好，50%~70%	0.8
Ⅴ级：非常好，70% 以上	1

11. 景区电子门禁系统

表 11　景区电子门禁系统等级划分

等级	得分
Ⅰ级：非常低，人工检票	0.2
Ⅱ级：低，手持移动终端设备实现自动识别检票	0.4
Ⅲ级：一般，立体式电子门禁，实现自动识别检票	0.6
Ⅳ级：比较好，能实现自动识别检票和验票信息联网	0.8
Ⅴ级：非常好，能实现自动识别检票，验票信息联网和远程查询	1

12. 景区智慧导览系统覆盖率

表 12　景区智慧导览系统覆盖率等级划分

等级	得分
Ⅰ级：非常低，30% 以下	0.2
Ⅱ级：低，达到 30%	0.4
Ⅲ级：一般，达到 50%	0.6
Ⅳ级：较好，达到 80%	0.8
Ⅴ级：非常好，达到 100%	1

13. 景区旅游电商分销渠道（实现现场销售、线下旅行社销售、线上景区官网 / 微信公众号销售、途牛 / 携程等各种电商分销渠道、创新营销方式等任意方式）

表 13　景区旅游电商分销渠道等级划分

等级	得分
Ⅰ级：非常低，仅实现 1 种	0.2
Ⅱ级：低，实现 2 种	0.4
Ⅲ级：一般，实现 3 种	0.6
Ⅳ级：较好，实现 4 种	0.8
Ⅴ级：非常好，实现 5 种及以上	1

14. 旅游支付方式评价（实现现金、刷卡、银行转账、手机支付、网银支付任意几种方式）

表 14　旅游支付方式评价等级划分

等级	得分
Ⅰ级：非常低，仅实现 1 种	0.2
Ⅱ级：低，实现 2 种	0.4
Ⅲ级：一般，实现 3 种	0.6
Ⅳ级：较好，实现 4 种	0.8
Ⅴ级：非常好，实现 5 种及以上	1

15. 新型旅游促销方式（实现网络拼团、景区优惠券、景区联票、景区门票赠送、景区一卡通、旅游积分等任意几种方式）

表 15　新型旅游促销方式等级划分

等级	得分
Ⅰ级：非常低，仅实现 1 种	0.2
Ⅱ级：低，实现 2 种	0.4
Ⅲ级：一般，实现 3~4 种	0.6
Ⅳ级：较好，实现 5 种	0.8
Ⅴ级：非常好，实现 6 种及以上	1

16. 新型宣传推广平台使用（实现微信、微博、抖音、官方网站、携程 / 驴妈妈等平台等任意宣传宣传推广方式）

表 16　新型宣传推广平台使用等级划分

等级	得分
Ⅰ级：非常低，仅实现 1 种	0.2
Ⅱ级：低，实现 2 种	0.4
Ⅲ级：一般，实现 3 种	0.6
Ⅳ级：较好，实现 4 种	0.8
Ⅴ级：非常好，实现 5 种及以上	1

二、是否评价法

是否评价法主要是对无法直接划分等级的指标，对其是否存在打分，其中是得分为 1 分，否得分为 0 分。

表 17　是否评价法

指标	是（1 分）	否（0 分）
加入国际化旅游组织		
与境外景区结盟		

续表

指标	是（1分）	否（0分）
景区服务标准参考国际服务标准		
景区是否建立服务标准		
是否有专门团队对景区项目进行策划		
景区旅游气象综合监测系统		
旅游在线投诉处理平台		
景区旅游舆情监控平台		

三、参考值比重法

参考值比重法主要适用于正向指标，指标越高，其得分越高，计算公式为：F=A/D，其中F为实际得分，A为景区发展实际情况，D为参考值。

表18　参考值比重法①

指标	参考值
谷歌引擎搜索景区现状（条目数量）	5080000
举办国际化山地节庆、会展等活动数量	22
境外旅游者占比	10%

四、实际计算法

表19　实际计算法

指标	评价标准
景点空间集聚性	若泰森多边形面积 <1，则取相应计算值，若泰森多边形≥1，则取1

① 参考《自贸区（港）建设背景下海南旅游国际化的评价与提升》。

附录 4　山地景区旅游高质量发展的驱动机制研究——权重咨询问卷

尊敬的专家 / 学者：

您好！非常感谢您在百忙之中填写此问卷。本次问卷的主要目的在于借助专家、学者的专业知识与实践经验，对山地景区旅游高质量发展驱动机制各级指标的重要性程度进行评价，以便后期运用层次分析法进一步对各级指标进行赋权。您的意见将作为山地景区旅游高质量发展驱动机制评价的重要依据，感谢您的宝贵意见！

请您对同一层级各指标的相对重要性进行两两比较，按下表所示的赋分标准对各级指标的相对重要性进行评分。

标度	相对重要性程度
1	行指标 i 与列指标 j 同等重要
3	行指标 i 比列指标 j 稍重要
5	行指标 i 比列指标 j 较重要
7	行指标 i 比列指标 j 很重要
9	行指标 i 比列指标 j 极重要

填写示例：

因素 X	相对重要程度									因素 Y
	9	7	5	3	1	3	5	7	9	
a	□	□	□	□	□	□	□	□	□	b
c	□	□	□	□	□	□	□	□	□	d

在对 a 和 b 的相对重要性比较中，所填选项表示因素 b 比因素 a 稍重要；在对 c 和 d 的相对重要性比较中，所填选项表示因素 c 比因素 d 较重要。即以 1（同等重要）为分界线，左侧选项 3、5、7、9 分别表示因素 X 比因素 Y 稍重要、较重要、很重要、极重要，右侧选项 3、5、7、9 分别表示因素 Y 比因素 X 稍重要、较重要、很重要、极重要 .

1. 请您依据您的专业知识与实践经验判断一级指标吸引力（A1）、推动力

（A2）、支持力（A3）以及中介力（A4）对目标层山地景区旅游高质量发展驱动机制（S）的相对重要性。

因素 X	相对重要程度									因素 Y
	9	7	5	3	1	3	5	7	9	
吸引力	□	□	□	□	□	□	□	□	□	推动力
吸引力	□	□	□	□	□	□	□	□	□	支持力
吸引力	□	□	□	□	□	□	□	□	□	中介力
推动力	□	□	□	□	□	□	□	□	□	支持力
推动力	□	□	□	□	□	□	□	□	□	中介力
支持力	□	□	□	□	□	□	□	□	□	中介力

2. 请您依据您的专业知识与实践经验判断二级指标资源禀赋（B1）、自然生态环境（B2）、业态与产品（B3）、价格水平（B4）、人文环境（B5）、品牌形象（B6）对一级指标吸引力 A1 的相对重要性。

因素 X	相对重要程度									因素 Y
	9	7	5	3	1	3	5	7	9	
资源禀赋	□	□	□	□	□	□	□	□	□	自然生态环境
资源禀赋	□	□	□	□	□	□	□	□	□	业态与产品
资源禀赋	□	□	□	□	□	□	□	□	□	价格水平
资源禀赋	□	□	□	□	□	□	□	□	□	人文环境
资源禀赋	□	□	□	□	□	□	□	□	□	品牌形象
自然生态环境	□	□	□	□	□	□	□	□	□	业态与产品
自然生态环境	□	□	□	□	□	□	□	□	□	价格水平
自然生态环境	□	□	□	□	□	□	□	□	□	人文环境
自然生态环境	□	□	□	□	□	□	□	□	□	品牌形象
业态与产品	□	□	□	□	□	□	□	□	□	价格水平
业态与产品	□	□	□	□	□	□	□	□	□	人文环境
业态与产品	□	□	□	□	□	□	□	□	□	品牌形象

续表

因素 X	相对重要程度									因素 Y
	9	7	5	3	1	3	5	7	9	
价格水平	□	□	□	□	□	□	□	□	□	人文环境
价格水平	□	□	□	□	□	□	□	□	□	品牌形象
人文环境	□	□	□	□	□	□	□	□	□	品牌形象

3. 请您依据您的专业知识与实践经验判断二级指标旅游目的地区域经济发展水平（B7）、旅游目的地区域旅游发展水平（B8）、市场需求（B9）、政策推动（B10）对一级指标推动力（A2）的相对重要性。

因素 X	相对重要程度									因素 Y
	9	7	5	3	1	3	5	7	9	
旅游目的地区域经济发展水平	□	□	□	□	□	□	□	□	□	旅游目的地区域旅游发展水平
旅游目的地区域经济发展水平	□	□	□	□	□	□	□	□	□	市场需求
旅游目的地区域经济发展水平	□	□	□	□	□	□	□	□	□	政策推动
旅游目的地区域旅游发展水平	□	□	□	□	□	□	□	□	□	市场需求
旅游目的地区域旅游发展水平	□	□	□	□	□	□	□	□	□	政策推动
市场需求	□	□	□	□	□	□	□	□	□	政策推动

4. 请您依据您的专业知识与实践经验判断二级指标硬环境（B11）、软环境（B12）对一级指标支持力（A3）的相对重要性。

因素 X	相对重要程度									因素 Y
	9	7	5	3	1	3	5	7	9	
硬环境	□	□	□	□	□	□	□	□	□	软环境

5. 请您依据您的专业知识与实践经验判断二级指标宣传营销推介（B13）、中介机构（B14）对一级指标中介力（A4）的相对重要性。

因素 X	相对重要程度									因素 Y
	9	7	5	3	1	3	5	7	9	
宣传营销推介	□	□	□	□	□	□	□	□	□	中介机构

6. 请您依据您的专业知识与实践经验判断三级指标资源的观赏游憩使用价值（C1）、资源的历史文化科学艺术价值（C2）、资源的珍稀奇特程度（C3）、资源的规模、丰度与几率（C4）、资源的完整性（C5）、资源的知名度和影响力（C6）、资源的适游期或使用范围（C7）对二级指标资源禀赋（B1）的相对重要性。

因素 X	相对重要程度									因素 Y
	9	7	5	3	1	3	5	7	9	
资源的观赏游憩使用价值	□	□	□	□	□	□	□	□	□	资源的历史文化科学艺术价值
资源的观赏游憩使用价值	□	□	□	□	□	□	□	□	□	资源的珍稀奇特程度
资源的观赏游憩使用价值	□	□	□	□	□	□	□	□	□	资源的规模、丰度与几率
资源的观赏游憩使用价值	□	□	□	□	□	□	□	□	□	资源的完整性
资源的观赏游憩使用价值	□	□	□	□	□	□	□	□	□	资源的知名度和影响力
资源的观赏游憩使用价值	□	□	□	□	□	□	□	□	□	资源的适游期或使用范围
资源的历史文化科学艺术价值	□	□	□	□	□	□	□	□	□	资源的珍稀奇特程度
资源的历史文化科学艺术价值	□	□	□	□	□	□	□	□	□	资源的规模、丰度与几率
资源的历史文化科学艺术价值	□	□	□	□	□	□	□	□	□	资源的完整性

续表

因素 X	相对重要程度									因素 Y
	9	7	5	3	1	3	5	7	9	
资源的历史文化科学艺术价值	☐	☐	☐	☐	☐	☐	☐	☐	☐	资源的知名度和影响力
资源的历史文化科学艺术价值	☐	☐	☐	☐	☐	☐	☐	☐	☐	资源的适游期或使用范围
资源的珍稀奇特程度	☐	☐	☐	☐	☐	☐	☐	☐	☐	资源的规模、丰度与几率
资源的珍稀奇特程度	☐	☐	☐	☐	☐	☐	☐	☐	☐	资源的完整性
资源的珍稀奇特程度	☐	☐	☐	☐	☐	☐	☐	☐	☐	资源的知名度和影响力
资源的珍稀奇特程度	☐	☐	☐	☐	☐	☐	☐	☐	☐	资源的适游期或使用范围
资源的规模、丰度与几率	☐	☐	☐	☐	☐	☐	☐	☐	☐	资源的完整性
资源的规模、丰度与几率	☐	☐	☐	☐	☐	☐	☐	☐	☐	资源的知名度和影响力
资源的规模、丰度与几率	☐	☐	☐	☐	☐	☐	☐	☐	☐	资源的适游期或使用范围
资源的完整性	☐	☐	☐	☐	☐	☐	☐	☐	☐	资源的知名度和影响力
资源的完整性	☐	☐	☐	☐	☐	☐	☐	☐	☐	资源的适游期或使用范围
资源的知名度和影响力	☐	☐	☐	☐	☐	☐	☐	☐	☐	资源的适游期或使用范围

7. 请您依据您的专业知识与实践经验判断三级指标气候舒适度（C8）、地质地貌独特性（C9）、空气质量（C10）、植被覆盖率（C11）、生物多样性（C12）对二级指标自然生态环境（B2）的相对重要性。

因素 X	相对重要程度									因素 Y
	9	7	5	3	1	3	5	7	9	
气候舒适度	□	□	□	□	□	□	□	□	□	地质地貌独特性
气候舒适度	□	□	□	□	□	□	□	□	□	空气质量
气候舒适度	□	□	□	□	□	□	□	□	□	植被覆盖率
气候舒适度	□	□	□	□	□	□	□	□	□	生物多样性
地质地貌独特性	□	□	□	□	□	□	□	□	□	空气质量
地质地貌独特性	□	□	□	□	□	□	□	□	□	植被覆盖率
地质地貌独特性	□	□	□	□	□	□	□	□	□	生物多样性
空气质量	□	□	□	□	□	□	□	□	□	植被覆盖率
空气质量	□	□	□	□	□	□	□	□	□	生物多样性
植被覆盖率	□	□	□	□	□	□	□	□	□	生物多样性

8. 请您依据您的专业知识与实践经验判断三级指标业态与产品的多样性（C13）、业态与产品的独特性（C14）对二级指标业态与产品（B3）的相对重要性。

因素 X	相对重要程度									因素 Y
	9	7	5	3	1	3	5	7	9	
业态与产品的多样性	□	□	□	□	□	□	□	□	□	业态与产品的独特性

9. 请您依据您的专业知识与实践经验判断三级指标餐饮价格合理度（C15）、住宿价格合理度（C16）、交通价格合理度（C17）、产品价格合理度（C18）对二级指标价格水平（B4）的相对重要性。

因素 X	相对重要程度									因素 Y
	9	7	5	3	1	3	5	7	9	
餐饮价格合理度	□	□	□	□	□	□	□	□	□	住宿价格合理度
餐饮价格合理度	□	□	□	□	□	□	□	□	□	交通价格合理度

续表

因素 X	相对重要程度									因素 Y
	9	7	5	3	1	3	5	7	9	
餐饮价格合理度	□	□	□	□	□	□	□	□	□	产品价格合理度
住宿价格合理度	□	□	□	□	□	□	□	□	□	交通价格合理度
住宿价格合理度	□	□	□	□	□	□	□	□	□	产品价格合理度
交通价格合理度	□	□	□	□	□	□	□	□	□	产品价格合理度

10. 请您依据您的专业知识与实践经验判断三级指标民族文化丰度（C19）、历史文化丰度（C20）、民俗节庆活动的多样性（C21）、体育赛事活动的独特性（C22）对二级指标人文环境（B5）的相对重要性。

因素 X	相对重要程度									因素 Y
	9	7	5	3	1	3	5	7	9	
民族文化丰度	□	□	□	□	□	□	□	□	□	历史文化丰度
民族文化丰度	□	□	□	□	□	□	□	□	□	民俗节庆活动的多样性
民族文化丰度	□	□	□	□	□	□	□	□	□	体育赛事活动的多样性
历史文化丰度	□	□	□	□	□	□	□	□	□	民俗节庆活动的独特性
历史文化丰度	□	□	□	□	□	□	□	□	□	体育赛事活动的独特性
民俗节庆活动的多样性	□	□	□	□	□	□	□	□	□	体育赛事活动的独特性

11. 请您依据您的专业知识与实践经验判断三级指标知名度（C23）、美誉度（C24）对二级指标品牌形象（B6）的相对重要性。

因素 X	相对重要程度									因素 Y
	9	7	5	3	1	3	5	7	9	
知名度	□	□	□	□	□	□	□	□	□	美誉度

12. 请您依据您的专业知识与实践经验判断三级指标旅游目的地所在地区人均GDP（C25）、旅游目的地所在地区人均可支配收入（C26）对二级指标旅游目的地所在地区经济发展水平（B7）的相对重要性。

因素 X	相对重要程度									因素 Y
	9	7	5	3	1	3	5	7	9	
旅游目的地所在地区人均GDP	□	□	□	□	□	□	□	□	□	旅游目的地所在地区人均可支配收入

13. 请您依据您的专业知识与实践经验判断三级指标旅游总收入（C27）、旅游接待总人数（C28）对二级指标旅游目的地所在地区旅游发展水平（B8）的相对重要性。

因素 X	相对重要程度									因素 Y
	9	7	5	3	1	3	5	7	9	
旅游总收入	□	□	□	□	□	□	□	□	□	旅游接待总人数

14. 请您依据您的专业知识与实践经验判断三级指标主观需求（C29）、游客收入水平（C30）、游客闲暇时间（C31）对二级指标市场需求（B9）的相对重要性。

因素 X	相对重要程度									因素 Y
	9	7	5	3	1	3	5	7	9	
主观需求	□	□	□	□	□	□	□	□	□	游客收入水平
主观需求	□	□	□	□	□	□	□	□	□	游客闲暇时间
游客收入水平	□	□	□	□	□	□	□	□	□	游客闲暇时间

15. 请您依据您的专业知识与实践经验判断三级指标国家政策推动（C32）、区域政策推动（C33）对二级指标政策推动（B10）的相对重要性。

因素 X	相对重要程度									因素 Y
	9	7	5	3	1	3	5	7	9	
国家政策推动	□	□	□	□	□	□	□	□	□	区域政策推动

16. 请您依据您的专业知识与实践经验判断三级指标交通便捷程度（C34）、山地旅游要素设施完善程度（C35）、山地旅游公共服务设施完善程度（C36）、景区承载量（C37）对二级指标硬环境（B11）的相对重要性。

因素 X	相对重要程度									因素 Y
	9	7	5	3	1	3	5	7	9	
交通便捷程度	□	□	□	□	□	□	□	□	□	山地旅游要素设施完善程度
交通便捷程度	□	□	□	□	□	□	□	□	□	山地旅游公共服务设施完善程度
交通便捷程度	□	□	□	□	□	□	□	□	□	景区承载量
山地旅游要素设施完善程度	□	□	□	□	□	□	□	□	□	山地旅游公共服务设施完善程度
山地旅游要素设施完善程度	□	□	□	□	□	□	□	□	□	景区承载量
山地旅游公共服务设施完善程度	□	□	□	□	□	□	□	□	□	景区承载量

17. 请您依据您的专业知识与实践经验判断三级指标智慧旅游建设水平（C38）、山地旅游安全保障（C39）、与周边景区的联动水平（C40）、景区经营管理水平（C41）、居民好客程度（C42）、社区参与程度（C43）、环境保护（C44）、人才队伍建设（C45）、市场规范化（C46）对二级指标软环境（B12）的相对重要性。

因素 X	相对重要程度									因素 Y
	9	7	5	3	1	3	5	7	9	
智慧旅游建设水平	□	□	□	□	□	□	□	□	□	山地旅游安全保障
智慧旅游建设水平	□	□	□	□	□	□	□	□	□	与周边景区的联动水平
智慧旅游建设水平	□	□	□	□	□	□	□	□	□	景区经营管理水平
智慧旅游建设水平	□	□	□	□	□	□	□	□	□	居民好客程度
智慧旅游建设水平	□	□	□	□	□	□	□	□	□	社区参与程度
智慧旅游建设水平	□	□	□	□	□	□	□	□	□	环境保护
智慧旅游建设水平	□	□	□	□	□	□	□	□	□	人才队伍建设
智慧旅游建设水平	□	□	□	□	□	□	□	□	□	市场规范化

续表

因素 X	相对重要程度									因素 Y
	9	7	5	3	1	3	5	7	9	
山地旅游安全保障	□	□	□	□	□	□	□	□	□	与周边景区的联动水平
山地旅游安全保障	□	□	□	□	□	□	□	□	□	景区经营管理水平
山地旅游安全保障	□	□	□	□	□	□	□	□	□	居民好客程度
山地旅游安全保障	□	□	□	□	□	□	□	□	□	社区参与程度
山地旅游安全保障	□	□	□	□	□	□	□	□	□	环境保护
山地旅游安全保障	□	□	□	□	□	□	□	□	□	人才队伍建设
山地旅游安全保障	□	□	□	□	□	□	□	□	□	市场规范化
与周边景区的联动水平	□	□	□	□	□	□	□	□	□	景区经营管理水平
与周边景区的联动水平	□	□	□	□	□	□	□	□	□	居民好客程度
与周边景区的联动水平	□	□	□	□	□	□	□	□	□	社区参与程度
与周边景区的联动水平	□	□	□	□	□	□	□	□	□	环境保护
与周边景区的联动水平	□	□	□	□	□	□	□	□	□	人才队伍建设
与周边景区的联动水平	□	□	□	□	□	□	□	□	□	市场规范化
景区经营管理水平	□	□	□	□	□	□	□	□	□	居民好客程度
景区经营管理水平	□	□	□	□	□	□	□	□	□	社区参与程度
景区经营管理水平	□	□	□	□	□	□	□	□	□	环境保护
景区经营管理水平	□	□	□	□	□	□	□	□	□	人才队伍建设
景区经营管理水平	□	□	□	□	□	□	□	□	□	市场规范化
居民好客程度	□	□	□	□	□	□	□	□	□	社区参与程度
居民好客程度	□	□	□	□	□	□	□	□	□	环境保护
居民好客程度	□	□	□	□	□	□	□	□	□	人才队伍建设
居民好客程度	□	□	□	□	□	□	□	□	□	市场规范化
社区参与程度	□	□	□	□	□	□	□	□	□	环境保护
社区参与程度	□	□	□	□	□	□	□	□	□	人才队伍建设
社区参与程度	□	□	□	□	□	□	□	□	□	市场规范化

续表

因素 X	相对重要程度									因素 Y
	9	7	5	3	1	3	5	7	9	
环境保护	□	□	□	□	□	□	□	□	□	人才队伍建设
环境保护	□	□	□	□	□	□	□	□	□	市场规范化
人才队伍建设	□	□	□	□	□	□	□	□	□	市场规范化

18. 请您依据您的专业知识与实践经验判断三级指标传统营销（C47）、新媒体营销（C48）对二级指标宣传营销推介（B13）的相对重要性。

因素 X	相对重要程度									因素 Y
	9	7	5	3	1	3	5	7	9	
传统营销	□	□	□	□	□	□	□	□	□	新媒体营销

19. 请您依据您的专业知识与实践经验判断三级指标线下旅行社（C49）、旅游行业协会（C50）、线上网络平台（C51）对二级指标中介机构（B14）的相对重要性。

因素 X	相对重要程度									因素 Y
	9	7	5	3	1	3	5	7	9	
线下旅行社	□	□	□	□	□	□	□	□	□	线上网络平台
线下旅行社	□	□	□	□	□	□	□	□	□	旅游行业协会
线上网络平台	□	□	□	□	□	□	□	□	□	旅游行业协会

问卷咨询到此结束，感谢您的支持！

附录 5　山地景区旅游高质量发展的驱动机制研究——专家打分问卷

尊敬的专家 / 学者：

您好！非常感谢您在百忙之中填写本问卷，本问卷旨在对玉龙雪山景区旅游高质量发展驱动机制中驱动因子的发展现状进行评价，了解玉龙雪山景区还存在哪些不足，为后期提出相应的优化对策路径提供重要依据，进一步促进玉龙雪山景区旅游高质量发展。相关信息仅供研究使用，绝不泄露。再次感谢您的支持！

1. 您觉得玉龙雪山景区资源的观赏游憩使用价值如何？______

□价值非常高 □价值较高 □价值一般 □价值较低 □价值低

2. 您觉得玉龙雪山景区资源的历史文化科学艺术价值如何？______

□价值非常高 □价值较高 □价值一般 □价值较低 □价值低

3. 您觉得玉龙雪山景区资源的珍稀奇特程度如何？______

□非常高 □较高 □一般 □较低 □低

4. 您觉得玉龙雪山景区资源的规模、丰度与几率如何？______

□种类多、体量大 □种类较多、体量较大 □种类一般、体量中等 □种类较少、体量较小 □种类少、体量很小

5. 您觉得玉龙雪山景区资源的完整性如何？______

□非常完整 □较完整 □基本完整 □较不完整 □很不完整

6. 您觉得玉龙雪山景区资源的知名度和影响力如何？______

□非常高 □较高 □一般 □较低 □低

7. 您觉得玉龙雪山景区资源适游期或使用范围如何？______

□适游期长或适用范围广 □适游期较长或适用范围较广 □适游期一般或适用范围一般 □适游期较短或适用范围较小 □适游期很短或适用范围很小

8. 您觉得玉龙雪山景区地质地貌独特性如何？______

□非常独特 □较独特 □一般独特 □不太独特 □非常普通

9. 您觉得玉龙雪山景区生物多样性如何？______

□非常丰富 □较为丰富 □一般丰富 □不太丰富 □不丰富

10. 您觉得玉龙雪山景区业态与产品的多样性如何？______

□非常丰富 □较为丰富 □一般丰富 □不太丰富 □不丰富

11. 您觉得玉龙雪山景区业态与产品的独特性如何？______

□非常独特 □较独特 □一般独特 □不太独特 □非常普通

12. 您觉得玉龙雪山景区民族文化丰度如何？______

□非常丰富 □较为丰富 □一般丰富 □不太丰富 □不丰富

13. 您觉得玉龙雪山景区历史文化丰度如何？______

□非常丰富 □较为丰富 □一般丰富 □不太丰富 □不丰富

14. 您觉得玉龙雪山景区节庆与赛事活动的多样性如何？______

□非常丰富 □较为丰富 □一般丰富 □不太丰富 □不丰富

15. 您觉得玉龙雪山景区节庆与赛事活动的独特性如何？______

□ 非常独特 □ 较独特 □ 一般独特 □ 不太独特 □ 非常普通

16. 您觉得玉龙雪山景区的景区承载量如何？______

□ 非常高 □ 较高 □ 一般 □ 较低 □ 低

17. 您觉得玉龙雪山景区智慧旅游建设水平如何？______

□ 非常高 □ 较高 □ 一般 □ 较低 □ 低

18. 您觉得玉龙雪山景区旅游安全保障如何？______

□ 非常高 □ 较高 □ 一般 □ 较低 □ 低

19. 您觉得玉龙雪山景区与周边景区的联动水平如何？______

□ 非常高 □ 较高 □ 一般 □ 较低 □ 低

20. 您觉得玉龙雪山景区经营管理水平如何？______

□ 非常好 □ 较好 □ 一般 □ 较低 □ 低

21. 您觉得玉龙雪山景区人才队伍建设水平如何？______

□ 非常好 □ 较好 □ 一般 □ 较低 □ 低

22. 您觉得传统营销在玉龙雪山景区与客源市场之间起到的中介效果如何？______

□ 非常好 □ 较好 □ 一般 □ 较低 □ 低

23. 您觉得新媒体营销在玉龙雪山景区与客源市场之间起到的中介效果如何？______

□ 非常好 □ 较好 □ 一般 □ 较低 □ 低

24. 您觉得线下旅行社在玉龙雪山景区与客源市场之间起到的中介效果如何？______

□ 非常好 □ 较好 □ 一般 □ 较低 □ 低

25. 您觉得旅游行业协会在玉龙雪山景区与客源市场之间起到的中介效果如何？______

□ 非常好 □ 较好 □ 一般 □ 较低 □ 低

26. 您觉得线上网络平台（如携程、途牛、去哪儿网等）在玉龙雪山景区与客源市场之间起到的中介效果如何？______

□ 非常好 □ 较好 □ 一般 □ 较低 □ 低

问卷咨询到此结束，感谢您的支持！

项目策划：张芸艳
责任编辑：张芸艳
责任印制：孙颖慧
封面设计：武爱听

图书在版编目（CIP）数据

山地景区旅游转型与高质量发展驱动机制研究 / 明庆忠等著. -- 北京 ：中国旅游出版社，2023.3
（国家自然科学基金旅游研究项目文库）
ISBN 978-7-5032-7098-7

Ⅰ.①山… Ⅱ.①明… Ⅲ.①山地-旅游业发展-关系-区域经济发展-研究-中国 Ⅳ.①F592.7②F127

中国国家版本馆 CIP 数据核字(2023)第 039783 号

书　　名：山地景区旅游转型与高质量发展驱动机制研究

作　　者：明庆忠　谈　思　郑伯铭　史鹏飞 等
出版发行：中国旅游出版社
（北京静安东里 6 号　邮编：100028）
http://www.cttp.net.cn　E-mail:cttp@mct.gov.cn
营销中心电话：010-57377103，010-57377106
读者服务部电话：010-57377107
排　　版：北京天韵科技有限公司
经　　销：全国各地新华书店
印　　刷：北京明恒达印务有限公司
版　　次：2023 年 3 月第 1 版　2023 年 3 月第 1 次印刷
开　　本：720 毫米 ×970 毫米　1/16
印　　张：18
字　　数：322 千
定　　价：49.80 元
I S B N　978-7-5032-7098-7